Der LL.M. 2024 kostenlos als E-Book herunterladen:
www.e-fellows.net/der-llm

Das E-Book steht kostenlos auf unserer Webseite zum Download bereit – auch für deine Freunde. Gib ihnen gerne den Link weiter, damit auch sie von unseren Informationen zu Studium und Berufseinstieg profitieren können.

Auf welchen Geräten kann man das E-Book lesen?
- iPad/iPhone: EPUB-Datei mit iBooks öffnen und lesen
- Laptop/Notebook/PC/Tablet: EPUB z. B. mit Adobe Digital Editions lesen, kostenloser Download unter: www.adobe.com/de/solutions/ebook/digital-editions/download.html
- E-Reader (außer Kindle): EPUB-Datei öffnen und lesen
- Kindle: MOBI-Datei öffnen und lesen. Auch EPUBs kann man z. B. mit dem Freeware-Tool Calibre in eine MOBI-Datei umwandeln.

Der LL.M. 2024

Nutzen, Zeitpunkt, Auswahl,
Bewerbung, Finanzierung

Stand: Februar 2024

Verlag: e-fellows.net GmbH & Co. KG

Reihenherausgeber: Dr. Michael Hies

Bandherausgebende:
Ulrike Heintze, Bernhard Güntner, Karina Trautwein
marketing@e-fellows.net

Layout: Punkt 8 | Braunwald + Walter GbR
www.punkt8-berlin.de

Satz und Illustration: Lesotre® / Conceptual Brand Creation,
www.lesotre.de

Druck und Bindung: Neografia, 03655 Martin, Slowakei

Printed in Slovakia
Februar 2024

Bildnachweis: Titelbild: Hugo – Adobe Stock;
Fotos auf S. 11, 13 und 148–177 stammen von den jeweiligen Autor:innen. Logos, Fotos und Anzeigen ab S. 182 stammen von den jeweiligen Hochschulen und Unternehmen. S. 15: Krause/Blumenstock – Fotolia.com; S. 31: lassedesignen – Fotolia.com; S. 51: Tobias Machhaus – Fotolia.com; S. 69: Galina Barskaya – Fotolia.com; S. 113: Gina Sanders – Fotolia.com; S. 135: Karen Roach – Fotolia.com; S. 144: e-fellows.net; S. 145: juris, beck-online (oben), e-fellows.net (unten); S. 147: swissdoc – Fotolia.com; S. 179: pressmaster – Fotolia.com; S. 232, 233: e-fellows.net; sämtliche Grafiken und Illustrationen wurden umgesetzt von Yvonne Hagenbach (Lesotre® / Conceptual Brand Creation).

Dieses Werk einschließlich aller seiner Teile ist urheberrechtlich geschützt. Jede Verwertung außerhalb der engen Grenzen des Urheberrechtsgesetzes ist ohne Zustimmung des Herausgebers unzulässig und strafbar. Das gilt insbesondere für Vervielfältigungen, Übersetzungen, Mikroverfilmungen sowie die Einspeicherung und Verarbeitung in elektronischen Systemen.

Die Inhalte dieses Buchs wurden mit Sorgfalt recherchiert. Gleichwohl übernimmt der Herausgeber keine Gewähr für die Richtigkeit und Vollständigkeit der in diesem Buch befindlichen Informationen.

ISBN-13: 978-3-946706-99-1

© 2024 e-fellows.net GmbH & Co. KG
Franziskanerstraße 14, 81669 München
Telefon: +49 89 23232-300
www.e-fellows.net

Inhalt

11	Vorwort
13	Die Autor:innen

15	**1. Der LL.M. und andere postgraduale Qualifikationen im Vergleich**
16	Der LL.M.
18	Der „Wert" des LL.M.
18	Wie wichtig sind Qualität und Reputation?
20	Vorteile des LL.M.: Formale und inhaltliche Qualifikation
21	Alternativen, die ebenfalls zu einem Titel führen
21	Andere Postgraduierten-Studiengänge
24	Alternative Promotion
25	Alternative Fachanwaltschaft
26	Kombinationsmöglichkeiten
26	Der LL.M. in Verbindung mit einer Promotion
27	Der LL.M. parallel zum Referendariat oder Beruf
28	Der LL.M. für Diplom- und Wirtschaftsjurist:innen
28	Der LL.M. für Nichtjurist:innen
29	Führen des Titels „LL.M."
30	Zusammenfassung

31	**2. Grundentscheidungen bei der Auswahl eines LL.M.-Programms**
32	Fünf Grundentscheidungen
33	Der Taught-LL.M. (LL.M. by Coursework)
35	Der LL.M. by Research
36	Inhaltliche Ausrichtung des LL.M.
37	Wahl des Studienlandes
37	LL.M. in Deutschland
38	LL.M. im Ausland
43	Vollzeit-, Teilzeit- oder Fernstudium
44	Der richtige Zeitpunkt für das LL.M.-Studium
44	Vor der Ersten Juristischen Prüfung (mit LL.B.)
45	Nach der Ersten oder Zweiten Juristischen Prüfung
48	Kosten
50	Zusammenfassung

51	**3. Suche nach einem geeigneten LL.M.-Programm im Ausland**
52	Der LL.M. im Ausland
53	Wahl des Sprach- und Kulturraums
58	Wahl der Universität
58	Anforderungen an Bewerber:innen
60	Rankings
62	Persönliche Aspekte bei der Entscheidungsfindung
63	Wahl des Programms
63	Anzahl und Zusammensetzung der Teilnehmenden eines Jahrgangs
64	Lehrpersonal und Ausstattung der Fakultät
64	Kursangebot und Flexibilität bei der Kurswahl
66	Zusammenstellung der Kurse
67	Prüfungen im LL.M.-Studium
68	Zusammenfassung
69	**4. Erfolgreich bewerben um Studienplatz und Stipendien**
70	Bewerbung um einen LL.M.-Studienplatz
71	Mindestvoraussetzungen für eine Bewerbung
78	Zusammenstellung der übrigen Bewerbungsunterlagen
84	Zeitmanagement
87	Zusage
87	Online-Bewerbung und Bewerbung über Partnerinstitute
88	Stipendien
89	Anforderungen der Stipendiengeber
90	Bewerbung um ein Stipendium
94	Fazit
94	Beispieldokumente
113	**5. Finanzierung des LL.M.-Studiums**
114	Die Finanzierung eines LL.M. meistern
115	Finanzierung aus eigenen Mitteln
116	Finanzierung aus Drittmitteln
116	Finanzierung durch Stipendien
118	Finanzierung durch den Arbeitgeber
119	Finanzierung durch Kredite
122	Finanzierung durch (Auslands-)BAföG?
123	(Teil-)Erlass von Studiengebühren
124	Steuerliche Absetzbarkeit
124	Nach der Ersten Juristischen Prüfung
129	Vor der Ersten Juristischen Prüfung
130	Geltendmachung der entstandenen Kosten
130	Weitere steuerliche Gestaltungsmöglichkeiten
133	Zusammenfassung

135	**6. Stipendienmöglichkeiten für LL.M.-Studierende**
136	Stipendienangebote für das LL.M.-Studium
136	Informationen im Internet
137	Stipendienprogramme von Staat und Stiftungen
137	Förderprogramme der Fulbright-Kommission
139	Förderprogramm des DAAD
140	Stipendienprogramme der Studienstiftung des deutschen Volkes
141	Baden-Württemberg-STIPENDIUM für Studierende
141	Studienstipendien des Kölner Gymnasial- und Stiftungsfonds
142	Stipendien der Ranke-Heinemann Studienstiftung
143	Stipendien von Kanzleien
143	One Step AHEAD – das LL.M.-Stipendium von Gleiss Lutz
143	Walter und Michael Oppenhoff Stipendium von Oppenhoff & Partner
144	e-fellows.net – das Karrierenetzwerk
145	e-fellows.net – das Online-Stipendium
147	**7. Erfahrungsberichte von LL.M.-Absolvent:innen**
148	Edinburgh: Modern, historisch und lebenswert
150	Back to the roots – welcome to Miami
152	Einen LL.M. vor dem ersten Examen – geht das?!
154	LL.M. in Edinburgh – ein Jahr in der Welt von Harry Potter
156	Studium zwischen Strand, Surfing und Pasteis de Nata
158	Wie der LL.M. Down Under mein Leben veränderte
160	GW Law – eine charmante Law School in Downtown Washington
162	Der LL.M. in der „Hauptstadt der Welt" – Washington, D.C.
164	LL.M. (oec.) made in Halle (Saale)
166	Möglichkeiten in einer „Nische": LL.M. in China
168	Nicht nur Leprechaun, St. Patrick und Bloomsday …
170	Ein Jahr im Paradies
172	Von der Idee bis zum Studienplatz: Mein Weg nach Glasgow
174	Der Traum von Berkeley
176	Englische Eliteuniversität – hohes Niveau, aber doch nur Menschen

● Online LL.M. available

179	8. Porträts von Hochschulen und Kanzleien
180	George Washington University ●
181	IE Law School ●
182	Institute for Law and Finance, Frankfurt
183	Northeastern University
184	Texas A&M University
185	University of California – Los Angeles (UCLA)
186	University of California Law San Francisco
187	University of Colorado Law School
188	University of Miami ●
189	University of Minnesota
190	University of Southern California ●
192	ARQIS
196	CMS Deutschland
200	Gibson, Dunn & Crutcher LLP
204	Gleiss Lutz
208	Kirkland & Ellis International LLP
212	Linklaters LLP
216	Milbank LLP
220	Noerr
224	Sidley Austin (CE) LLP
228	Taylor Wessing Partnerschaftsgesellschaft mbB
232	Weitere Titel der Reihe e-fellows.net wissen

e-fellows.net
Das Online-Stipendium und Karrierenetzwerk

Seit über 20 Jahren unterstützt e-fellows.net Studierende und Promovierende mit einem Stipendium und bringt sie ihrem Traumjob näher. Mentoringprogramme, Karriereveranstaltungen sowie Angebote für Praktika und Einstiegsjobs bieten einen direkten Draht in die Wirtschaft und garantieren den mühelosen Karrierestart. Zudem sind e-fellows.net-Stipendiat:innen dank kostenfreier Abos von Zeitungen und Zeitschriften, Zugriff auf fachspezifische Datenbanken und Fachbücher frei Haus immer einen Schritt voraus. In der exklusiven Online-Community und bei regelmäßigen Treffen in zahlreichen Unistädten tauschen sich Studierende untereinander aus. Jetzt informieren: www.e-fellows.net/Stipendiat-werden

e-fellows.net wissen
Die Buchreihe von e-fellows.net

Mit dieser Buchreihe informiert e-fellows.net über attraktive Berufsbilder und Weiterbildungen, darunter das LL.M.-Studium, Berufsperspektiven für Jurist:innen, MINT-Frauen und Informatiker:innen sowie die Tätigkeit in einer Unternehmensberatung, im Investment Banking oder im Asset Management. Die Bücher bieten wertvolle Expertentipps und einen fundierten Überblick über die jeweilige Branche. Persönliche Erfahrungsberichte und ausführliche Unternehmensporträts potenzieller Arbeitgeber helfen bei der eigenen Entscheidungsfindung. Weitere Informationen zu den einzelnen Titeln der Reihe **e-fellows.net wissen** findest du auf den Seiten 232–233.

Vorwort

Entscheidungen prägen unser Leben und eröffnen uns immer neue Perspektiven. Eine entscheidende Weichenstellung im Leben angehender Juristinnen und Juristen, die sowohl den beruflichen als auch den persönlichen Werdegang beeinflussen kann, ist die Entscheidung für ein LL.M.-Studium. Dieses Buch präsentiert inspirierende Geschichten über die persönliche Entwicklung und bietet faszinierende Einblicke in verschiedene kulturelle Kontexte, die durch diese akademische Reise ermöglicht wurden.

Kapitel 1 diskutiert den Wert eines LL.M.-Abschlusses und setzt ihn in Beziehung zu anderen postgradualen Qualifikationen. Die grundlegenden Entscheidungen, die bei der Wahl eines Programms zu treffen sind, werden in Kapitel 2 erläutert, während Kapitel 3 dazu anregt, über Variablen wie den Sprachraum, die Universität und die Zusammenstellung der Kurse nachzudenken. Nachdem du diese Fragen für dich beantwortet hast, unterstützt das Kapitel 4 bei der Bewerbung mit Tipps zu Bewerbungsunterlagen und Zeitmanagement. Wege zur Finanzierung eines LL.M.-Studiums werden in Kapitel 5 aufgezeigt. Kapitel 6 stellt Stipendienmöglichkeiten vor.

Mein persönliches Highlight ist das Kapitel 7. Für die neue Ausgabe des Ratgebers konnten 15 herausragende LL.M.-Absolvent:innen dafür gewonnen werden, in persönlichen Erfahrungsberichten die Fragen nach Zeitpunkt und Universität zu erörtern. Die Alumnae und Alumni berichten über ihre LL.M.-Erfahrungen in Australien, China, Deutschland, Großbritannien und den USA. Sie berichten über kulturelle Besonderheiten und den Reiz, das Studierendenleben in einem anderen Land hautnah zu erleben. Darüber hinaus thematisieren die LL.M.-Absolvent:innen die Finanzierung und Vorbereitung dieser besonderen Zeit. Kapitel 8 beschließt das Expertenbuch mit Porträts, international renommierter Law Schools und hochkarätiger Großkanzleien, die sich als Arbeitgeber vorstellen.

Fazit: Das LL.M.-Studium ist in hohem Maße individuell und bietet für jede und jeden eine ganz persönliche Erfahrung, die stets mit neuen Einblicken verbunden ist.

Wenn du top Law Schools und namhafte Kanzleien persönlich treffen und dir exklusive Messe-Stipendien bis zu 40.000 Dollar sichern möchtest, seien dir die e-fellows.net LL.M. Days ans Herz gelegt: www.e-fellows.net/llm.

Das Karrierenetzwerk und Online-Stipendium e-fellows.net fördert sehr gute Studierende, Referendar:innen und Doktorand:innen. Bewirb dich schnell und unkompliziert. Mehr dazu findest du auf Seite 144.

Eine informative und inspirierende Lektüre von *Der LL.M. 2024* wünscht dir

Ulrike Heintze
Marketing- und Projektmanagerin bei e-fellows.net

Die Autor:innen

Steffi Balzerkiewicz, Master of International Taxation (UNSW), Jahrgang 1976, Steuerberaterin und Rechtsanwältin in Berlin. Ihr Studium erfolgte in Potsdam, Berlin und Sydney. Sie wurde durch ein DAAD-Stipendium gefördert und ist Autorin verschiedener steuerrechtlicher Fachbeiträge.

Martin Heckelmann, Prof. Dr. iur., LL.M. (Cornell), Jahrgang 1976. Sein Studium absolvierte er in Berlin und Ithaca, New York, als Stipendiat der Studienstiftung des deutschen Volkes und der Fulbright Commission. Prof. Dr. Martin Heckelmann ist Autor verschiedener Fachbeiträge und tritt regelmäßig als Referent auf Fachveranstaltungen auf.

Daniel Voigt, Dr. iur., MBA (Durham), Jahrgang 1977, ist Rechtsanwalt und Partner bei CMS Hasche Sigle in Frankfurt a. M. Dr. Daniel Voigt studierte in Berlin, Düsseldorf und Durham. Er war Stipendiat des Evangelischen Studienwerkes Villigst und ist Autor verschiedener Fachbeiträge.

1. Der LL.M. und andere postgraduale Qualifikationen im Vergleich

von Dr. Daniel Voigt, MBA (Durham)

16	Der LL.M.
18	Der „Wert" des LL.M.
18	Wie wichtig sind Qualität und Reputation?
20	Vorteile des LL.M.: Formale und inhaltliche Qualifikation
21	Alternativen, die ebenfalls zu einem Titel führen
21	Andere Postgraduierten-Studiengänge
24	Alternative Promotion
25	Alternative Fachanwaltschaft
26	Kombinationsmöglichkeiten
26	Der LL.M. in Verbindung mit einer Promotion
27	Der LL.M. parallel zum Referendariat oder Beruf
28	Der LL.M. für Diplom- und Wirtschaftsjurist:innen
28	Der LL.M. für Nichtjurist:innen
29	Führen des Titels „LL.M."
30	Zusammenfassung

Der LL.M.

Mit dem erfolgreichen Abschluss des Studiums der Rechtswissenschaften stehen Absolvent:innen viele Wege der Weiterqualifikation offen. Eine naheliegende – aber keineswegs die einzige – Möglichkeit ist ein LL.M.-Aufbaustudium. LL.M. steht für Master of Laws und kommt vom lateinischen Legum Magister. Gemeint ist damit ein Aufbaustudium mit Schwerpunkt Rechtswissenschaften. Auch Programme, die zu anderslautenden Abschlusstiteln wie zum Beispiel dem M.C.L. (Master of Comparative Law) führen, werden im Folgenden in die Darstellung einbezogen, da es sich um mit einem LL.M.-Studium vergleichbare Aufbaustudiengänge handelt. Um es vorwegzunehmen: Grundsätzlich können alle Nachwuchsjurist:innen ein LL.M.-Studium absolvieren, auch wenn sie schlechtere Noten haben. Einige, aber nicht alle Universitäten verlangen Mindestpunktzahlen. Wenn man diese nicht vorweisen kann, kann man auf die Angebote anderer Universitäten ausweichen.

Angesichts der fast unüberschaubaren Angebote ist es nicht einfach, das LL.M.-Programm zu finden, das den persönlichen Interessen und Plänen am besten entspricht. Schon bei einer ersten Suche im Internet findet man in den USA über 170 (siehe www.llm-guide.com/schools/usa) und in Großbritannien über 110 Hochschulen (siehe study-uk.britishcouncil.org; llm-guide.com/schools/uk-ireland/uk) mit LL.M.-Studiengängen. Die weitere Recherche zeigt, dass die britischen Hochschulen rund 800 LL.M.-Programme anbieten, die sich in Ausrichtung, Dauer und Studienmodus unterscheiden, 25 davon allein am Queen Mary College der University of London. Auch in Deutschland gibt es mittlerweile zahlreiche LL.M.-Studiengänge[1]. Wer noch weitere Postgraduierten-Programme (z.B. MBA-Studiengänge) in seine Suche einbezieht, hat die Wahl zwischen mehreren Tausend Angeboten weltweit. Entscheidend für die Auswahl sollte das Ziel sein, das man mit der Weiterqualifikation erreichen will. „Den" LL.M. gibt es nicht, sondern nur das zu den jeweiligen Interessen der Absolvent:innen passende Programm. Hilfreich ist es, die Programme zur besseren Übersicht nach Kriterien wie Kursschwerpunkte, Studienmodus, Studienkosten, Studienland oder Studienort einzuteilen.

Um das passende Programm zu finden, sollten sich Interessierte in Anbetracht der Fülle der Angebote und ihrer Details nicht nur frühzeitig informieren, sondern auch systematisch an die Auswahl herangehen. Die Ausbildungszeitschriften *Jura*, *JuS* und *JA* berichten regelmäßig über LL.M.-Studiengänge[2]. Sie sind in jeder Universitätsbibliothek vorhanden und bieten einen guten Einstieg in das Thema. Es ist wichtig, sich über die Chancen zu informieren, die gerade ein LL.M.-Studium bietet, und auch Alternativen oder Kombinationsmöglichkeiten in die eigenen Überlegungen einzubeziehen. Erst wenn man die spontan favorisierte Möglichkeit mit Alternativen verglichen hat, kann man sich seiner Entscheidung sicher sein. Der zusätzliche Aufwand bei der Entscheidungsfindung zahlt sich später garantiert aus.

---

[1] Eine Übersicht findet sich unter https://www.azur-online.de/ll-m-programme, abgerufen am 17.10.2023.

[2] Peter *JuS* 2001, S. 102; von Freeden *JuS* 2002, S. 1039; Fenner Jura 1995, S.17

Der Master of Laws ist der von Jurist:innen am häufigsten gewählte Postgraduierten-Abschluss. Dahinter verbirgt sich ein meist knapp einjähriges Aufbaustudium mit rechtswissenschaftlichem Schwerpunkt, das nicht nur zum Abschluss LL.M., sondern auch zu Abschlüssen wie dem M.C.L. (Master of Comparative Law) oder dem Master of Arts in Criminology führen kann. Die abweichende Bezeichnung sagt nichts über die Wertigkeit des Titels aus: Die renommierte Oxford University zum Beispiel verleiht ihren Absolvent:innen den Titel eines M.Jur. (Magister Juris). Auch wenn diese Studiengänge zu anderen Abschlüssen führen, handelt es sich de facto um LL.M.-Studiengänge im Sinne von Postgraduierten-Studiengängen mit rechtswissenschaftlichem Schwerpunkt.

Wie finde ich den richtigen LL.M.?

1	Entscheidungsgrundlage klären: Warum ein LL.M.?
2	Die richtigen Studienoptionen finden
3	Das richtige Programm aussuchen
4	Erfolgreich bewerben
5	Finanzierung sicherstellen

Fünf Schritte zur Wahl des richtigen LL.M.-Programms

Der „Wert" des LL.M.

Der „Wert" des LL.M. hängt maßgeblich vom gewählten Programm und natürlich von Absolvent:innen selbst ab. Ein LL.M. kann die Chancen der Absolvent:innen auf dem Arbeitsmarkt verbessern. Nach Ansicht des Bundesfinanzhofs sind die Chancen, „den erstrebten Arbeitsplatz zu erhalten" mit einem LL.M. sogar „erheblich verbessert".[3] Viele Arbeitgeber legen Wert auf Zusatzqualifikationen; deren Bedeutung dürfte auch weiter steigen. Denn mit der Einführung universitärer Schwerpunktprüfungen als Teil des Ersten Staatsexamens ist die Zahl der Absolvent:innen mit Prädikatsexamen deutlich gestiegen. Absolvent:innen können und müssen sich deswegen vielleicht in Zukunft unter anderem stärker über Zusatzqualifikationen abheben. Hinweise auf eine steigende Bedeutung sind auch die zunehmende Zahl an LL.M.-Programmen. Ein LL.M. kann bei Bewerbungen zudem ein weniger geglücktes Examen aufwerten.

Auch finanziell kann sich ein LL.M.-Titel beim Berufseinstieg lohnen. Bei einigen Kanzleien schlägt sich dieser in einem höheren Einstiegsgehalt nieder. Während ein erhöhtes Einstiegsgehalt früher oft schematisch nach dem Vorhandensein einer Zusatzqualifikation gewährt wurde, erfolgt aktuell häufig eine individuelle Gesamtwürdigung der Kandidat:innen. Bei dieser kann sich ein LL.M. auch positiv auf das offerierte Gehalt auswirken.

Klar ist aber auch: Der LL.M. ist eine Zusatzqualifikation, die die berufsqualifizierenden Abschlüsse ergänzt. Daher setzen Arbeitgeber einen LL.M.-Abschluss regelmäßig nicht für eine Einstellung voraus. Ein LL.M.-Abschluss dient Arbeitgebenden eher als Nachweis dafür, dass die Absolvent:innen über den Tellerrand geschaut und sich weiterentwickelt haben – auch fachlich. Primäres Auswahlkriterium für eine Einstellung ist ein LL.M. nicht.

Wie wichtig sind Qualität und Reputation?

Angesichts der stetig wachsenden Zahl von LL.M.-Angeboten und -Absolvent:innen kommt es zunehmend auf die Qualität des LL.M.-Programms an. Einen Titel zu erwerben ist relativ einfach, Qualität und langfristigen Nutzen zu sichern dagegen sehr schwierig. Nur bei überzeugender Qualität des LL.M.-Programms werden sich Absolvent:innen durch ihre Titel positiv von ihren Mitbewerbenden abheben und selbst langfristig vom LL.M.-Studium profitieren.

Die Auswahl eines qualitativ überzeugenden Programms sollte daher mit einer gewissen Mühe und Sorgfalt erfolgen. Universität und Studienland spielen neben der Qualität des Programms eine gleichermaßen wichtige Rolle. Den Namen der Universität tragen Absolvent:innen schließlich ein Leben lang im Titel. Der Ruf der Universität oder Fakultät allein ist aber keine Garantie dafür, dass das gewählte Programm ebenfalls gut ist. Selbst an renommierten Universitäten sind LL.M.-Programme häufig „Massenprogramme" mit manchmal mehr als 400 Teilnehmenden.

---

3 BFH/NV 2004, S. 32 f.

Hat eine Universität wissenschaftlich einen herausragenden Ruf, weil Koryphäen des Fachs dort Professor:innen sind, heißt das nicht, dass diese Professor:innen in dem gewählten Programm auch lehren. Gerade im angloamerikanischen Bereich gibt es sogenannte Research Professors, die in der Lehre kaum in Erscheinung treten.

LL.M.-Interessierte müssen natürlich ihre Ausgangsbedingungen und finanziellen Ressourcen berücksichtigen. Einige Universitäten erwarten Mindestpunktzahlen für die Zulassung zu ihren Programmen. Programme bekannter Universitäten sind außerdem häufig teurer als Programme unbedeutenderer, ohne dass letztere inhaltlich schlechter sein müssen. Für deutsche Kanzleien ist der Ruf einer Universität zwar oft weniger wichtig als für Kanzleien in den USA oder in Großbritannien, aber man kann davon ausgehen, dass auch in Deutschland Bewerbende mit einem LL.M.-Abschluss von einer Spitzenuniversität eine bessere Ausgangsposition haben als Absolvent:innen einer weniger renommierten Universität.[4]

Der Aufwand bzw. die Kosten für den Besuch eines LL.M.-Programms einer renommierten Universität dürften sich dabei im Regelfall lohnen. Denn ein prestigeträchtiger Universitätsname ist auch Indiz für eine gewisse Mindestqualität des Programms und damit für eine ernsthafte juristische Weiterqualifikation. Zudem kann es auch förderlich sein, auf die häufig sehr gut gepflegten Alumni-Netzwerke solcher Universitäten zurückgreifen zu können. Allerdings sollten Kandidat:innen nicht allein das Renommee einer Universität zum Entscheidungskriterium machen, sondern gerade angesichts des finanziellen Aufwands das erstrebte LL.M.-Programm auf seine Inhalte und die Qualität prüfen. Näheres zur Auswahl von Universität und Programmen findet sich in Kapitel 3.

Wer nach dem LL.M.-Studium den oft schwierigen Berufseinstieg im Gastland plant, sollte besonders auf den Ruf der Universität achten. Hilfreiche Tipps finden sich im zweiten Kapitel unter „LL.M. im Ausland"/„Berufseinstieg im Gastland".

Wählt man ein Programm mit geringen inhaltlichen Anforderungen, besteht auch die Gefahr, dass dieser LL.M. bei Arbeitgebern als eine Art besserer Sprachnachweis gesehen wird. Als Sprachkurs ist der LL.M. aber nicht geeignet und auch zu teuer. In diesem Fall lässt sich der LL.M. unter Umständen weder als Bonus im Lebenslauf noch als Argument bei Gehaltsverhandlungen einsetzen. Im Idealfall sollte ein LL.M. Zusatzkenntnisse vermitteln, die mit Blick auf das angestrebte Tätigkeitsfeld weiterhelfen. Ein LL.M. in internationaler Schiedsgerichtsbarkeit kann beispielsweise das Wissen und die Kontakte vermitteln, die einen beruflichen Einstieg in diesen Bereich in Kanzleien oder mit Schiedsverfahren betrauten Organen erleichtern.

TIPP: Soll der LL.M. vor allem im Hinblick auf die berufliche Perspektive genutzt werden, empfiehlt sich eine sehr sorgfältige Auswahl des Programms. Nur dann wird man mit dem LL.M. nicht nur zusätzliche Kenntnisse erwerben, sondern diese auch einem potenziellen Arbeitgeber überzeugend darstellen können.

---

4   Vgl. Göthel/Sandmann, *Jura* 2000, S. 605. Von „leuchtenden Augen der Personalchefs" zu sprechen, dürfte übertrieben sein, so aber Capital, 8/88, S. 192 f., zitiert nach Erwin, *JuS* 2001, S. 1241 unter Fn. 1 m.w.N.

Vorteile des LL.M.: Formale und inhaltliche Qualifikation

Neben einem LL.M. gibt es eine Reihe weiterer Qualifikationsmöglichkeiten. Davon führen einige allerdings formal nicht zu Abschlüssen, die zum Tragen eines Titels berechtigen. Der mit dem LL.M.-Studium erworbene Titel kann bei einer späteren beruflichen Tätigkeit zur Außendarstellung (etwa auf der Visitenkarte) verwendet werden und wird deswegen von einigen Kanzleien zusätzlich vergütet.

Zu den juristischen Weiterbildungsmöglichkeiten, die nicht zu einem Titel führen, zählen unter anderem Legal Certificates oder Legal Diplomas, bei denen man einen Kurs mit je nach Programm unterschiedlicher Länge besucht und hierfür eine Art Teilnahmebescheinigung (Certificate, Diploma) erhält. Wenn man insbesondere Auslandserfahrung sammeln will, können Auslandsstationen im Referendariat, Auslandspraktika oder Auslandssemester (beispielsweise über Erasmus+) interessant sein.

Auch inhaltlich können sich Legal Certificates, Praktika oder Auslandssemester nicht mit einem LL.M. messen. Ein umfassender Einblick in ein fremdes Rechtssystem ist mit Praktika und Auslandsstationen in der Regel allenfalls begrenzt möglich. Diese Art von Auslandsaufenthalten lässt meist nur geringe Einblicke in das ausländische Rechtssystem zu und ist zum umfassenden Spracherwerb häufig zu kurz. Dies gilt auch für die Kontakte zu Land und Leuten. Ein Erasmus-Jahr dagegen gewährt aufgrund seiner Länge schon einen besseren Einblick. Allerdings kann es sich inhaltlich nicht mit einem LL.M.-Programm messen. Ein LL.M.-Programm ist auf die Bedürfnisse und Kenntnisse von Postgraduierten zugeschnitten und setzt auf einem höheren Niveau an. Der Kenntniszuwachs ist deshalb im Regelfall größer.

Begrenzt gilt dies auch für die zunehmend häufiger anzutreffenden internationalen Jurastudiengänge, bei denen ein Teil des Studiums verpflichtend im Ausland zu absolvieren und häufig auch eine in Umfang und Anforderungen beachtliche Abschlussarbeit anzufertigen ist. Hier sind die Anforderungen höher, und der Lerneffekt ist typischerweise größer als bei reinen Auslandssemestern. Dennoch gilt auch hier, dass man fachlich stärker profitiert, wenn man bereits die Erste Juristische Prüfung abgelegt und sichere Kenntnisse des deutschen Rechts hat. Bei entsprechender Programmauswahl vermittelt der LL.M. Wissen, das mit Auslandsaufenthalten während des Studiums oder des Referendariats normalerweise nicht erworben werden kann. Gleiches gilt für Studiengänge, die mit Legal Certificates abschließen. Sie gestatten wegen ihrer meist kurzen Dauer nur einen begrenzten Einblick in das betreffende Rechtsgebiet.

Fazit: Der persönliche Wert eines LL.M. ist für alle ein anderer. Für die berufliche Weiterentwicklung aber kommt es langfristig vor allem auf die Qualität des gewählten Programms an.

Alternativen, die ebenfalls zu einem Titel führen

Neben dem LL.M. gibt es Qualifikationsmöglichkeiten, die ebenfalls zu einem Titel führen und in ihrer Wertigkeit deswegen prinzipiell mit einem LL.M.-Abschluss vergleichbar sind.

Andere Postgraduierten-Studiengänge

Die Entscheidung zwischen einem LL.M. und nicht rechtswissenschaftlichen Aufbaustudiengängen hängt vor allem von der persönlichen Perspektive ab. Der LL.M. dient im Allgemeinen zur Vertiefung der rechtlichen Kenntnisse. Er ist daher vor allem für die klassischen juristischen Berufe wie die Anwaltstätigkeit von Vorteil. In Bewerbungen wird er von Kanzleien grundsätzlich gern gesehen. Neben dem Titel lässt er auf Spezialkenntnisse schließen, die Arbeitgeber für die Außendarstellung und die praktische Arbeit nutzen kann. Gleichzeitig ist für Jurist:innen der Aufwand für einen LL.M. etwas geringer als für Aufbaustudiengänge mit nicht juristischem Schwerpunkt. Denn selbst wenn die inhaltliche Ausrichtung des LL.M. neue Rechtsbereiche umfasst, kann man auf sein juristisches Handwerkszeug zurückgreifen, was die Einarbeitung erleichtert.[5] Bei Studiengängen nicht juristischer Ausrichtung müssen ungewohnte fachfremde Aufgaben gelöst werden, auf die das juristische Studium in der Regel nicht vorbereitet.

Eine gezielte Vorbereitung auf das LL.M.-Studium ist nicht notwendig, da es sich typischerweise an Teilnehmende ohne oder mit geringen Vorkenntnissen im jeweiligen Rechtsgebiet richtet. Das sichere Beherrschen der Unterrichtssprache wird allerdings vorausgesetzt und muss meist nachgewiesen werden. Wer diesen Anforderungen zu Programmbeginn noch nicht gerecht wird, kann in vielen Fällen an studienbegleitenden Sprachkursen teilnehmen.

Die Entscheidung für Alternativen zum LL.M., etwa für einen Master of Business Administration (MBA) oder einen politikwissenschaftlich ausgerichteten Master of International Relations, kann zu einer breiteren Qualifikation führen und eine berufliche Perspektive auch außerhalb der klassischen juristischen Tätigkeit eröffnen. Wer beispielsweise eine Tätigkeit für eine internationale Organisation vor Augen hat, wird einen Master of International Relations in Erwägung ziehen. Trotz des größeren Aufwands bei der Einarbeitung in ein neues Fachgebiet sollten Studieninteressierte, die ihre berufliche Perspektive verbreitern wollen, daher Alternativen zum LL.M. in ihre Entscheidung einbeziehen. Auf einige ausgewählte Alternativen wird im Folgenden hingewiesen.

---

5   Die Umstellung auf ein fremdes Rechtssystem ist aber dennoch nicht zu unterschätzen, vgl. Hartmann, *JuS* 2003, S. 309 f.; ders., *Jura* 2003, S. 356 ff.

Master of Business Administration

Eine Alternative ist der Master of Business Administration (MBA). Er vermittelt fundierte Kenntnisse der Volks- und Betriebswirtschaftslehre mit einem besonderen Fokus auf Management-Themen, Praxisbezug und internationaler Ausrichtung. Der MBA richtet sich an Absolvent:innen aller Fachbereiche, die für ihre berufliche Weiterentwicklung Wirtschaftskenntnisse benötigen, vor allem auch an potenzielle Führungskräfte. Für Jurist:innen bietet der MBA die Möglichkeit, sich für eine wirtschaftlich ausgerichtete Tätigkeit in Unternehmen zu qualifizieren, aber auch, sich generell wirtschaftliche Kenntnisse anzueignen. Allerdings ist der MBA in der Regel deutlich kostenintensiver als ein LL.M. und dauert in einigen Ländern bis zu zwei Jahre. Der Vorteil eines MBA liegt im Erwerb von Wirtschafts- und insbesondere Management-Kenntnissen. Diese sind für viele Tätigkeiten entweder Voraussetzung oder als Hintergrundwissen nützlich. Ein typischer MBA ist praxisorientiert und vermittelt häufig Kontakte zu potenziellen Arbeitgebern. Man muss bereit sein, sich in fremde und für manch eine:n auch unangenehme Gebiete wie die Buchhaltung einzuarbeiten. Für eine juristische Tätigkeit ist der MBA nur in den Rechtsgebieten unmittelbar anwendbar, bei denen es auf ein tieferes Verständnis wirtschaftlicher Zusammenhänge ankommt, wie etwa im Bereich Mergers & Acquisitions.

Universitäten bieten zunehmend auch die Möglichkeit, juristische und betriebswirtschaftliche Inhalte im Rahmen eines LL.M.-Studiums miteinander zu verbinden. Die Entscheidung zwischen LL.M. oder MBA wird dementsprechend teilweise relativiert, da ökonomische Grundkenntnisse in gewissem Umfang auch im Rahmen eines LL.M.-Programms erlangt werden können. Allerdings kann der Besuch einiger wirtschaftlich geprägter Kurse nicht mit dem Kenntnisstand nach Absolvierung eines MBA-Programmes und dem nach außen sichtbaren Titel eines MBA verglichen werden. Wer sich nicht ausschließlich juristisch fortbilden, aber gleichzeitig auch keinen reinen MBA absolvieren möchte, kann auf gemischte Programme zurückgreifen. Der Executive LL.M. der IE Law School oder der LL.M. in Law and Economics der Queen Mary University verknüpfen beide Disziplinen, ohne dass wie bei Dual-Degree-Programmen die Dauer des Studiums ein Jahr überschreitet.

Viele Universitäten – gerade US-amerikanische – bieten die Möglichkeit, Kurse ihrer jeweiligen Business School zu besuchen. Hier gilt es aber vorab zu klären, ob an den Klausuren teilgenommen werden darf und ob die hierbei eventuell erworbenen Credits für den Erwerb des LL.M. genutzt werden können. Eine separate Bescheinigung für die erfolgreiche Teilnahme an den Business-Kursen wird es üblicherweise nicht geben. Eine Ausnahme bildet hier die University of Pennsylvania, die das Wharton Business and Law Certificate verleiht.

Master of International Relations

Eine weitere Option kann ein Master of International Relations sein. Es handelt sich dabei um ein Programm mit stark politikwissenschaftlicher Ausrichtung. Angesprochen werden vor allem Interessierte, die eine Tätigkeit in internationalen Organisationen oder allgemein in der Politik anstreben. Der Vorteil liegt in der klaren Fokussierung auf ein bestimmtes Tätigkeitsfeld. Für Jurist:innen kann der Master of International Relations ein Qualifikationsnachweis für eine (häufig fachfremde) Tätigkeit mit politischem Bezug sein. Dauer und Kosten derartiger Programme sind oft mit denen eines

LL.M. vergleichbar. Die einseitige Ausrichtung des Master of International Relations kann jedoch auch ein Nachteil sein, da die erworbenen Kenntnisse außerhalb des angestrebten Tätigkeitsfelds nur in geringem Umfang genutzt werden können.

Master of Finance
Der Master of (International) Finance ist ein Wirtschaftsstudium, das im Gegensatz zum MBA einen klaren Fokus auf Finanzierungsfragen, beispielsweise beim Unternehmenskauf, hat. Er eignet sich für Personen, die Interesse am Bank- und Finanzrecht haben, wirtschaftliche Entscheidungen, etwa im Vorfeld eines M&A-Projekts, verstehen möchten und sich vorstellen können, beispielsweise für (Investment-)Banken oder im Bankrecht zu arbeiten. Bezüglich Dauer und Kosten ist er ebenfalls mit dem LL.M. vergleichbar. Der Vor- und gleichzeitige Nachteil des Master of Finance besteht in der klaren Fokussierung. Im Gegensatz zu einem Master of International Relations lässt sich das vermittelte Wissen spezifischer für bestimmte Rechtsgebiete nutzen. Im Unterschied zum MBA vermittelt der Master of Finance nur einen Ausschnitt wirtschaftlicher Kenntnisse und ist damit weniger flexibel einsetzbar.

Master of Taxation
Ein Master of Taxation ist ein Postgraduierten-Studium mit steuerrechtlichem Schwerpunkt. Es umfasst steuerlich relevante Aspekte aus Wirtschaft und Recht. Hinsichtlich der Dauer und der Kosten gibt es kaum Unterschiede zum LL.M. Genau wie der Master of Finance dient der Master of Taxation ebenfalls einer klaren Spezialisierung – mit den bereits geschilderten Vor- und Nachteilen. Absolvent:innen können das erworbene Wissen nicht nur in Kanzleien, sondern auch in Wirtschaftsprüfungsgesellschaften oder Unternehmen einsetzen.

Master of Public Administration
Eine andere Möglichkeit zur Weiterqualifizierung ist der Master of Public Administration. Er ist inhaltlich das angloamerikanische Pendant zu dem, was in Deutschland unter dem Begriff Verwaltungswissenschaft bekannt ist. Vermittelt werden Kenntnisse im Management öffentlicher Institutionen. Der Master of Public Administration richtet sich an Personen, die am öffentlichen Recht und an einer Laufbahn im Öffentlichen Dienst interessiert sind. Dauer und Kosten eines solchen Programms sind mit denen eines LL.M. vergleichbar. Die Vor- bzw. Nachteile des Master of Public Administration liegen ebenfalls in der oben ausgeführten Ausrichtung auf ein abgegrenztes Tätigkeitsfeld.

Dual-Degree-Programme
In den letzten Jahren werden zunehmend Dual-Degree-Programme angeboten. Dabei handelt es sich um Programme, die zu einem Doppelabschluss führen oder bei denen der zu erwerbende Abschluss während des Programms von den Absolvent:innen bestimmt werden kann.

Einige Programme ermöglichen es, innerhalb von zwei Jahren sowohl den LL.M. als auch den MBA zu erwerben (z. B. am American University Washington College of Law und der Université de Fribourg). Es handelt sich typischerweise um Kooperationsprogramme, die gemeinsam von juristischen und wirtschaftswissenschaftlichen Fakultäten angeboten werden. Dadurch soll ein Ineinandergreifen von juristischen und wirtschaftlichen Fragestellungen gewährleistet werden. Eine Kombination aus wirtschaftlichen und rechtlichen Teilgebieten findet sich auch beim Master of Law and Business der Bucerius Law School. Absolvent:innen sollten bei Dual-Degree-Programmen neben der häufig längeren Dauer solcher Programme abwägen, inwieweit ein Doppelabschluss für die später angestrebte Tätigkeit erforderlich oder hilfreich ist. Zudem sollten kombinierte Programme mit den für sich alleinstehenden LL.M.- und MBA-Programmen verglichen werden, bei denen Erfahrung an unterschiedlichen Universitäten und in verschiedenen Ländern gesammelt werden kann.

Vor allem in Deutschland werden Master-Studiengänge angeboten, die man entweder mit einem MBA oder einem LL.M. abschließen kann (z. B. an der Dresden International University und an der Universität Münster). Solche Programme stehen typischerweise neben Jurist:innen auch Wirtschaftswissenschaftler:innen offen. Sowohl MBA- als auch LL.M.-Anwärter:innen besuchen anfänglich dieselben Kurse. Erst zu einem fortgeschrittenen Zeitpunkt im Studium wird ein Schwerpunkt im rechtlichen oder wirtschaftlichen Bereich gesetzt. Diese Schwerpunktsetzung ist für die spätere Titelerlangung maßgeblich. Solche Programme werden insbesondere in den Gebieten mit großer Nähe zur Wirtschaft, zum Beispiel im Steuer- oder Unternehmensrecht, angeboten. Die Wahl eines solchen Weges bietet sich für Interessierte an, die sich zu Studienbeginn noch nicht auf einen rechtlichen oder wirtschaftlichen Schwerpunkt festlegen können oder wollen. Ihre Flexibilität ist ein Vorteil dieser Programme. Sie ermöglicht den Erwerb eines breiten Basiswissens. Nachteil dieser Flexibilität mag sein, dass wegen der anfänglich breiteren Aufstellung das Programm nicht die gleiche Tiefe wie herkömmliche Programme erreicht und eine Spezialisierung damit unter Umständen schwerer erzielt werden kann. Da diese Programme eine relativ neue Erscheinung sind, lässt sich derzeit schwer einschätzen, ob sie sich langfristig halten und ihren Absolvent:innen den erhofften Mehrwert bringen werden.

Alternative Promotion

Vielfach wird die Promotion als Alternative zu einem LL.M. gesehen. Die häufig gestellte Frage „Promotion oder LL.M.?" lässt sich jedoch nicht eindeutig beantworten. Die Meinungen hierzu sind sehr unterschiedlich. In einigen Kanzleien wird der Doktortitel bevorzugt, in anderen ein LL.M. Manchmal wird auch beides erwartet. Für eine wissenschaftliche Tätigkeit ist der Doktortitel nach wie vor zwingend, lediglich im Ausland kann eine wissenschaftliche Karriere in Ausnahmefällen ohne Promotion möglich sein. Wer nur einen der beiden Abschlüsse anstrebt, sollte abgesehen von seinen persönlichen Präferenzen folgende Argumente berücksichtigen:
Einerseits dauert eine Doktorarbeit in der Regel länger als ein LL.M. Die Gefahr, die Energie zu verlieren oder gar zu scheitern, ist daher bei der Promotion deutlich größer. Das Risiko, bei einem LL.M. durchzufallen, ist dagegen normalerweise sehr gering. Sprachkenntnisse werden durch eine Promotion in der Regel nicht erworben. Allerdings besteht die Möglichkeit, als sogenannter Visiting Scholar einen Forschungsaufenthalt an einer Universität im Ausland zu absolvieren. Der finanzielle Aufwand ist für eine Doktorarbeit meist geringer, da keine hohen Studiengebühren anfallen. Durch die längere Dauer der Promotion kann man aber häufig erst später eine berufliche Tätigkeit aufnehmen und verdient während der Promotion weniger als schon früher ins Berufsleben eingestiegene LL.M.-Absolvent:innen – oder gar nichts. Dieser

Verdienstausfall kann bei wirtschaftlicher Betrachtung zu vergleichbaren Kosten von LL.M. und Promotion führen. Bei einer Promotion bewegt sich der:die Doktorand:in aber in dem ihm:ihr bekannten fachlichen und persönlichen Umfeld. Anders als beim LL.M. wird er:sie nicht aus dem vertrauten Recht herausgerissen, was den Einstieg in das Referendariat erleichtern kann. Bei einer Promotion ist, anders als für einen Vollzeit-LL.M. im Ausland, keine Umstellung der Lebensverhältnisse mit dem damit verbundenen hohen Aufwand nötig. Eine Promotion erfordert auch keine so umfangreiche Bewerbung wie ein LL.M. – die für viele angehende Promovenden schwierige Themenkonkretisierung bei einer Dissertation kostet jedoch häufig viel Zeit. Unabhängig davon, wie man sich hier zunächst entscheidet, kann das Versäumte immer noch nachgeholt werden. Später im Leben ist man jedoch eventuell weniger flexibel (Familie, feste Arbeitsstelle etc.).

Alternative Fachanwaltschaft

Wer mindestens die Erste Juristische Prüfung hinter sich hat, kann auch den theoretischen Teil der Ausbildung zur Fachanwältin oder zum Fachanwalt absolvieren. Dieser Teil der Ausbildung umfasst in der Regel einen Lehrgang von 120 Stunden. Einzelheiten sind in der Fachanwaltsordnung (FAO) geregelt.

TIPP: Wegen des überschaubaren zeitlichen Umfangs wird Referendar:innen zum Besuch eines Fachanwaltslehrgangs häufig Sonderurlaub gewährt. Der Fachanwaltslehrgang kann daher gut während des Referendariats absolviert werden. Die genauen Voraussetzungen für einen Sonderurlaub müssen bei der zuständigen Ausbildungsstelle erfragt werden.

Der Vorteil des Besuchs eines Fachanwaltslehrgangs liegt in der starken Praxisorientierung und der überschaubaren Investition von Zeit und Geld. Er bietet sich daher besonders für Berufstätige an, die schwerpunktmäßig im Rechtsgebiet des Lehrgangs tätig sind. Aus dem beschränkten Umfang ergibt sich aber, dass der Fachanwaltslehrgang nicht in dem Maße Kenntnisse vermitteln kann wie ein LL.M.-Programm mit vergleichbarem Schwerpunkt. Auch Kenntnisse einer anderen Sprache und Kultur werden nicht erworben. Um den Fachanwaltstitel später führen zu dürfen, müssen zusätzlich in der praktischen Anwaltstätigkeit erworbene Kenntnisse im betreffenden Rechtsgebiet nachgewiesen werden. Wer sich hinsichtlich des angestrebten Tätigkeitsfelds noch nicht sicher ist, läuft Gefahr, den Titel nicht führen zu können, falls er:sie später in einem ganz anderen Rechtsgebiet arbeiten sollte. Ein Fachanwaltslehrgang kann relativ einfach zu jedem Zeitpunkt des beruflichen Werdegangs besucht werden. Viele Kanzleien fördern die Teilnahme an solchen Lehrgängen. Daher liegt es nahe, den Fachanwalt nicht als Alternative zum LL.M. zu begreifen, sondern als eine zusätzliche (eventuell spätere) Option beruflicher Fortbildung.

Kombinationsmöglichkeiten

Die mit dem LL.M. erworbene Qualifikation kann über das konkret gewählte Programm hinaus weiterentwickelt bzw. parallel zu anderen Projekten betrieben werden.

Der LL.M. in Verbindung mit einer Promotion

Der LL.M., beziehungsweise das dort erworbene Wissen, kann als Grundlage für eine spätere Doktorarbeit genutzt werden. Die Hauptvorteile dieser Vorgehensweise liegen in einem verminderten Zeitaufwand für das Promotionsvorhaben und in der Tatsache, dass Absolvent:innen tiefere Kenntnisse eines ausländischen Rechtssystems direkt vor Ort erworben haben. Zudem hilft der zwischenzeitliche Besuch eines LL.M.-Programms oft, das Promotionsvorhaben konkret in ein Konzept zu fassen. Um einen LL.M. tatsächlich als Grundlage für die Promotion nutzen zu können, sollte man schon vor Beginn des LL.M.-Programms eine ungefähre Vorstellung vom Dissertationsthema haben. Der Schwerpunkt einer (deutschen) Promotion liegt – von Ausnahmen wie dem Völker- und Europarecht abgesehen – im deutschen Recht. Selbst wenn man ein Thema rechtsvergleichend bearbeiten möchte, sollte es schon vor Beginn des LL.M. so umrissen sein, dass die Abschlussarbeit des LL.M. hierauf abgestimmt werden kann.

TIPP: Manche Professor:innen reagieren mittlerweile mit einer gewissen Zurückhaltung auf diese Vorgehensweise. Wer an einer solchen Kombination interessiert ist, sollte nachfragen, wie seine:ihre Doktormutter oder sein:ihr Doktorvater dazu steht und welche Anforderungen er:sie stellt, wenn LL.M.-Inhalte teilweise in die Doktorarbeit übernommen werden.

Man sollte im Blick behalten, dass die Qualitätsstandards einer Promotion und einer LL.M.-Abschlussarbeit sehr unterschiedlich sein können. In einer Promotion werden beispielsweise meist höhere Anforderungen an den Umfang der Bearbeitung eines Problems gestellt. Man sollte das während des LL.M.-Studiums erworbene Wissen daher eher als Grundlage für eine Neubearbeitung nutzen.

Werden Promotion und LL.M. nacheinander absolviert, kostet dies natürlich mehr Zeit. Promotion und LL.M. gar parallel voranzutreiben, ist kräftezehrend. Wer das versucht, läuft Gefahr, das LL.M.-Studium nicht optimal nutzen bzw. den Aufenthalt im fremden Land nicht wie geplant genießen zu können. Wer diese Doppelbelastung dennoch auf sich nehmen will, sollte dies bei der Auswahl des LL.M.-Programms berücksichtigen. Teilzeitprogramme oder Fernstudiengänge räumen die meisten Freiheiten und damit Möglichkeiten zur zeitlichen Verbindung mit einer Promotion ein.

Der LL.M. parallel zum Referendariat oder Beruf

Ein LL.M. kann praktisch zu jedem Zeitpunkt des beruflichen Werdegangs absolviert werden. Damit ist es möglich, parallel zum Referendariat oder zur beruflichen Tätigkeit einen LL.M. zu erwerben. Der Vorteil dieser Vorgehensweise liegt vor allem in der Zeitersparnis. Man muss kein zusätzliches Jahr in den LL.M. investieren oder die berufliche Tätigkeit unterbrechen. Allerdings ist bei einem solchen Vorgehen immer eine Doppelbelastung gegeben, die viel Kraft kostet. Es besteht die Gefahr, dass sowohl berufliche und private Interessen als auch der LL.M. darunter leiden. Die Vereinbarkeit hängt wesentlich vom Studienmodus und der inhaltlichen Ausrichtung des Programms ab. Ein Vollzeitstudium – wenn auch „nur" in Deutschland – ist neben dem Referendariat oder Beruf sicher nur in Ausnahmefällen und mit erheblicher Anstrengung möglich. Wer dies erwägt, sollte sehr sorgfältig planen. Bei einem Teilzeit- oder Fernstudium ist die Belastung in der Regel geringer und die Vereinbarkeit mit anderen Tätigkeiten eher möglich. Bei einer Kombination von Referendariat und LL.M. sollte bei der Wahl der Ausbildungsstation darauf geachtet werden, dass für das LL.M.-Studium noch genug Raum bleibt.

TIPP: Bewertungen des Umfangs einzelner Stationen bzw. der zeitlichen Beanspruchung durch einzelne Ausbildende halten häufig die Personalräte der Referendar:innen oder auch Repetitor:innen bereit.

Bestimmte Stationen können mit einem minimalen Aufwand bewältigt werden. Dabei besteht allerdings die Gefahr, dass die Möglichkeiten des Referendariats nicht optimal genutzt werden.

Werden Referendariat und LL.M. parallel absolviert, sollte auf eine zeitlich versetzte Anordnung geachtet werden. Das LL.M.-Programm sollte idealerweise während des ersten Jahres des Referendariats auslaufen, um eine Kollision der jeweiligen Prüfungsvorbereitungsphasen zu vermeiden. Bei einer Kollision besteht allerdings in vielen Bundesländern die Möglichkeit, für die Teilnahme an einem LL.M.-Programm das Referendariat durch die Beantragung von Sonderurlaub zeitweise zu unterbrechen. Vorteil dieser Vorgehensweise ist, dass eine Doppelbelastung vermieden wird. Nachteil dieser Option ist, dass das Referendariat hierdurch unterbrochen wird und bereits erworbenes Wissen zu einem späteren Zeitpunkt aufgefrischt werden muss. Es besteht auch kein Anspruch auf Sonderurlaub; seine Gewährung liegt im Ermessen der Ausbildungsbehörde. Sonderurlaub wird grundsätzlich nur im Anschluss an die Beendigung einer Referendariatsstation gewährt. Kandidat:innen, die ein solches Vorgehen erwägen, sollten frühzeitig mit der zuständigen Ausbildungsbehörde Kontakt aufnehmen, um abzustimmen, ob das möglich ist.

Der LL.M. für Diplom- und Wirtschaftsjurist:innen

In den letzten Jahren hat sich die juristische Ausbildung verändert. Hochschulen bilden in zunehmendem Maße nicht nur „Einheitsjurist:innen" mit dem Ziel der Ersten Juristischen Prüfung aus, sondern auch Diplom- und Wirtschaftsjurist:innen. Auch für diese Absolvent:innen können Zusatzqualifikationen wie ein LL.M. für Berufseinstieg und Karriere hilfreich sein. Allerdings müssen Diplom- und Wirtschaftsjurist:innen im Hinblick auf die von ihnen angestrebten Tätigkeitsfelder kritisch prüfen, ob das in LL.M.-Programmen vermittelte Wissen für die eigene Tätigkeit von Nutzen sein kann und auch von Arbeitgebern entsprechend honoriert wird. Auch für Diplom- und Wirtschaftsjurist:innen kann ein LL.M. die Chancen auf dem Arbeitsmarkt verbessern und sich positiv auf das Gehalt auswirken. Hierzu liegen dem Autor keine Erfahrungswerte vor. Dennoch dürften für ambitionierte Diplom- und Wirtschaftsjurist:innen vor allem Programme im Ausland interessante Perspektiven eröffnen.

Der LL.M. für Nichtjurist:innen

Ein LL.M.-Studium steht nicht nur Jurist:innen offen. Die Zulassungsvoraussetzungen vieler Universitäten setzen nicht zwingend einen juristischen Abschluss für eine Zulassung zu einem LL.M.-Programm voraus, sondern verlangen „nachgewiesene juristische Kenntnisse". Diese mit einem juristischen Abschluss nachzuweisen ist am einfachsten. Doch auch wer Rechtswissenschaften im Nebenfach oder etwa im Rahmen eines Studiums der Betriebswirtschaftslehre mit entsprechender Schwerpunktsetzung studiert hat, kann einen solchen Nachweis erbringen. Nichtjurist:innen sollten sich sorgfältig überlegen, ob ein LL.M. für sie eine geeignete Zusatzqualifikation darstellt. Zum Beispiel für Politikwissenschaftler:innen mag ein völkerrechtlich ausgerichteter LL.M. durchaus interessante Inhalte vermitteln. Im Regelfall dürften juristische Kenntnisse und juristische Abschlüsse für die Karrierewege von Nichtjurist:innen im Vergleich zu anderen Zusatzqualifikationen, wie etwa einem MBA oder einem auf eine nicht juristische Tätigkeit vorbereitenden Aufbaustudiengang, weniger sinnvoll sein. Der LL.M. ermöglicht Nichtjurist:innen auch keinen Einstieg in eine Jurist:innen vorbehaltene Tätigkeit wie etwa den Anwaltsberuf.

Führen des Titels „LL.M."

Hat man das Master-Studium mit Erfolg absolviert, möchte man dies verständlicherweise auch nach außen hin zeigen. Der LL.M. ist ein akademischer Grad, dessen unbefugtes Führen gemäß § 132a StGB strafbewehrt ist. Die Befugnis zur Titelführung richtet sich nach den einzelnen Landeshochschulgesetzen, von denen die meisten in Bezug auf ausländische akademische Grade kürzlich reformiert und inhaltlich angeglichen wurden. Folgende Grundregeln sind zu beachten, ersetzen aber nicht den Blick in das jeweils maßgebliche Landesrecht.[6]

- Das Studium muss tatsächlich und an einer anerkannten Hochschule absolviert worden sein (keine „Titelmühle").
- Eine behördliche Genehmigung zur Titelführung ist entbehrlich.
- Titel sind grundsätzlich in der verliehenen Form zu führen (wahlweise „LL.M." oder „Master of Laws").
- Der Name der Universität muss grundsätzlich mitgenannt werden. Ausnahmen können bei Erwerb des Titels innerhalb der Europäischen Union bestehen. Es dürfen aber übliche Abkürzungen verwendet werden. Folglich wäre es falsch, nach einem Studium an der New York University seine Visitenkarte mit „Max Mustermann, LL.M." zu bedrucken. Demgegenüber wäre „Max Mustermann, LL.M. (NYU)" ebenso zulässig wie „Max Mustermann, LL.M. (New York University)".

Exemplarisch ein Auszug aus der entsprechenden Vorschrift des Hochschulgesetzes von Nordrhein-Westfalen:

§ 69 Abs. 2 Hochschulgesetz NRW: „Von einer staatlichen oder staatlich anerkannten Hochschule in Deutschland oder in einem anderen Mitgliedstaat der Europäischen Union einschließlich der Europäischen Hochschulen in Florenz und Brügge sowie der Päpstlichen Hochschulen in Rom verliehene Hochschulgrade sowie entsprechende staatliche Grade können im Geltungsbereich dieses Gesetzes in der verliehenen Form geführt werden. Ein sonstiger ausländischer Hochschulgrad, der auf Grund einer Prüfung im Anschluss an ein tatsächlich absolviertes Studium von einer nach dem Recht des Herkunftslandes anerkannten Hochschule ordnungsgemäß verliehen wurde, kann in der verliehenen Form unter Angabe der verleihenden Institution geführt werden. Die verliehene Form des Grades kann bei anderen als lateinischen Schriftarten in die lateinische Schrift übertragen werden; ferner kann die im Herkunftsland zugelassene oder, soweit keine solche besteht, die dort nachweislich allgemein übliche Abkürzung geführt sowie eine wörtliche Übersetzung in Klammern hinzugefügt werden. Die Sätze 2 und 3 gelten für ausländische staatliche und kirchliche Hochschulgrade entsprechend. Eine Umwandlung in einen entsprechenden inländischen Grad ist ausgeschlossen."

---

6 § 34a I BerlHG, § 27 I HessHG, Art. 68 I BayHSchG, § 37 I LHG (BW), § 30 I BbgHG, § 64b BremHG, § 69 I HmbHG, § 42 I LHG M-V, § 10 I NHG, § 69 II HG (NRW), § 31 II HochSchG (Rh.-Pf.), § 68 I SHSG, § 454 I SächsHSG, § 19 II HSG LSA, § 57 I HSG (SH), § 59 I ThürHG.

Zusammenfassung

Die meisten Jurist:innen stellen sich in ihrem Werdegang einmal der Frage nach einer Zusatzqualifikation. Die Antwort solle sorgfältig abgewogen und möglichst informativ getroffen werden. Ein erster Schritt ist festzustellen, welche Zusatzqualifikationen es gibt. Dabei ist der LL.M. neben der Promotion die bekannteste Möglichkeit. Wer eine Zusatzqualifikation erwägt, sollte die verschiedenen Möglichkeiten mit seinen Vorstellungen und Zielen abgleichen. Der LL.M. mag mittlerweile eine „klassische" Zusatzqualifikation sein, die einzige ist er nicht. Bei sorgfältiger Planung kann er auch mit anderen Zielen, wie der Promotion, sinnvoll verbunden werden. Entscheidend ist die informierte Entscheidung nach Wägung aller Alternativen.

2. Grundentscheidungen bei der Auswahl eines LL.M.-Programms

von Dr. Daniel Voigt, MBA (Durham)

32	Fünf Grundentscheidungen
33	Der Taught-LL.M. (LL.M. by Coursework)
35	Der LL.M. by Research
36	Inhaltliche Ausrichtung des LL.M.
37	Wahl des Studienlandes
37	LL.M. in Deutschland
38	LL.M. im Ausland
43	Vollzeit-, Teilzeit- oder Fernstudium
44	Der richtige Zeitpunkt für das LL.M.-Studium
44	Vor der Ersten Juristischen Prüfung (mit LL.B.)
45	Nach der Ersten oder Zweiten Juristischen Prüfung
48	Kosten
50	Zusammenfassung

Fünf Grundentscheidungen

Hat man sich für ein LL.M.-Studium entschieden, muss man im nächsten Schritt fünf wesentliche Entscheidungen zur Gestaltung des Studiums treffen.

Welche Studienart soll gewählt werden? Welche inhaltliche Ausrichtung soll das Programm haben (allgemein oder speziell ausgerichtet)? Zu welchem Zeitpunkt, in welchem Land und in welchem Modus (Voll- oder Teilzeit bzw. Fernstudium) soll es absolviert werden? Diese Entscheidungen sind untrennbar miteinander verknüpft. Persönliche Präferenzen und Möglichkeiten sprechen für bestimmte Kombinationen. Auch die Kosten sind ein wichtiger Faktor.

Grundentscheidungen für die Gestaltung des LL.M.-Studiums

Der Taught-LL.M. (LL.M. by Coursework)

Grundsätzlich muss man zwischen zwei Arten des LL.M. unterscheiden: dem Taught-LL.M. und dem LL.M. by Research. Für den Taught-LL.M. ist auch die Bezeichnung „LL.M. by Coursework" gebräuchlich.

Die überwiegende Anzahl der angebotenen LL.M.-Programme sind sogenannte Taught-Programme. Der Taught-LL.M. ist ein konventionelles Studium, das auf Vorlesungen basiert und je nach Universität durch Tutorien und weitere Veranstaltungen ergänzt wird.

Der Vorteil eines solchen Studienaufbaus liegt darin, dass Teilnehmende systematisch in die Thematik bzw. das jeweilige Rechtssystem eingeführt werden. Das gewählte Gebiet wird konsequent erschlossen, und die enge fachliche Begleitung durch die Dozierenden trägt zum Lernerfolg bei. Allerdings sind LL.M.-Studierende – auch wenn es umfangreiche Wahlmöglichkeiten gibt – an die angebotenen Kurse grundsätzlich gebunden und können meist nur den Inhalt ihrer Abschlussarbeit frei wählen.

Obligatorisch wären im Rahmen eines vorgegebenen Curriculums eines auf Europarecht ausgerichteten LL.M.-Programms etwa Kurse zu den europäischen Grundfreiheiten. Im weiteren Verlauf des Studiums könnten dann Vertiefungsveranstaltungen, z. B. zum Schwerpunkt Dienstleistungsfreiheit, gewählt werden, mit denen in Tiefe und Umfang eine ganz andere Durchdringung der Materie erreicht werden kann. Üblicherweise müssen beim Taught-LL.M. kursbegleitend kürzere schriftliche Hausarbeiten (Assignments) zu bestimmten Themen erstellt und Klausuren (Exams oder Finals) geschrieben werden. Zum Teil werden auch Präsentationen von den Kursteilnehmenden verlangt. Das Programm endet meist mit einer Abschlussarbeit (Dissertation) von unterschiedlichem Umfang. Normalerweise ist eine Arbeit von 20.000 bis 30.000 Wörtern erforderlich, die in der zwei- bis dreimonatigen Bearbeitungsphase gut zu bewältigen ist. An manchen Universitäten kann die Abschlussarbeit auf das ganze Jahr ausgedehnt werden und hat den Charakter einer umfassenden kursbegleitenden Arbeit. Es gibt jedoch auch Universitäten, an denen der Titel allein durch die Leistungsnachweise der besuchten Kurse erworben wird. Wer also Wert auf eine Abschlussarbeit legt, sollte sich vorher genau informieren, ob das gewählte Programm mit einer solchen endet.

Der Aufbau der Programme kann aber sehr unterschiedlich sein. Ein typisches Kursprogramm sieht wie nachfolgend dargestellt aus. Die Mindestanzahl der aus den Elective Modules zu belegenden Kurse hängt von den Vorgaben des Programms ab. Üblicherweise werden in Elective Modules angebotene Kurse teilweise nur in Abhängigkeit von einer bestimmten Mindeststudierendenzahl angeboten.

Modules	Course Title
Optional Modules	
Introductory Module	Introduction to IP
	Introduction to Economics
	Introduction to Competition Law
	Introduction to European Law
	Introduction to the U.S.-American Legal System
Basic Modules	
Patent Law	European Patent Law
	U.S. Patent Law
Copyright Law	European Copyright Law
	U.S. Copyright Law
Trademark and Unfair Competition Law	European Trademark Law
	U.S. Trademark Law
	Unfair Competition
Innovation and Competition Law	European and U.S. Competition Law
	Introduction to Innovation and Competition Law
Data Law	Law of the Data Economy
	Data Protection Law
Master's Thesis	Master's Thesis
Elective Modules	
Advanced Intellectual Property Law	AI and Patent Law
	Patent Licensing
	Patent Law and Public Health
	AI and Copyright Law
	Law of Geographical Indications
	International IP Law
	Trade Secrets Law
	Ecological Sustainability and IP Law
	Economic Foundations of IP
	Internet Law
The Law of Digital Services and Markets	Competition Law in Digital Markets
	Regulation of the Platform Economy
	Digital Competition and Innovation in Emerging Markets
	Global Data Governance
	Internet Law
	Digital Health Regulation
Digital Technology Regulation	AI and Patent Law
	AI and Copyright Law
	Internet Law
	AI Law and Policy
	Digital Health Regulation
	Colloquium: Digital Technology Regulation

Modules	Course Title
Innovation and Technology Management	Patent Licensing
	Economic Foundations of IP
	Introduction to Technology and Innovation Management
	Start-ups and Entrepreneurship
	Life Science Management
	Colloquium: Innovation and Technology Management
Regulation of the Life Sciences	Patent Law and Public Health
	Bioscience Law and Policy
	Ecological Sustainability and IP Law
	Colloquium: Regulation of the Life Sciences
	Life Science Management
	Digital Health Regulation

Modularer Aufbau eines Taught-LL.M. am Beispiel des LL.M. „Intellectual Property and Competition Law" des Munich Intellectual Property Law Center[1]

Der LL.M. by Research

Der LL.M. by Research unterscheidet sich vom Taught-LL.M. durch die Art des Studiums: Ohne Vorlesungsbesuch erarbeiten die Studierenden zusammen mit einer Tutorin oder einem Tutor eine unabhängige Forschungsarbeit. Dazu muss man nicht Muttersprachler:in sein, solide Sprachkenntnisse sind ausreichend. Viele Universitäten erwähnen den LL.M. by Research nicht im Informationsmaterial – am besten fragt man beim Fachbereich nach, ob diese Möglichkeit des LL.M.-Studiums an der jeweiligen Universität besteht. Viele Universitäten bieten auch eine Kombination zwischen einem Taught-LL.M. und der Research-Variante an. Studierende besuchen dann ein halbes Jahr lang Kurse und fertigen im zweiten Halbjahr ihre Forschungsarbeit an. Deutsche Universitäten bieten den LL.M. by Research allerdings – zumindest soweit aktuell ersichtlich – noch nicht an.

Den Forschungsschwerpunkt des LL.M. by Research kann man in Absprache mit dem inhaltlichen Angebot der Universität weitgehend selbst bestimmen. Der Umfang der Forschungsarbeit ist im Vergleich zur Abschlussarbeit eines Taught-LL.M. deutlich größer, da sie meist die einzige Prüfungsleistung darstellt, für die dann schließlich auch der Titel verliehen wird. Exams oder Assignments müssen in diesem Fall nicht abgelegt bzw. angefertigt werden.

---

[1] Die gesamte Übersicht auf https://www.miplc.de/llm-ip/curriculum/course-list, abgerufen am 17.10.2023.

Bei konkreten Vorkenntnissen oder besonderem Forschungsinteresse kann ein LL.M. by Research interessant sein. Der Vorteil dieser Programmvariante liegt in der großen Gestaltungsfreiheit. Man kann seinen Interessen nachgehen und ein Thema in erheblichem Umfang vertiefen. Man muss sich nicht mit Inhalten befassen, die einen nicht interessieren. Doch das Modell birgt auch Nachteile: Eine gezielte Einführung ins Thema findet nicht statt, und die Einarbeitung erfolgt im Wesentlichen in Eigeninitiative. Die Anbindung an die Universität und andere Studierende ist deutlich geringer als bei Taught-Programmen.

TIPP: Ein LL.M. by Research bietet sich insbesondere für diejenigen an, die entweder bereits promovieren oder eine Promotion auf dem LL.M. aufbauen wollen. Gerade weil die Forschungsarbeit des LL.M. by Research umfangreicher ist, ergeben sich gute Kombinations- und Finanzierungsmöglichkeiten.

Die Studienbedingungen eines LL.M. by Research können sich von denen eines Taught-LL.M. unterscheiden, vor allem im Hinblick auf Zugangsvoraussetzungen, Prüfungsleistungen, finanzielle Fragen oder Nutzung der Ressourcen der Universität. Hierüber sollte man sich im Vorfeld gut informieren.

Inhaltliche Ausrichtung des LL.M.

Vor allem bei den Taught-Programmen kann im zweiten Schritt zwischen zwei Programmausrichtungen gewählt werden. Allgemein ausgerichtete Programme, die beispielsweise in ein fremdes Rechtssystem einführen, enden mit dem Abschluss LL.M. Speziell ausgerichtete Programme, die sich inhaltlich auf ein bestimmtes Rechtsgebiet konzentrieren, führen zu Abschlüssen wie dem LL.M. in European Law, LL.M. in Maritime Law oder LL.M. in Commercial Law. Die Bandbreite an Spezialprogrammen ist mittlerweile enorm groß und umfasst selbst ausgefallene Interessengebiete. Die Mehrzahl der Programme kann dem Zivilrecht zugeordnet werden, ein LL.M.-Studium im öffentlichen Recht (z. B. Europarecht) oder Strafrecht (z. B. Wirtschaftsstrafrecht) ist aber auch möglich und sinnvoll. Mit der Teilnahme an einem allgemeinen Programm erschließen sich die Kursteilnehmenden in der Regel ein neues – zumeist ausländisches – Rechtsgebiet. Die speziell ausgerichteten Programme dienen vor allem dem Aufbau oder der Vertiefung einer Spezialisierung in einem bestimmten Teilgebiet des Rechts.

Welche Richtung man einschlägt, hängt im Wesentlichen davon ab, wie konkret die eigene berufliche Planung bereits ist. Ein allgemein ausgerichtetes Programm ist in dieser Hinsicht flexibel. Es kann dazu genutzt werden, zunächst breitere Kenntnisse aufzubauen und sich in diesem Rahmen über die eigenen Interessen klar zu werden. In der zweiten Hälfte des Programms ist im Rahmen der Kursauswahl auch eine begrenzte Schwerpunktsetzung auf ein bestimmtes Rechtsgebiet möglich. Eine Spezialisierung ist dann von Vorteil, wenn man beabsichtigt, in einem bestimmten Bereich tätig zu werden. Wer sich beispielsweise mit einem LL.M. in Real Estate Law für eine Tätigkeit im privaten Baurecht bewirbt, kann auf besondere Rechtskenntnisse in dieser Materie verweisen und den künftigen Arbeitgebern möglicherweise leichter von seinen Qualitäten auf diesem Gebiet überzeugen. Andererseits hilft ein so spezieller LL.M. zum Beispiel bei einer Bewerbung für eine Tätigkeit im gewerblichen Rechtsschutz eher nicht weiter.

Der Aspekt der Spezialisierung sollte aber, verglichen mit der allgemeinen Ausbildung, nicht überbewertet werden. Die getroffene Entscheidung ist nicht endgültig. Mit jedem LL.M. kann man auf besondere Kenntnisse in einem bestimmten Rechtsgebiet und die Bereitschaft zur Weiterqualifikation verweisen. Die mit der Wahl einer bestimmten Programmausrichtung getroffene inhaltliche Festlegung kann, muss aber nicht richtungsweisend sein.

Wahl des Studienlandes

Die Wahl des Studienlandes ist häufig nicht einfach. Zunächst muss man sich grundsätzlich entscheiden, ob man in Deutschland bleiben oder ins Ausland gehen will. Dabei sind die jeweiligen Besonderheiten der LL.M.-Programme in Deutschland gegenüber den Programmen im Ausland zu berücksichtigen. Eine allgemeine Aussage, ob ein in Deutschland erworbener LL.M. besser oder schlechter ist als ein im Ausland absolvierter, lässt sich nicht treffen. Dies ist zu sehr von den persönlichen Interessen und Möglichkeiten abhängig, weshalb an dieser Stelle nur einige Hinweise zur Entscheidungsfindung gegeben werden.[2]

LL.M. in Deutschland

LL.M.-Programme gibt es nicht nur im Ausland, sondern mittlerweile in stetig wachsender Zahl auch in Deutschland. Schon eine kurze Suche fördert mehr als 90 LL.M.-Programme zutage (vgl. www.llm-guide.com/germany). Jährlich kommen neue hinzu.

Gerade bei neu eingeführten Programmen lassen sich Qualität und künftige Wertschätzung schwer beurteilen, da noch keine Erfahrungswerte existieren. Um die Qualität einschätzen zu können, sollten sich Interessierte bei neuen Programmen genau über Kursinhalte, Dozierende und sonstige Details informieren.

Einige Programme richten sich ausschließlich an „Foreign Graduates" und damit an Interessierte, die ihren Abschluss im Ausland erworben haben. An deutschen Universitäten für inländische Studierende konzipierte Programme werden insbesondere mit spezieller Ausrichtung, starkem Praxisbezug oder im Teilzeitmodus angeboten.

Allgemein lässt sich sagen: Ein deutscher LL.M. ist eine fachliche Sonderqualifikation mit tendenziell steigendem Wert. Die Ausbildung ist in der Regel praxisbezogen, und die erworbenen Kenntnisse lassen sich unmittelbar in der Arbeitswelt verwenden. Der LL.M. kann damit gut der beruflichen Weiterentwicklung dienen.

---

2 Vgl. zur Thematik auch Gräber, *Jura* 2005, S. 285 ff.

TIPP: Da viele deutsche LL.M.-Programme einen hohen Praxisbezug haben und als Teilzeitstudien angeboten werden, empfehlen sie sich vor allem für Berufstätige. Sie sind eine gute Alternative zum eher unpersönlichen Fernstudium. Die Belastung ist in der Regel mit dem Beruf gut zu vereinbaren, da die Präsenzpflichten nicht allzu umfangreich sind.

Die Kosten für ein LL.M.-Programm in Deutschland sind deutlich geringer als im angloamerikanischen Raum. Zwar steigen die Studiengebühren auch hierzulande, liegen aber derzeit noch deutlich unter denen englischer oder amerikanischer Universitäten. Zudem fallen Zusatzausgaben wie die Kosten für einen Umzug ins Ausland weg. Nachteil eines LL.M.-Studiums in Deutschland ist, dass die Unterrichtssprache überwiegend Deutsch ist und die Kursteilnehmenden zum großen Teil Deutsche sind. Die mit dem Studium im Ausland einhergehende Erweiterung des persönlichen Horizonts durch internationale Kontakte und fremde Kultureinflüsse sowie die Verbesserung von Sprachkenntnissen lassen sich in Deutschland nur in geringem Umfang verwirklichen. Zur Vorbereitung auf eine international ausgerichtete Tätigkeit (etwa in einer internationalen Großkanzlei) eignet sich die Teilnahme an einem LL.M.-Programm im eigenen Land daher nur bedingt. Dies gilt bis zu einem gewissen Maß auch für deutsche LL.M.-Programme, bei denen Englisch Unterrichtssprache ist, weil das gesamte Umfeld weiterhin deutsch ist. Viele Arbeitgeber legen aber gerade auf die bei einem ausländischen LL.M. erworbenen Sprach- und Kulturkenntnisse Wert.

Einige deutsche LL.M.-Programme sind länderübergreifend organisiert. So kann man auch mit einem deutschen LL.M.-Programm durch ein Auslandssemester Auslandserfahrung sammeln. Ein Beispiel für einen solchen länderübergreifenden LL.M. ist das EULISP-LL.M.-Programm der Leibniz Universität Hannover.

Allerdings: Sprachkenntnisse lassen sich natürlich auch noch zu einem späteren Zeitpunkt erwerben, beispielsweise durch eine Stage in einer Partnerkanzlei. Dies ist aber nicht in allen Kanzleien möglich und setzt oft voraus, dass man sich beruflich bewährt hat. Auch kann dann nicht immer das Wunschland gewählt werden, weshalb man bei der Entscheidung für ein deutsches LL.M.-Programm immer auch Alternativen des Fremdsprachenerwerbs im Blick behalten sollte.

LL.M. im Ausland

Die Teilnahme an einem LL.M.-Programm im Ausland erweitert neben den Rechtskenntnissen vor allem den Horizont. Ein neues Land, eine andere Kultur, die Internationalität der Kursteilnehmenden und schließlich das Vertiefen der Fremdsprachenkenntnisse sind ebenso wichtige Faktoren für die persönliche Entwicklung wie der veränderte Blickwinkel auf die eigene Herkunft. Die persönliche Weiterentwicklung kann zwar nicht in Zahlen gemessen werden, aber im Hinblick auf das Auftreten und die Umgangsformen wirkt sich eine Auslandserfahrung häufig positiv aus.

TIPP: Ein Studium im Ausland ist vor allem im Vollzeitmodus sinnvoll. Nur so lassen sich Internationalität und Kultur des Landes wirklich erfahren. Mit Teilzeit- oder Fernstudiengängen werden vor allem fachliche Kenntnisse erworben. Sprachkenntnisse können zwar theoretisch in vergleichbarem Maß wie bei einem Vollzeitstudium erworben werden, dies ist jedoch in der Praxis nicht immer der Fall.

TIPP: Das Argument, ein LL.M.-Programm mit internationalen Kursteilnehmenden gestatte weniger Kontakt zur lokalen Bevölkerung, trifft nur beschränkt zu. Es liegt letztlich am Studierenden, Kontakte außerhalb seines Kurses herzustellen, etwa über die Sportangebote seiner Universität. Im Übrigen kann gerade die Internationalität der Teilnehmenden sehr bereichernd sein.

Ausländische LL.M.-Programme sind fachlich nicht zu unterschätzen. Außerdem kann man durch die interkulturelle Weiterbildung spätere Kolleginnen und Kollegen aus anderen Kulturkreisen möglicherweise besser verstehen – nicht nur sprachlich, sondern auch kulturell. Das ist eine wichtige Voraussetzung für die von Arbeitgebern gern gesehene interkulturelle Kompetenz.

Kritiker:innen sprechen ausländischen LL.M.-Abschlüssen häufig den praktischen Nutzen ab, da sich die erworbenen Rechtskenntnisse nicht immer ohne Weiteres auf das deutsche Recht übertragen lassen. Absolvent:innen, die im internationalen Recht tätig werden wollen, erleichtert der Einblick in das ausländische Recht aber durchaus ihre künftige Tätigkeit. Sie lernen durch das Studium, sich in ein fremdes Rechtssystem einzuarbeiten. Gerade im angloamerikanischen Raum öffnen die Kenntnisse eines bestimmten Rechtskreises die Türen zu weiteren. Außerdem führt die Auseinandersetzung mit einer anderen Rechtsordnung zu einem differenzierten Blick auf das eigene Rechtssystem. Dies hängt aber ganz entscheidend von der Ausrichtung und der Qualität des besuchten Programms ab. Die sorgfältige Auswahl lohnt sich deshalb unbedingt! Nur ein hochklassiges LL.M.-Studium im Ausland vermittelt Wissen, das auch in Deutschland gut angewendet werden kann. Ein LL.M. etwa mit dem Schwerpunkt Finanzrecht oder internationale Schiedsgerichtsbarkeit kann sich als hilfreich beim Einstieg in die gewünschte berufliche Tätigkeit erweisen. Wer im LL.M.-Gastland oder anderweitig international arbeiten will, hat kaum eine andere Wahl, als für sein LL.M-Studium ins Ausland zu gehen. Gerade größere Kanzleien setzen gute englische Sprachkenntnisse schon beim Berufseinstieg voraus. Zusätzliche Sprachen werden eher als Plus angesehen, können jedoch fundierte Englischkenntnisse nicht ersetzen.

Berufseinstieg im Gastland

Ein LL.M.-Studium kann die Chance verbessern, im Gastland tätig zu werden. Der LL.M.-Abschluss ist allerdings nicht mit der Zulassung zum Rechtsanwalt vor Ort gleichzusetzen. Ein Einstieg in die anwaltliche Tätigkeit erfordert weitere Schritte und ist generell als schwierig einzustufen. Näheres hierzu findet sich im Karriereratgeber *Perspektive Jura* aus der Reihe e-fellows.net wissen.

In den von vielen LL.M.-Studierenden als Studienland gewählten USA endet die klassische juristische Ausbildung nach drei Jahren mit dem Juris Doctor (J.D.).[3] Der J.D. ist mit einem Bachelor vergleichbar und darf deshalb trotz seiner irreführenden Bezeichnung nicht mit einem Doktorgrad verwechselt werden. Der Doktortitel wird in den USA abgekürzt mit S.J.D./D.J.S./J.S.D. (Doctor of Juridical Science). Der J.D. ist für amerikanische Studierende Zugangsvoraussetzung zu einem LL.M.-Programm und die typische Grundvoraussetzung für eine Erstanstellung als First-Year-Associate.

---

3   Göthel/Sandmann, *Jura* 2000, S. 605. Eine umfassende Darstellung des Rechtsstudiums in den USA gibt Rakowski, *JuS* 2000, S. 525 ff.

Auch LL.M.-Absolvent:innen können einen Einstieg in Kanzleien versuchen, haben wegen der weniger ausgeprägten Rechtskenntnis jedoch meist geringere Chancen als Absolvent:innen mit dem J.D. Diese Möglichkeit dürfte nur guten Absolvent:innen des LL.M. offenstehen. Mit einem Bar Exam erhöhen sich die Chancen wiederum. Eine Rolle spielt hier häufig auch, ob Absolvent:innen schon das Assessorexamen haben.

Um den Status eines Attorney at Law zu erwerben und sich in den USA Rechtsanwältin oder Rechtsanwalt nennen zu dürfen, muss man zusätzlich zum LL.M. noch das Bar Exam ablegen. Nähere Informationen bietet die American Bar Association unter www.americanbar.org. Die Uniform Bar Examination, die in den meisten Bundesstaaten eingeführt wurde, wird an zwei Tagen abgelegt. Es können drei Prüfungsteile unterschieden werden. An einem Tag wird die Multistate Bar Examination durchgeführt. Geprüft werden 200 Multiple-Choice-Fragen aus den Bereichen Torts, Contracts, Constitutional Law, Criminal Law and Procedure, Real Property, Evidence und Civil Procedure. Am anderen Tag sind einerseits in drei Stunden sechs Essay-Fragen zu beantworten (Multistate Essay Examination), andererseits wiederum in drei Stunden zwei juristische Fallbeispiele zu bearbeiten (Multistate Performance Test) (vgl. unter www.nybarexam.org; www.ncbex.org).[4] Die Zulassungsvoraussetzungen variieren je nach Bundesstaat.[5] Für ausländische Kandidat:innen sind sie zum Beispiel beim New York Bar günstig, wo derzeit ein ausländisches Studium der Rechte sowie ein in den USA erworbener LL.M. ausreichen.[6] Da der LL.M. aber an einer von der American Bar Association anerkannten Law School absolviert werden muss, sollte unbedingt auf die Qualität des Programms geachtet werden. Des Weiteren ist zu beachten, dass der Ruf einer Universität in den USA einen wesentlich höheren Stellenwert als in Deutschland besitzt und somit für einen eventuell angestrebten späteren Zugang zum amerikanischen Arbeitsmarkt besonders zu berücksichtigen ist. Zur Einschätzung des Rufs können unter anderem Rankings herangezogen werden. Die Besonderheiten und die Aussagekraft von Rankings sowie weitere Kriterien zur Universitätsauswahl werden in Kapitel 3 näher erläutert.

In der Regel ist für das Bar Exam eine intensive Vorbereitung von rund zwei Monaten erforderlich. Da die LL.M.-Programme nicht explizit auf das Bar Exam ausgerichtet sind, müssen auch LL.M.-Absolvent:innen eine entsprechende Vorbereitung durchlaufen. Sie sollten dabei die vorstehend beschriebenen Prüfungsanforderungen[7] und den Prüfungsstil mit den Inhalten Ihres LL.M.-Programms abgleichen und darauf aufbauend eine gezielte Vorbereitung auf das Bar Exam in Betracht ziehen. Bestimmte Kurse

---

4   Eine Übersicht sowie frühere Essayfragen und -antworten (Past Exam Essay Questions with Sample Candidate Answers) zum New York Bar Exam finden sich im Internet unter: www.nybarexam.org/ExamQuestions/ExamQuestions.htm, abgerufen am 17.10.2023.

5   Eine beispielhafte Übersicht anhand des Staates New York findet sich im Internet unter: www.nybarexam.org/Eligible/Eligibility.htm, abgerufen am 17.10.2023.

6   Eine detaillierte Auflistung der genauen Kriterien und Fristen für Bewerber:innen mit ausländischem Rechtsstudium findet sich im Internet unter: www.nybarexam.org/Foreign/ForeignLegalEducation.htm, abgerufen am 17.10.2023.

7   Zu den Voraussetzungen für die Zulassung und Anforderungen der jeweiligen Staaten: siehe z. B. unter www.ncbex.org/publications/bar-admissions-guide, abgerufen am 17.10.2023.

sind für eine Zulassung verpflichtend zu belegen. Hierüber sollten Absolvent:innen sich genau informieren. Zur Vorbereitung werden spezielle Bar Review Courses von verschiedenen Anbietern offeriert. Weitere Informationen finden sich auf den Internetseiten dieser Anbieter, z. B. www.barbri.com oder www.mybarprep.com. Der vorausgehende Besuch eines LL.M.-Programms erleichtert das anschließende Ablegen des Bar Exams – gerade wenn inhaltlich gewisse Übereinstimmungen mit den Anforderungen des Bar Exams bestehen. In jedem Fall sollte man beachten, dass das Bar Exam zwangsläufig weitere Kosten verursacht, etwa für die oben genannten Bar Review Courses, und dass man als LL.M.-Absolvent:in auch mit erfolgreich absolviertem Bar Exam in den USA nicht zwangsläufig beruflich Fuß fassen kann. Die Kosten für das Bar Exam bewegen sich dabei im Rahmen von 5.000 bis 6.000 US-Dollar. Dieser Betrag entspricht 4.731 bis 5.677 Euro[8] und umfasst die Kosten für die Vorbereitung (Bar Review Course), Zulassung und Prüfung, nicht aber die Lebenshaltungskosten für etwa drei weitere Monate. Insgesamt kann in Abhängigkeit von der jeweiligen Stadt oder Region mit Kosten in Höhe von rund 10.000 US-Dollar (entspricht ca. 9.462 Euro) gerechnet werden.

TIPP: Hat man sich für einen LL.M. in den USA entschieden, empfiehlt es sich, das Bar Exam von vornherein in die Überlegungen mit einzubeziehen. Die zusätzliche Vorbereitungszeit sollte man beispielsweise bei der Dauer von Mietverträgen und der finanziellen Kalkulation berücksichtigen. Informationen zu den Kosten bietet das jeweils zuständige Bar Examination Office.

In England und Wales ist der LL.M.-Titel ebenfalls nicht mit der Zulassung zur Anwältin oder zum Anwalt gleichzusetzen.[9] Dort wird immer noch weitgehend zwischen den Barristers, die die gerichtliche Vertretung übernehmen, und den Solicitors, die anwaltlich beraten, unterschieden[10] – trotz Liberalisierungstendenzen in jüngerer Zeit, weshalb es mittlerweile auch Solicitors in zunehmendem Maße möglich ist, Mandanten vor Gericht zu vertreten. Der Weg zum Solicitor führt grundsätzlich über ein dreijähriges Studium der Rechte, an das sich für ein Jahr (oder für zwei Jahre in Teilzeit) der Legal Practice Course anschließt. Die Kursgebühren hierfür betragen etwa 15.000 britische Pfund (17.250 Euro).[11] Danach muss eine mit dem Referendariat entfernt vergleichbare zweijährige praktische Zeit als Trainee Solicitor in einer Kanzlei absolviert werden.

Um Zugang zum Legal Practice Course zu erhalten, kann man alternativ zum dreijährigen Studium der Rechte auch im Anschluss an ein beliebiges Studium einen einjährigen Kurs besuchen, der mit dem Common Professional Certificate abschließt.

---

8   Stand 2023, Umrechnung zu den im Oktober 2023 geltenden Wechselkursen.

9   Zum Berufsrecht in Großbritannien ausführlich Bohlander, *AnwBl.* 1993, S. 309 ff. (Einleitung), S. 361 ff. (Barristers), S. 594 ff. (Solicitors and Foreign Lawyers); Darstellung bei Wörlen, *JA* 2006, S. 78 ff.; Hingst, *Jura* 2004, S. 716 ff. m.w.N. Das Verfahren in Schottland weicht von dem in England und Wales ab.

10 Ausführlich zu den Anforderungen im Einzelnen: Wörlen, *JA* 2006, S. 78 ff.; Hingst, *Jura* 2004, S. 716 ff. m.w.N.

11 Stand 2023, Umrechnung zu den im Oktober 2023 geltenden Wechselkursen.

Ein LL.M.-Abschluss eröffnet diesen Weg in der Regel nicht. Bis zum Herbst 2021 bestand für zugelassene Anwältinnen und Anwälte aus dem Ausland noch die Möglichkeit, ohne Universitätsabschluss oder Berufserfahrung im englischen Recht den Titel des Solicitor über die Qualified Lawyers Transfer Scheme zu erwerben. Seit Herbst 2021 führt die Solicitors Regulation Authority (SRA) ein neues Prüfungssystem ein, die sogenannte Solicitor Qualifying Examination (SQE). Dieses besteht aus zwei Prüfungsteilen, dem SQE 1 und SQE 2. Das SQE 1 ist eine theoretische Prüfung der Rechtskenntnisse. Das SQE 2 ist ein praktischer Prüfungsteil, in dem z. B. Mandantengespräche nachgestellt werden. Bei Bestehen von SQE 1 und SQE 2 folgt eine Phase einer zweijährigen QWE (Qualified Work Experience). Wer als Ausländer:in an dem Verfahren teilnehmen will, muss einen Abschluss vorweisen, der der in England dem für den Legal Practice Course geforderten Abschluss entspricht. Voraussetzung ist ein Abschluss des Niveau 6 des Europäischen Qualifikationsrahmens (EQR) oder höher. Das deutsche Staatsexamen erfüllt diese aufgrund der Einstufung als Abschluss auf Niveau 7 des EQR. Bestimmte Prüfungsbestandteile sind dann gegebenenfalls auch nicht mehr abzulegen. Für die SQE-Prüfungen gibt es kostenpflichtige Vorbereitungskurse (Bsp.: www.barbri.com/sqe/sqe2-prep).

Wer als deutsche Anwältin oder deutscher Anwalt drei Jahre vor Ort im englischen Recht beraten hatte, konnte bisher ganz ohne weitere Prüfung als Solicitor zugelassen werden. Seit dem Brexit werden vorerst keine weiteren Anträge auf Zulassung als Former Registered European Lawyers (REL) oder als Solicitor über den Integrationsweg mehr angenommen.[12] Wer sich für die Zulassung als Solicitor interessiert, sollte die Entwicklungen in diesem Bereich aufmerksam verfolgen.

Es gibt noch weitere Möglichkeiten, im Ausland zu arbeiten. Absolvent:innen mit LL.M.-Abschluss können, wenn sie sich bewährt haben, bei größeren Kanzleien eine Versetzung in das ehemalige Gastland erreichen und auf diese Weise dort eine berufliche Tätigkeit aufnehmen. In Deutschland zugelassene Rechtsanwältinnen und -anwälte können sich grundsätzlich in anderen europäischen Ländern niederlassen und umgekehrt.[13] Absolvent:innen, die im Anschluss an das LL.M.-Programm ein Praktikum oder Ähnliches im Gastland planen, erhöhen mit dem LL.M. ihre Chance auf eine Anstellung. Für Staaten außerhalb der EU sollte man sich dabei schon im Vorfeld genau über Visum und Arbeitserlaubnis informieren. Häufig wissen die Ansprechpersonen in Unternehmen oder Organisationen, was zu beachten ist.

Eine Möglichkeit des Einstiegs kann auch über eine Rolle als Professional Support Lawyer sein, um erste Erfahrungen im ausländischen Recht zu erlangen.[14]

---

[12] https://www.sra.org.uk/solicitors/guidance/uks-exit-eu-implementation-period-beyond, abgerufen am 17.10.2023.

[13] Vgl. Richtlinie 89/48 EWG vom 21.12.1988 über die Anerkennung von Hochschuldiplomen. Siehe hierzu auch das Gesetz über die Tätigkeit europäischer Rechtsanwälte in Deutschland (EuRAG).

[14] Vgl. dazu Erfahrungsbericht aus Schottland Frahm, *STUDJur* 2023, S. 22

Vollzeit-, Teilzeit- oder Fernstudium

Bei LL.M.-Programmen gibt es im Wesentlichen drei Studienarten: das klassische Vollzeitstudium (Full-time), das Teilzeitstudium (Part-time) und das Fernstudium (Distance Learning). Programminhalt und Abschluss sind bei allen drei Arten praktisch identisch. Allerdings bestehen im Kurs- und Lernverlauf gravierende Unterschiede, und es gilt selbst zu entscheiden, welcher Studienmodus am besten zur persönlichen Situation passt.

Das klassische Vollzeitstudium hat den Vorteil der kurzen Dauer von meist einem Jahr. Es bietet darüber hinaus die vor Ort verfügbaren umfangreichen Ressourcen einer Universität, intensiven Kontakt zu anderen Kursteilnehmenden, Internationalität und die Vertiefung von Sprachkenntnissen, falls man im Ausland studiert. Gerade diese persönlichen Entwicklungsmöglichkeiten dürften für viele Absolvent:innen ein wichtiger Anreiz für ein LL.M.-Studium im Ausland sein und werden auch von Arbeitgebern geschätzt. Weitere Vorzüge eines Vollzeitstudiums liegen im intensiven Lernprozess und in der gleichzeitigen Belegung verschiedener Fächer, was das Verknüpfen der neuen Kenntnisse erleichtert. Allerdings stehen diesen Vorzügen höhere Studiengebühren und Lebenshaltungskosten gegenüber. Kursteilnehmende müssen außerdem ihr Leben umstellen und werden vorübergehend aus dem deutschen Recht „herausgerissen".

Teilzeitstudiengänge sind insbesondere für berufstätige LL.M.-Studierende oder auch für Kandidat:innen, die parallel eine Promotion anstreben, eine Alternative. Zudem sind die Studiengebühren im Vergleich zum Vollzeitstudium häufig geringer und können über die gesamte Kursdauer gestreckt werden. Auf der anderen Seite dauert ein Teilzeitstudium natürlich länger als ein Vollzeitstudium, in der Regel anderthalb bis zwei Jahre, je nach Umfang der Fächerbelegung aber auch noch länger. Die Belastung ist insgesamt nicht geringer, sondern verteilt sich über einen längeren Zeitraum, das Studium und die Kontakte zu anderen Teilnehmenden sind weniger intensiv, und im Ausland lässt sich ein Teilzeitstudium nur mit zusätzlichem Reiseaufwand bewältigen. Unabhängig von diesen grundlegenden Erwägungen ist ein LL.M. neben dem Beruf oder parallel zu einer sonstigen Tätigkeit immer eine Herausforderung. Es gilt, sich auf eine möglicherweise erhebliche Belastung sowohl in der beruflichen Tätigkeit als auch im LL.M.-Programm einzustellen. Es kann z. B. sein, dass berufliche Belastungsspitzen und Prüfungsvorbereitungen im LL.M.-Programm zusammenfallen und sich nur teilweise vermeiden lassen. Absolvent:innen sollten daher sorgfältig die Vereinbarkeit eines Teilzeit-LL.M. mit ihren anderen Tätigkeiten prüfen.

Wer sowohl den Reise- als auch den Umstellungsaufwand minimieren will, hat die Option eines kompletten Fernstudiums – auch an ausländischen Universitäten. Das Fernstudium ist in der Regel am flexibelsten ausgerichtet und erlaubt das Schieben einzelner Module. Fernstudiengänge werden häufig sowohl in Vollzeit als auch in Teilzeit angeboten, weshalb sie sich auch für Berufstätige eignen. Ein Fernstudium kann im Einzelfall auch länger als zwei Jahre dauern. Die Kosten sind im Vergleich zu den beiden anderen Studienformen geringer, zumindest spart man Ausgaben für Reisen und Umzüge. Der Nachteil ist: Die Möglichkeit, neben der Wissensvermittlung Kontakte zu knüpfen oder Sprachkenntnisse zu vertiefen, ist mangels direkten Kontakts zu anderen Kursteilnehmenden oder Dozierenden deutlich weniger gegeben als bei den anderen Modi.

Der richtige Zeitpunkt für das LL.M.-Studium

Ein LL.M.-Studium kann generell zu drei Zeitpunkten begonnen werden: vor der Ersten Juristischen Prüfung, nach der Ersten Juristischen Prüfung und nach der Zweiten Juristischen Staatsprüfung. Immer mehr deutsche Hochschulen gehen dazu über, Studierenden bei erfolgreichem Ablegen aller universitären Prüfungen im Rahmen eines rechtswissenschaftlichen Studiums bereits vor der Ersten Juristischen Prüfung den Titel Bachelor of Laws (LL.B.) zu verleihen. Dies dürfte die in der Vergangenheit eher seltene Option eines LL.M.-Studiums vor dem Ersten Staatsexamen leichter umsetzbar machen. Es bleibt abzuwarten, ob zukünftig mehr Studierende diese Möglichkeit ergreifen.

Vor der Ersten Juristischen Prüfung (mit LL.B.)

Die Teilnahme an einem LL.M.-Programm schon während des Studiums und vor der Ersten Juristischen Prüfung war bisher die Ausnahme – aber ein gangbarer Weg. Einige deutsche Universitäten versuchen, auch LL.M.-Programme in ihren Studienplan zu integrieren und mit entsprechenden Aufenthalten an Partneruniversitäten zu kombinieren. Ein LL.M. kann auf diese Weise als integraler Bestandteil eines deutschen Jurastudiums erworben werden. Auch können Kandidatinnen und Kandidaten mittlerweile ein LL.M.-Studium im Anschluss an ein Bachelor-Studium anstreben. Im Gegensatz zu anderen Master-Programmen setzen LL.M.-Programme traditionell gerade nicht auf einem bestimmten (Bachelor-)Abschluss einer Universität auf. Sie stehen grundsätzlich allen Interessierten mit einem ersten Universitätsabschluss in Rechtswissenschaften offen.

Dementsprechend akzeptieren wegen der jüngeren Entwicklung im Rahmen des Bologna-Prozesses einige deutsche Universitäten bereits einen Bachelor-Abschluss als Zugangsvoraussetzung (z. B. die Universität Münster oder die FernUniversität Hagen). Gleiches gilt für einen Abschluss als Diplom-Jurist:in. Bei ausländischen LL.M.-Programmen ist als Zulassungsvoraussetzung für die Teilnahme in der Regel ein Foreign Equivalent eines Universitätsabschlusses des Gastlandes erforderlich. In der Vergangenheit mussten Bewerber:innen aus Deutschland grundsätzlich eine Erste Juristische Prüfung vorweisen, da Bachelor- oder Diplomabschlüsse in Rechtswissenschaften in Deutschland noch weitgehend unbekannt waren. Mittlerweile erlangen Kandidat:innen aber auch an einigen deutschen Hochschulen vor der Ersten Juristischen Prüfung einen Abschluss in Form eines Bachelor of Laws (LL.B.). Dieser Abschluss wird studienbegleitend verliehen oder ist der im Studium angestrebte Abschluss. Mit seiner zunehmenden Verbreitung in Deutschland wird immer häufiger eine Zulassung zum LL.M.-Studium grundsätzlich bereits mit einem LL.B. möglich. Informationen zu den Möglichkeiten von LL.B.-Absolvent:innen finden sich im Karriereratgeber *Perspektive Jura* aus der Reihe e-fellows.net wissen. LL.B.-Absolvent:innen sollten prüfen, inwieweit ein LL.M.-Programm beim Erreichen der von ihnen angestrebten beruflichen Ziele hilfreich sein kann.

Den Interessierten ist zu empfehlen, sich an der jeweiligen Universität nach den Voraussetzungen für einen vergleichbaren Studienabschluss als Zulassungskriterium zu informieren. Schon bisher haben einige – vor allem englische – Universitäten für deutsche Studierende eine Ausnahme gemacht und diese vor der Ersten Juristischen Prüfung zum LL.M.-Studium zugelassen. Je überzeugender die bisherigen Studienleistungen waren, desto eher dürfte die Bereitschaft zur Zulassung auch vor der Ersten Juristischen Prüfung bestehen. Renommierte Universitäten stehen solchen Anfragen allerdings bisher meist eher reserviert gegenüber.

Eine solch frühe Teilnahme an einem LL.M.-Programm ist nur für Personen sinnvoll, die entweder ein ohnehin geplantes Auslandsjahr mit einem Titel abschließen wollen oder sich ihrer fachlichen Interessen schon sicher sind. Andernfalls besteht die Gefahr, dass das LL.M.-Programm inhaltlich nicht optimal genutzt werden kann. Kandidat:innen sollten zudem sorgfältig überlegen, wie sich die Teilnahme an einem LL.M.-Programm im Anschluss an einen LL.B.-Abschluss mit der Vorbereitung auf die Erste Juristische Prüfung vereinbaren lässt. Ein Auslandsaufenthalt relativ dicht vor dem angestrebten Prüfungstermin kann eine zielgerichtete Vorbereitung stören und einen neuen Anlauf bei der Erarbeitung des prüfungsrelevanten Wissens erforderlich machen.

TIPP: Wer eine frühe Teilnahme an einem LL.M.-Programm erwägt, kann in diesem Stadium häufig keine Verknüpfung mit einer Promotion herstellen, da die Entwicklung eines konkreten Promotionsvorhabens zu diesem Zeitpunkt eher unrealistisch ist.

Nach der Ersten oder Zweiten Juristischen Prüfung

Mit der Ersten und natürlich erst recht mit der Zweiten Juristischen Prüfung erfüllen Absolvent:innen in jedem Fall formal die Voraussetzungen für die Zulassung zu einem LL.M.-Programm. Die Aufnahmechancen sind zu beiden Zeitpunkten in etwa gleich. Bewerber:innen mit dem Zweiten Staatsexamen werden gegenüber Bewerber:innen mit Erstem Staatsexamen im Regelfall nicht bevorzugt. Welches Examen man bei der Bewerbung vorweisen kann, sollte deswegen kein Entscheidungskriterium für die Wahl des Zeitpunkts sein. Es lässt sich in der Regel auch im Vorfeld nicht herausfinden, ob die angestrebte Universität im Einzelfall Assessor:innen bevorzugt. Die steuerliche Absetzbarkeit der Studiengebühren spielt für die Wahl des Zeitpunkts keine Rolle mehr. In beiden Fällen ist die Möglichkeit einer steuerlichen Berücksichtigung grundsätzlich gegeben. Die Entscheidung hängt also im Wesentlichen von der persönlichen Situation und den eigenen Präferenzen ab.

LL.M. im Anschluss an die Erste Juristische Prüfung
Nach der Ersten Juristischen Prüfung bietet sich die Teilnahme an einem LL.M.-Programm zur Überbrückung von Wartefristen auf das Referendariat an.

In vielen Bundesländern müssen Absolvent:innen der Ersten Juristischen Prüfung – abhängig von ihrer Examensnote – bis zu einem Jahr und länger auf einen Referendarsplatz warten. Diese Zeit lässt sich mit einem LL.M.-Studium gut überbrücken. Man kann sich schon früh über die Wartezeiten in einzelnen Bundesländern informieren, um den LL.M. entsprechend einplanen zu können.

TIPP: Die meisten LL.M.-Programme beginnen im September/Oktober. Auf der südlichen Halbkugel (z. B. in Neuseeland, Australien, Südafrika) beginnt das Universitätsjahr jedoch im Februar/März. Manche Universitäten bieten sogar einen Programmstart zu beiden Zeitpunkten an. Ein „versetztes" Einsteigen in ein Programm kann nach Rücksprache mit der jeweiligen Universität gegebenenfalls auch individuell ermöglicht werden. Wer im Winter seine Erste Juristische Prüfung ablegt, kann damit bei entsprechender Landesauswahl ohne großen Zeitverlust ein LL.M.-Studium beginnen.

Ein LL.M.-Studium ermöglicht vielen Absolvent:innen, Abstand vom Prüfungsstress zu bekommen, weitere Erfahrungen zu sammeln und sich Klarheit über persönliche und berufliche Perspektiven zu verschaffen. Zudem wird die deutsche Juristenausbildung unterbrochen und mit anderen Erfahrungen kontrastiert. Für viele Absolvent:innen führt dies zu einer gesteigerten Umstellungsflexibilität, die für das Referendariat und die Bearbeitung praktischer Fälle hilfreich sein kann. Wer den LL.M.-Titel vor dem Referendariat erworben hat, kann sich direkt mit dieser Zusatzqualifikation bewerben, was den Berufseinstieg nach dem Zweiten Staatsexamen erleichtert. Hinzu kommt, dass sich für ein Auslandsstudium nach der Ersten Juristischen Prüfung breitere Fördermöglichkeiten bieten als für die Aufnahme des Studiums nach der Zweiten Juristischen Staatsprüfung: Eine DAAD-Förderung beispielsweise ist nur möglich, wenn die Erste Juristische Prüfung nicht länger als fünf Jahre zurückliegt. Auch bei Vorliegen der Zweiten Juristischen Staatsprüfung ist dabei auf den Zeitpunkt des Erwerbs des Ersten Staatsexamens abzustellen.

Viele Studierende fühlen sich im Hinblick auf ein LL.M.-Studium im Anschluss an die Erste Juristische Prüfung unsicher, weil sich der Erfolg im Ersten Examen schwer abschätzen lässt und sie sich die Option eines Wiederholungsversuchs offenhalten möchten. Dennoch lohnt sich eine frühzeitige Bewerbung für ein LL.M.-Programm. Denn eine große Zahl von Universitäten räumt einmal angenommenen Bewerber:innen die Möglichkeit ein, den Studienbeginn um ein Jahr zu verschieben. Eine Änderung der Planung ist also häufig möglich, und die Unsicherheit bezüglich der Note der Ersten Juristischen Prüfung muss kein Grund sein, auf eine frühzeitige Bewerbung zu verzichten.

Eine Bewerbung mit den an der Universität erworbenen Leistungsnachweisen ist normalerweise möglich, Examensnoten können nachgereicht werden. Bei einer Bewerbung nach der Zweiten Juristischen Staatsprüfung zählen allein die Examensnoten. Manche Universitäten erteilen bereits aufgrund der im Studium erworbenen Scheine eine feste Zusage, andere knüpfen die endgültige Zulassung an eine bestimmte Examensnote (Conditional Offer).[15]

---

15 Hanschmann, *JuS-Magazin* 1/2008, S. 12 f., abrufbar unter https://rsw.beck.de/rsw/upload/JuS/Jus_Magazin_1-2008.pdf.

TIPP: Unter Umständen ist eine Bewerbung mit den im Studium erworbenen Scheinen günstiger. Diese Leistungsnachweise sind oft besser als die Examensnote und werden von der Universität für die Annahme-Entscheidung zunächst zugrunde gelegt. Fällt das Prüfungsergebnis weniger gut aus als erwartet, hat die Universität entweder schon eine feste Zusage erteilt oder man kann, sollte man zunächst nur ein Conditional Offer bekommen haben, gegenüber der Universität noch einmal mit den Scheinen argumentieren.

LL.M. im Anschluss an die Zweite Juristische Staatsprüfung

Examensabsolvent:innen, die nicht auf einen Referendarsplatz warten müssen, können mit ihren frischen Examenskenntnissen direkt ins Referendariat einsteigen und das LL.M.-Studium erst nach der Zweiten Juristischen Staatsprüfung in Angriff nehmen. Dies bietet einen nicht zu unterschätzenden Vorteil für das Referendariat. Die im Studium erworbenen Kenntnisse des materiellen Rechts sind auch hier von großer Bedeutung, vor allem wird man für die Dauer des LL.M.-Studiums nicht komplett aus dem deutschen Recht und seiner aktuellen Entwicklung „herausgerissen". Wenn man vor dem Referendariat sowohl LL.M. als auch Promotion plant, wird der Beginn des Referendariats natürlich deutlich hinausgezögert.

Für ein LL.M.-Studium im Anschluss an die Zweite Juristische Staatsprüfung spricht, dass ein späterer Berufseinstieg im Gastland erleichtert wird. Das Referendariat ist bereits absolviert, was auch psychologisch vorteilhaft sein kann. Wer bereits nach deutschem Recht Anwältin oder Anwalt ist, wird bei einem möglichen Einstellungsgespräch häufig mit anderen Augen gesehen. Kandidat:innen mit einer Einstiegsperspektive im Gastland sollten daher für den LL.M. eher bis nach der Zweiten Juristischen Staatsprüfung warten. Allerdings werden Absolvent:innen nach dem Zweiten Staatsexamen und einer praxisorientierten Ausbildung im Referendariat möglicherweise größere Schwierigkeiten haben, sich wieder an Hörsäle und den akademischen Unterrichtsbetrieb zu gewöhnen. Auch besteht die Gefahr, dass sich in der Zeit des LL.M.-Studiums die Situation auf dem Arbeitsmarkt für Jurist:innen verschlechtert. Umso wichtiger ist die Wahl eines qualitativ guten LL.M.-Programms, um die beruflichen Möglichkeiten selbst in ungünstigen Zeiten zu optimieren.

Ein Nachteil eines Hinauszögerns des LL.M.-Studiums bis nach der Zweiten Juristischen Staatsprüfung ist, dass nach dem zweiten Examen der Berufseinstieg lockt. Viele werden mit zunehmendem Alter unflexibler für größere Projekte wie ein Auslandsstudium. Absolvent:innen mit der Zweiten Juristischen Staatsprüfung müssen häufig auch die Interessen ihrer Familien oder Partner:innen sowie weitere Verpflichtungen berücksichtigen. Dies kann die (späte) Entscheidung für ein Studium im Ausland erschweren. Um dennoch einen LL.M.-Titel zu erlangen, sind in diesem Fall Teilzeit- oder Fernstudiengänge mögliche Alternativen.

Kosten

Der Plan, ein LL.M.-Studium aufzunehmen, scheitert selten an der Finanzierung. Dennoch ist es nicht sinnvoll, ein Programm auszuwählen, dessen Finanzierung die eigenen Ressourcen übersteigt. Man sollte deswegen frühzeitig seinen Finanzbedarf feststellen und die Finanzierung des Studiums planen.

Größter Kostenpunkt können – müssen aber nicht – die Studiengebühren sein. Sie sind vom Studienland und von der jeweiligen Universität abhängig. In den USA sind sie in der Regel am höchsten, dort können gute und renommierte LL.M.-Programme mehrere Zehntausend Euro Studiengebühren kosten. In Großbritannien sind die Studiengebühren seit dem Brexit für Ausländer zwar stark gestiegen, dennoch in vielen Fällen deutlich niedriger als in den USA. In Deutschland sind die Studiengebühren für LL.M.-Programme in der Regel (noch) überschaubar. Mit einem Gesamtbetrag unter 4.000 Euro kann jedoch nur in Einzelfällen kalkuliert werden.[16] Die Kosten teurerer Studiengänge können aber auch hierzulande im fünfstelligen Bereich liegen. Die Gebühren sind in den letzten Jahren stark gestiegen und erreichen zum Teil bereits internationales Spitzenniveau. Eine Teilnahme am Programm der Bucerius Law School für einen Master of Law and Business (MLB) kostet derzeit beispielsweise 25.000 Euro Studiengebühren. Teilnehmende können das Programm auch mit einem LL.M. abschließen.[17] Auch die Kosten für ein Studium in Neuseeland sind für deutsche Studierende gestiegen.

Neben den Studiengebühren müssen LL.M.-Studierende ihre Lebenshaltungskosten abdecken. Die Kalkulation der Lebenshaltungskosten für ein LL.M.-Studium im Ausland ist schwierig und hängt von der persönlichen Lebensgestaltung ab. Ein guter Anhaltspunkt – aber auch nicht mehr – ist für viele Länder eine Größenordnung von 1.000 Euro Lebenshaltungskosten pro Monat. Die derzeit steigende Inflation wird zu einer Erhöhung der Lebensunterhaltungskosten führen und sollte miteingeplant werden. Zu beachten ist zusätzlich auch die Länge des Programms und ob man über die Länge des akademischen Jahrs hinaus ein „ganzes Jahr" im Land bleiben möchte.

TIPP: Viele Universitäten bieten auf ihren Internetseiten oder in Infomaterialien Hinweise zu den im jeweiligen Land bzw. in der jeweiligen Stadt normalerweise anfallenden Lebenshaltungskosten. Wer bereits konkret ein Land oder sogar schon eine Stadt im Blick hat, kann dieses Informationsangebot zur individuellen Kostenkalkulation nutzen. Weitere Informationen zu Lebenshaltungskosten[18] bieten die Kulturvertretungen des Gastlandes, wie zum Beispiel das British Council.

---

16 Vgl. https://www.llm-studium.de/programme?filters%5Bcost%5D=4500, abgerufen am 06.10.2022.

17 Weitere Informationen hierzu unter: https://www.law-school.de/international/education/master-of-law-and-business/academics/accreditation, abgerufen am 17.10.2023.

18 Die Europäische Kommission bietet auf ihrer Internetseite einen Überblick der Lebenshaltungskosten in den europäischen Ländern; abrufbar unter ec.europa.eu/eures/main.jsp?countryId=UK&acro=living&lang=de&parentId=0, abgerufen am 17.10.2023.

Die folgende grobe Kostenschätzung soll einen Eindruck von den für ein LL.M.-Studium im Ausland zu veranschlagenden Kosten geben. Auch innerhalb eines Landes können erhebliche Unterschiede auftreten.

USA: Yale University	
Studiengebühren	71.540 USD/67.887 Euro
Lebenshaltungskosten	26.114 USD/24.777 Euro
Gesamt	**97.654 USD/92.664 Euro**

Südafrika: University of Cape Town	
Studiengebühren	116.440 ZAR/5.776 Euro
Lebenshaltungskosten	200.000 ZAR/9.921 Euro
Gesamt	**316.440 ZAR/15.697 Euro**

UK: University of Oxford	
Studiengebühren	45.590 GBP/52.679 Euro
Lebenshaltungskosten	19.555 GBP/22.598 Euro
Gesamt	**65.145 GBP/75.277 Euro**

UK: University of Dundee	
Studiengebühren	20.900 GBP/24.106 Euro
Lebenshaltungskosten	12.000 GBP/13.867 Euro
Gesamt	**32.900 GBP/37.973 Euro**

Kostenschätzung für LL.M.-Programme im Ausland

Die in der Tabelle dargestellten Kosten können sich stetig verändern. Die Universitäten stellen häufig solche Übersichten auf ihren Webseiten[19] zur Verfügung und passen diese auch regelmäßig an.

Darüber hinaus muss als zusätzlicher Kostenfaktor für ein LL.M.-Studium im Ausland Ausgaben für Flugtickets, Visum, ärztliche Atteste, Sprachtests und vieles mehr berücksichtigt werden. Diese Kosten sind zum Teil vom gewählten Land abhängig und sehr unterschiedlich.

TIPP: Mit dem Austritt des Vereinigten Königreichs aus der EU dürfen britische Universitäten nunmehr von Studierenden aus EU-Ländern dieselben Studiengebühren verlangen wie von Studierenden aus Drittländern. Die Gebühren sind damit teilweise doppelt so hoch wie vor dem Austritt. Zudem entfällt der Zugang für EU-Bürger:innen zu der britischen Studienfinanzierung. Hinzukommt ein nicht zu unterschätzender bürokratischer Mehraufwand. Für einen Studienaufenthalt von mehr als sechs Monaten ist ein Studentenvisum erforderlich.[20] Dessen Beantragung kostet 490 Pfund, und man benötigt eine „Confirmation of Acceptance for Studies" von der jeweiligen Gastuniversität. Gegebenenfalls fällt auch eine Gebühr für den Zugang zum britischen Gesundheitssystem an. Die Britische Einwanderungsbehörde verlangt darüber hinaus, dass Studierende nachweisen, ihre Lebensunterhaltskosten in den ersten Monaten ihres Aufenthaltes decken zu können. Dafür werden 1.334 Pfund pro Monat kalkuliert, wenn der:die Studierende direkt in London studiert und 1.023 Pfund, wenn der

---

19 Vgl. https://www.ox.ac.uk/admissions/graduate/fees-and-funding/living-costs, https://www.dundee.ac.uk/student-life/city-dundee/living-costs, https://law.yale.edu/admissions/cost-financial-aid/cost-attendance, abgerufen am 17.10.2023.

20 Siehe https://www.azur-online.de/studium/das-ll-m-studium-in-uk-wird-teurer, abgerufen am 17.10.2023.

Studienort außerhalb Londons liegt. Der Nachweis, sprich das Vorhandensein der entsprechenden Summe im Voraus, muss maximal für neun Monate erbracht werden.[21] Für Studierende aus Deutschland besteht insoweit der Vorteil, dass sie den Nachweis der Finanzierung nur auf Nachfrage erbringen müssen.[22]

Zusammenfassung

Ein Studium sollte gut geplant werden, damit es die eigenen Vorstellungen trifft und den größtmöglichen Nutzen für die jeweilige Person und deren Perspektive erzielt. Dazu empfiehlt sich eine systematische Vorgehensweise, um wesentliche Grundentscheidungen bei der Auswahl eines Programmes zu treffen. Dies hilft, die fast unendlich vielen Gestaltungsmöglichkeiten abzuschichten. Wichtige Fragen sind die nach Art, Inhalt, Zeitpunkt, Ort und Modus des Studiums. Die Klärung dieser Fragen verobjektiviert die Entscheidungsfindung in wichtigen Eckpfeilern.

---

[21] https://www.gov.uk/student-visa/money, abgerufen am 17.10.2023.

[22] Weitere Informationen hierzu unter: https://www.britishcouncil.de/studium-uk/eu-austritt-informationen-fuer-studierende, abgerufen am 17.10.2023.

3. Suche nach einem geeigneten LL.M.-Programm im Ausland

von Prof. Dr. Martin Heckelmann

52	Der LL.M. im Ausland
53	Wahl des Sprach- und Kulturraums
58	Wahl der Universität
58	Anforderungen an Bewerber:innen
60	Rankings
62	Persönliche Aspekte bei der Entscheidungsfindung
63	Wahl des Programms
63	Anzahl und Zusammensetzung der Teilnehmenden eines Jahrgangs
64	Lehrpersonal und Ausstattung der Fakultät
64	Kursangebot und Flexibilität bei der Kurswahl
66	Zusammenstellung der Kurse
67	Prüfungen im LL.M.-Studium
68	Zusammenfassung

Der LL.M. im Ausland

Hat man sich für eine bestimmte Art von Programm im Ausland entschieden, stellt sich die Frage, in welchem Land und an welcher Universität man studiert. Am besten geht man in mehreren Schritten vor und legt zunächst den Kulturraum fest, in dem man studieren möchte. Im Anschluss daran sollte man definieren, welche Eigenschaften die Universität aufweisen sollte. Es folgt ein Abgleich mit den infrage kommenden Instituten, an dessen Ende eine Liste von bis zu 15 Universitäten stehen sollte. Nun gilt es, die Programme dieser Universitäten zu vergleichen und auf Übereinstimmungen mit den eigenen Interessen zu überprüfen. Fällt die Auswahl auch dann noch schwer, hilft meist eine tabellenförmige Aufstellung der Vor- und Nachteile der einzelnen Programme.

Bei der Recherche nach dem passenden Angebot ist darauf zu achten, dass ein Teil der LL.M.-Programme jedenfalls in Europa noch auf den Master-Abschluss aufbaut, ein anderer Teil aber bereits mit einem Bachelor-Abschluss belegt werden kann. Hintergrund ist, dass bis vor einigen Jahren die LL.M.-Programme noch überwiegend ein Staatsexamen voraussetzten, mittlerweile aber die Studiengänge in der Europäischen Union gemäß dem Bologna-Prozess auf Bachelor- und Master-Programme umgestellt werden. Der LL.M. reiht sich auch in Deutschland zunehmend in die Riege der anderen Master-Programme ein. Im angelsächsischen Raum stand der LL.M. schon immer für das, was hierzulande der Master ist, und folgt traditionell direkt dem Bachelor-Studium. Insbesondere in den USA ist es aber für Einheimische nicht besonders attraktiv, einen LL.M. zu absolvieren. Als Rechtsanwältin oder Rechtsanwalt startet man möglichst jung und unmittelbar im Anschluss an den Bachelor (J.D.). Angehende Wissenschaftler:innen lassen den LL.M. typischerweise aus und nehmen als nächsten Schritt gleich den Ph.D. in Angriff. Vermehrt können in Deutschland LL.M.-Programme beobachtet werden, die auf Betriebswirt:innen und andere Nicht-Jurist:innen zugeschnitten sind. Der LL.M.-Titel wird hier an Wirtschaftsjurist:innen oder Steuerexpert:innen verliehen, die später in Unternehmen beispielsweise als Vertragsmanager:in oder Personaler:in eingesetzt werden, aber auch bei Wirtschaftsprüfungen, Steuerberatungen oder in der Insolvenzverwaltung, und sich z. B. über die Steuerberaterprüfung weiterqualifizieren.

Wenn man die Zulassungsvoraussetzungen der Hochschule problemlos erfüllt, hat man an dieser Stelle sein LL.M.-Programm bereits gefunden. Wer sich an sehr begehrten Hochschulen bewirbt, muss dagegen mehr Geduld aufbringen. Insbesondere an den traditionellen Universitäten in Europa und Amerika konkurrieren nicht selten 20 bis 50 Bewerbende um einen Platz. Die zunächst entmutigend erscheinende Zahl relativiert sich jedoch, wenn man bedenkt, dass sich viele Interessierte gleichzeitig an mehreren Universitäten bewerben und am Ende natürlich nur jeweils einen Platz annehmen können. Anhand der oben angesprochenen Kriterien sollte man daher eine sinnvolle Auswahl an Universitäten treffen, denen man seine Bewerbung schickt.

TIPP: In der Praxis hat sich eine Zahl von drei bis sechs Bewerbungen als günstig erwiesen. Dadurch werden die Kosten (Materialkosten und Bewerbungsgebühren) und der Zeitaufwand für die Bewerbungen in eine vernünftige Relation zum Risiko einer Ablehnung gesetzt. Dabei sollte man sich bei mindestens einer Universität bewerben, mit deren Zusage man in jedem Fall rechnen kann. Dann steht nur noch der Studienort in Frage, nicht aber das Vorhaben des LL.M.-Studiums als solches.

Wahl des Sprach- und Kulturraums

Am Anfang steht die Entscheidung, in welchem Land man seinen LL.M.-Titel erwerben will. Kulturelle Interessen können hier ebenso ausschlaggebend sein wie die Karrierechancen.

In Bezug auf ein LL.M.-Studium genießen bestimmte Länder bei Arbeitgebern eine höhere Wertschätzung als andere. Außerhalb Deutschlands sind etwa die Vereinigten Staaten, Großbritannien und Kanada sehr beliebt. Die Gründe hierfür liegen nicht nur darin, dass man in diesen Ländern seine Englischkenntnisse professionalisieren kann. Die USA und Großbritannien verfügen auch über die ältesten und renommiertesten Schulen (wobei Deutschland und der Rest der Welt in den vergangenen Jahren freilich aufgeholt haben). Zudem wickelt Deutschland einen Großteil seines internationalen Geschäfts und seiner internationalen Beratungstätigkeit mit Investoren aus den drei genannten Ländern ab. Mit einem amerikanischen oder englischen LL.M.-Titel verbindet ein wirtschaftsrechtlich orientierter Arbeitgeber daher oft die Erwartung, dass Absolvent:innen Gelegenheit hatten, sich mit der Geschäftskultur und der Rechtspraxis der entsprechenden Mandant:innen vertraut zu machen.

Da solide englische Sprachkenntnisse für deutsche Arbeitgeber eine große Rolle spielen[1], stellen englischsprachige Länder wie Australien, Südafrika und Neuseeland ebenfalls eine bedeutende Gruppe von LL.M.-Anbietern dar. Indessen kann auch ein LL.M. in einem skandinavischen, osteuropäischen oder asiatischen Staat von großem Reiz für Bewerbende wie auch Arbeitgeber sein.

Deutsche Unternehmen und Kanzleien sind längst in Ländern wie China, Japan, Indien, Brasilien und Mexiko angekommen und suchen nach Jurist:innen, die sich durch Landeskenntnisse von ihren Kolleginnen und Kollegen abheben. Hier kann der LL.M. einen entscheidenden Vorsprung im Bewerbungsverfahren darstellen.

Außerdem bietet ein Auslandsstudium die Chance, mit einer fremden Kultur in Berührung zu kommen und hiervon in persönlicher Hinsicht zu profitieren. Dabei können zum Beispiel die kulturellen Besonderheiten eines Landes, dessen Geschichte und Gesellschaftsstruktur oder landschaftliche Reize individuelle Bedeutung erlangen. Eindrucksvoll ist in diesem Zusammenhang z. B. der Bericht von Timo Knäbe (*JuS-Magazin* 2008, Heft 5, S. 10 ff.), der nach 25 Jahren der erste nichtafrikanische LL.M.-Student an der University of Daresalam in Tansania war. Interessant ist auch der Bericht von Oliver Kerpen über das LL.M.-Studium in Peking, dessen Vorlesungen ausschließlich als Blockveranstaltungen am Wochenende stattfanden (*JuS-Magazin* 2009, S. 13).

---

1 Nach der inzwischen schon etwas älteren Ansicht einer Personalberaterin ziehen zumindest internationale Großkanzleien den im Ausland erworbenen LL.M. dem deutschen LL.M. vor (*JuS* 2011, Heft 4, S. XLIV).

Darüber hinaus eröffnen nicht englischsprachige Länder die Möglichkeit, gleich zwei Fremdsprachen zu erlernen. Während auch chinesische oder japanische Professor:innen ihre LL.M.-Vorlesungen meist auf Englisch halten, können im Alltag die Kenntnisse der Landessprache vertieft werden. Besonders interessant kann ein LL.M.-Studium in einem ausgefalleneren Land für denjenigen sein, der sich im späteren Berufsleben auf den internationalen Kontakt mit eben diesem Land spezialisieren will oder sogar bereits geschäftliche Verbindungen dorthin unterhält. Dass man in Nischen sehr erfolgreich sein kann, gilt nicht nur für Unternehmen, sondern auch für Bewerber:innen. Leider können zu LL.M.-Programmen außerhalb der USA und Großbritannien nur wenige belastbare allgemeine Aussagen getroffen werden. Hier müssen Bewerber:innen die stark variierenden Bedingungen der Universitäten selbst recherchieren.[2] Etabliert sind selbstverständlich auch LL.M.-Programme in Europa. Sie sollten auf jeden Fall in Betracht gezogen werden, wenn Bewerber:innnen später im öffentlichen Sektor arbeiten möchten oder sich für gemeinschaftsrechtliche Materien (z. B. Beihilferecht) interessieren. Großes Renommee genießen das Europakolleg Brügge, das Europäische Hochschulinstitut in Florenz und natürlich die Université Paris Panthéon-Sorbonne. Dank der Fördertätigkeit der Deutsch-Französischen Hochschule gibt es eine ganze Reihe deutsch-französischer Kooperationen. In diesem Zusammenhang zu erwähnen ist auch das Frankreich-Programm des Justizministeriums Nordrhein-Westfalen zur Ausbildung deutscher Rechtsreferendarinnen und Rechtsreferendare in Paris – ein jeweils im März und Oktober eines jeden Jahres stattfindendes Seminar (*JuS* 2014, Heft 1, S. 26; www.rechtsreferendare-frankreich.nrw.de).

> **Informationen für die USA und China bieten die privaten Websites** www.in-usa-studieren.de **und** www.studieren-in-china.de

Während beim ausländischen LL.M. eher die Förderung der Sprachkenntnisse im Vordergrund steht, entwickeln sich deutschsprachige LL.M.-Programme mehr und mehr zu Expertenschulen. Ihr Renommee steht demjenigen führender ausländischer Schulen in nichts nach. Weil sie einen Gegenpol zu der Schmiede der Einheitsjurist:innen bilden wollen, vermitteln sie Spezialkenntnisse auch in solchen Rechtsgebieten, die noch nicht einmal in Grundzügen Gegenstand des Studiums waren. Auch stellen solche Programme den Anwendungsbezug und den Erwerb von Kompetenzen in den Vordergrund.[3] Neben dem Wissenstranfer gehören dazu auch organisatorische Fähigkeiten und Soft Skills wie z.B. Zeit-Management und Führung von Menschen. Wichtig ist in Deutschland, auf die staatliche Anerkennung der Abschlüsse zu achten. Auch eine Akkreditierung durch eine dem Deutschen Akkreditierungsrat angehörende Agentur kann eine Rolle für die Studienwahl spielen.

---

2 Zahlreiche Adressen ausländischer Universitäten finden sich bei Lundmark, *LL.M.-Programme weltweit*, 2. Auflage 2008, dessen Daten überwiegend auf web.archive.org/web/20220528045725/https://llm-programm.de zu finden sind.

3 Rethinking Law 6/2020, S. 24.

Beispiele für deutschsprachige LL.M.-Programme
- HTW Berlin: LL.M. Wirtschaftsrecht (wr.htw-berlin.de/master)
- Hochschule für Wirtschaft und Recht Berlin: Unternehmensrecht im internationalen Kontext, Recht für die öffentliche Verwaltung, Immobilien und Vollstreckungsrecht oder Betreuung/Vormundschaft/Pflege
- Düsseldorf Law School: Medizinrecht, Gewerblicher Rechtsschutz (*JuS* 2009, S. XII, Heft 6, S. XII; *JA* 2011, Heft 3, S. VIII ; Juristische Ausbildung 9/2023, S. I ff.)
- MCI Innsbruck: Digital Business & Tech Law (www.mci.edu/de/studium/executive-master/digital-business-tech-law-llm)
- Technische Hochschule Köln: Master in Medienrecht und Medienwirtschaft (*Jura* 2010, Heft 7, S. 558; *JuS* 2010, Heft 6, S. XIII und XXXVI; *JA* 2011, Heft 5, S. VIII)
- Universität Halle-Wittenberg: Medizin-Ethik-Recht (*JA* 2011, Heft 1, S. VI), allerdings „M.mel."
- Universität Hamburg: Versicherungsrecht (*Jura* 2007, Heft 4, S. 318 f.)
- Universität Hannover: IT-Recht und Recht des geistigen Eigentums oder Europäische Rechtspraxis (*JuS* 2007, Heft 4, S. XXII ff.)
- Universität Heidelberg: Legum Magister Unternehmensrestrukturierung (*JA* 2009, Heft 6, S. VIII)
- Universität Münster: Mergers & Acquisitions, Steuerwissenschaften, Versicherungsrecht, Wirtschaftsrecht, Immobilienrecht, Medizinrecht, Arbeitsrecht, Erbrecht und Unternehmensnachfolge (vgl. *JA* 2008, Heft 7, S. IV)
- Universität Passau: Rechtsinformatik (www.uni-passau.de/rechtsinformatik)
- Universität Regensburg: LL.M. Legal Tech (www.legaltech-ur.de)
- Universität Wien: Wohn- und Immobilienrecht, Tourismus und Recht (www.postgraduatecenter.at/immorecht, www.postgraduatecenter.at/tourismusrecht)
- TH Nürnberg: Wirtschaftsrecht (www.th-nuernberg.de/llm)
- TU Dresden: International Studies in Intellectual Property Law (*JA* 2012, Heft 7, S. IV ff.)

Weitere Informationen zu deutschsprachigen LL.M.-Programmen finden sich unter www.hochschulkompass.de.

Da sich alle Jurist:innen ohnehin früher oder später die Frage stellen müssen, ob und in welche Richtung sie sich spezialisieren wollen, lässt sich hier bereits der Grundstock einer späteren Expertise erwerben. Nicht immer geht es um ein bestimmtes Rechtsgebiet. Auch bestimmte Arbeitsweisen und -techniken oder Querschnittsgebiete können Gegenstand eines deutschen LL.M.-Studiums sein. Als Beispiele seien hier die Studiengänge „Legal Management" an der Hochschule Konstanz (www.htwg-konstanz.de/master/legal-management) und „Verhandeln und Gestalten von Verträgen" an der Frankfurt University of Applied Sciences (www.frankfurt-university.de/de/studium/master-studiengange/verhandeln-und-gestalten-von-vertragen-llm) genannt.

TIPP: Wer sich für das Recht der mittel- und osteuropäischen Staaten interessiert, der sollte ein LL.M.-Studium an der Universität Hamburg oder einer österreichischen Hochschule in Erwägung ziehen. Früher als andere hat sich unser Nachbarland politisch und wirtschaftlich auf die Osterweiterung der EU eingestellt und gilt in vielen Bereichen als Tor zu den neuen Beitrittsstaaten. Entsprechend dicht ist das an den Universitäten zusammengetragene Wissen über die in diesen Ländern anzutreffenden Rechtssysteme. Noch konsequenter ist es, direkt eines der LL.M.-Programme in einem der neuen Mitgliedstaaten aufzunehmen (etwa in Lettland, vgl. *JuS* 2014, Heft 1, S. 22).

Es empfiehlt sich immer, bei der Suche nach dem richtigen Studienort die Augen für Besonderheiten offenzuhalten. Solch eine findet sich etwa in Großbritannien, wo die European Lawyers' Association dreimonatige Gerichtspraktika organisiert, kontinentaleuropäischen Rechtsanwält:innen den Sprung zum Solicitor zu erleichtern.[4]

Zu den Rahmenbedingungen, die bei der Bestimmung des Ziellands eine Rolle spielen, zählen auch die Lebenshaltungskosten. Wohl am höchsten sind sie in den USA, in Großbritannien und in Japan, wo sie selbst in kleinen Universitätsstädten erheblich über dem deutschen Durchschnitt liegen. Obwohl die Kosten stark von den eigenen Lebensgewohnheiten abhängen, muss man mit mindestens 15.000 Euro pro Jahr rechnen. Deutlich preiswerter gestaltet sich das Leben in Ländern wie Südafrika und Neuseeland – oder eben auch Deutschland. Hier sind auch Reisen und ein eigenes Auto erschwinglich.

In die Entscheidung über das Studienland sollte auch der Aspekt der Arbeitsbelastung einfließen. Schließlich eröffnet ein hohes Maß an Freizeit auch die Möglichkeit, Land und Leute näher kennenzulernen. Mit wie viel Mühe ein Studium verbunden ist, hängt weniger vom Land als von der jeweiligen Hochschule und vor allem von der eigenen Lernbegierde ab. In der Spitze muss man mit einem Pensum von 200 bis 400 Seiten Lesestoff pro Woche rechnen. Das ist zwar auch mit bescheidenen Fremdsprachenkenntnissen machbar, bedeutet aber zumindest in der Eingewöhnungsphase eine Arbeitszeit von bis zu 80 Stunden. Danach reduziert sich der Aufwand auf etwa 50 bis 60 Stunden pro Woche.

> **Wie mühsam ist ein LL.M.-Studium?**
> Der Abschluss als Master of Laws ist teils mit erheblichen Anstrengungen verbunden. Gleichzeitig empfinden viele Kandidat:innen das LL.M.-Studium im Vergleich zur klassischen juristischen Ausbildung als deutlich angenehmer. Das gilt unabhängig davon, ob der LL.M. im Ausland oder in Deutschland erworben wird. Lern- und Übungseinheiten werden nämlich klar vorgegeben und Lernerfolge zeitnah geprüft. Hinzu kommt, dass man viel öfter mit aktuellen Fällen und Sachverhalten arbeitet. Die sich daraus speisende Freude trägt durch den Lernalltag.

---

4 Zum Vorgänger European Young Lawyers' Scheme und den damit gesammelten Erfahrungen in Schottland Frahm, Nomos STUD.Jur 1/2023, S. 21 ff. Leider ist derzeit offen, ob das Programm fortgesetzt werden kann. Informationen erhältlich unter: https://european-lawyers.org.

Manche Kandidat:innen berücksichtigen bei der Wahl des Studienorts die Möglichkeit der Kontaktaufnahme mit späteren Arbeitgebern. Beispielsweise nutzen amerikanische und deutsche Kanzleien den Umstand, dass es an der US-amerikanischen Ostküste viele renommierte Law Schools gibt, indem sie an lokalen Job-Messen teilnehmen oder Dinner-Einladungen an die dortigen Schulen versenden, um möglichst frühzeitig Gespräche mit künftigen Absolvent:innen aufzunehmen. Zwar werden hier noch längst keine Arbeitsverträge abgeschlossen, doch die Veranstaltungen sind gut geeignet, um einen ersten Eindruck von den jeweiligen Anwaltssozietäten zu bekommen.

Ferner kann das Klima den Ausschlag geben für die Entscheidung zugunsten bestimmter Regionen (oder auch gegen sie). Zu beachten sind etwa die Regenzeiten in Äquatorgebieten, die gegenläufigen Jahreszeiten auf der Südhalbkugel oder die stärker schwankenden Wetterbedingungen außerhalb Europas.

LL.M.-Programme beginnen auf der Nordhalbkugel meist zum Wintersemester, d. h. zwischen August (USA) und Oktober (Großbritannien). In Südafrika, Australien, Neuseeland und anderen Ländern der südlichen Hemisphäre dagegen starten die Programme regelmäßig zum Sommersemester. Da die Kurse des zweiten Semesters häufig auf den Erstsemesterveranstaltungen aufbauen und sich das Rahmenprogramm über beide Semester erstreckt, ermöglichen nur wenige Universitäten einen Einstieg zum zweiten Semester. In besonderen Fällen – etwa bei krankheitsbedingtem Ausfall – lassen viele Hochschulen jedoch mit sich reden.

Wer sich – etwa aus familiären Gründen – nicht von seinem Heimatort entfernen kann, sollte neben den lokal verfügbaren Angeboten ein Fernstudium in Erwägung ziehen (z. B. an der FernUniversität Hagen). Seit der Liberalisierung des Fernstudienmarkts bieten zunehmend auch Präsenzhochschulen Studiengänge an, die ganz oder teilweise mit Distanzunterricht arbeiten. So bietet die Hamburger Fernhochschule schon lange einen didaktisch konzipierten Online-Studiengang an, der in vier Semestern auf den LL.M. in der Fachrichtung Wirtschaftsrecht vorbereitet. Freilich mussten die Klausuren handschriftlich in einem der Prüfungszentren geschrieben werden (*JuS* 2013, Heft 5, Seite 11). Allerdings haben im Zuge der Pandemie viele Hochschulen mittlerweile auch das Prüfen digitalisiert und setzen Systeme wie Moodle oder Mahara dafür ein. Auch bieten viele deutsche Universitäten LL.M.-Programme mit begrenzter Präsenzpflicht an. Mitunter finden die Kurse als Blockveranstaltung am Wochenende statt oder können als Lerneinheit zu Hause absolviert werden. Einen großen Schub hat das Thema seit 2020 durch die Pandemie erhalten. Praktisch alle Hochschulen haben ihr Angebot mit zuvor nie erreichtem Tempo auf digitale Lehre umgestellt. Auf diese Weise ist der LL.M. auch berufsbegleitend oder für solche Personen möglich, die aufgrund von Kindererziehung, Angehörigenpflege oder eigenen Leiden das klassische Präsenzstudium gar nicht leisten können.

TIPP: Summer Schools haben im angloamerikanischen Rechtskreis eine große Tradition und erfreuen sich auch in Europa zunehmender Beliebtheit. Fast jede US-amerikanische Universität bietet eine oder mehrere themenbezogene Summer Schools an, so z. B. die University of Washington in Seattle mit dem Programm „Patent and Intellectual Property Law" (*JuS* 2010, Heft 11, Seite XXXVIII). Ist der Sommer nicht schon komplett mit Praktika bei Kanzleien, Richter:innen oder Behörden verplant, besuchen viele Studierende die meist zwei- bis vierwöchigen Blockveranstaltungen. Auch Berufstätige und Rentner:innen findet man unter den Teilnehmenden. Zur Vorbereitung oder als Alternative zu einem LL.M.-Studium kommt daher auch der Besuch einer Summer School in Betracht, zumal sich ein solcher Kurs mit einem Urlaub verbinden lässt. In Deutschland gibt es Summer Schools etwa an der Universität Freiburg, an der Universität Bayreuth („Einführung in das spanische Recht", *JuS* 2010, Heft 6, S. XIII), an der HWR Berlin (www.hwr-berlin.de/en/study/international-study/hwr-berlin-summer-winter-school) oder in wechselnden Städten wie zum Beispiel die „Herbstakademie Mietrecht" des Deutschen Mietgerichtstag e. V.

Wahl der Universität

Hat man sich für einen Kulturkreis entschieden, fällt der Blick auf die dort vorhandenen Universitäten. Die Suche nach dem richtigen Institut ist auf beiden Seiten von Wettbewerb geprägt: Während man selbst den Zugang zur bestmöglichen Law School anstrebt, liegt es im Interesse der Universität, die klügsten und auf lange Sicht zahlungskräftigsten Studierenden für sich zu gewinnen.

Als Informationsquelle eignet sich in erster Linie das Internet. Hilfreich sind aber auch Veranstaltungen, auf denen man unmittelbar mit Vertreter:innen der Law Schools in Kontakt kommt, etwa der LL.M. Day von e-fellows.net.

Anforderungen an Bewerber:innen

Die Wahl der Universität ist zunächst begrenzt durch die Zugangsvoraussetzungen. Diese sind in Deutschland und anderen europäischen Staaten in der Regel leicht online recherchierbar. Auch die Anerkennung bereits erbrachter Leistungen kann meist gut im Vorfeld abgeschätzt werden. Das European Credit Transfer System (ECTS) sorgt für Vergleichbarkeit und Umrechenbarkeit beim Gewicht der einzelnen Veranstaltungen und beim Gesamtaufwand, mit dem die Studiengänge verbunden sind. In Deutschland gibt es frappierende Unterschiede hinsichtlich der vorausgesetzten Rechtskenntnisse. Während einige LL.M.-Studiengänge LL.B.-Absolvent:innen vorbehalten sind, stehen viele andere Programme auch Betriebswirtschafts-Absolvent:innen offen, seltener auch Personen mit einem Bachelor in Politologie (etwa der Wirtschaftsrecht-LL.M. der Martin-Luther-Universität Halle-Wittenberg). Da die fachliche Herkunft und das Alter der Kommiliton:innen den Charakter des Studiengangs definieren, sollte man sich die Zulassungsvoraussetzungen in jedem Fall genauer ansehen.

Außerhalb Europas sind die Zugangsvoraussetzungen leider häufig intransparent, sodass die Bewerber:innen ihre Chancen auf einen Studienplatz kaum einschätzen können. Auch stehen die Zulassungshürden etwa der US-amerikanischen Law Schools nicht von vornherein fest, sondern ergeben sich erst später durch die Auswahl der angenommenen Kandidat:innen aus dem Pool der Bewerbenden. Hinzu kommt, dass einige Universitäten aufgrund der starken Nachfrage nur ein bestimmtes Kontingent an Studienplätzen an Deutsche vergeben. Von den Universitäten werden hierzu wenige bis gar keine Informationen herausgegeben. Dementsprechend schwirig sind Aussagen über die für die erfolgreiche Bewerbung erforderliche Punktezahl in Staatsexamen, Bachelor oder Master zu treffen. Zum einen gehört die Auswahl der Bewerber:innen zu den bestgehüteten Geheimnissen der Fakultäten. Zum anderen kann von einem guten oder schlechten Platz einer Law School in den gängigen Rankings nicht ohne Weiteres auf die Erfolgsquote im Bewerbungsverfahren geschlossen werden, da Faktoren wie die Größe des LL.M.-Programms oder die Attraktivität des Standorts unberücksichtigt bleiben. Angeblich erhält in den USA beispielsweise Berkeley wegen des milden Klimas und der Anbindung an San Francisco etwa dreimal so viele Bewerbungen wie Cornell. Obwohl beide Universitäten in den Rankings etwa gleichauf liegen, sind folglich die Chancen, in Cornell genommen zu werden, erheblich größer.

LL.M.-Programme sind außerhalb Kontinentaleuropas eine wichtige Finanzquelle der Law Schools, sodass grundsätzlich auch Bewerbende mit der Note „ausreichend" im ersten Abschluss gern gesehen sind.[5] Ein Prädikat wird vermutlich von den Top-15-Universitäten in den USA und den Top-5-Universitäten in Großbritannien vorausgesetzt.[6] Wer auch hier noch an die Spitze will, muss bedenken, dass bei den ganz großen Namen ein beträchtlicher Teil der Studienplätze inoffiziell im Rahmen bestehender Kontakte vergeben wird. In seltenen Fällen richten sich Studiengänge an bestimmte Bewerbendenkreise; die Yale Law School beispielsweise öffnet ihre Pforten in erster Linie dem akademischen Nachwuchs und weniger den hochtalentierten angehenden Anwältinnen und Anwälten.

Berufserfahrung, Motivation und sonstige Qualitäten können die Bedeutung des ersten Abschlusses in den Hintergrund rücken lassen. Obwohl Stipendien im Ausland trotz ihrer ausführlichen Darstellung auf den Hochschul-Websites äußerst selten gewährt werden, gelingt es besonders qualifizierten Bewerber:innen gelegentlich, einen (Teil-)Erlass der Studiengebühren zu erhalten.

Fazit: Auch wenn die Wunschuniversität ein namhaftes Institut ist, sollten sich Bewerber:innen in ihrer Bewerbung mutig und selbstbewusst präsentieren. Entscheidend ist, ob sie schlüssig erklären können, warum ihr Studium an genau dieser Universität für beide Seiten von Nutzen ist.

---

5 In diese Richtung auch Adams, *Jura* 2008, S. 636 f. Überzogen dagegen die Aussage von Fenner, *Jura* 1995, S. 17, dass in den USA „fast jede Provinzuni gerne ein Prädikatsexamen und erstklassige Sprachkenntnisse sehen möchte"

6 Ähnliche Einschätzung von Fenner, *Jura* 1995, S. 17 f. hinsichtlich der UK-Law-Schools. Dem Vernehmen nach genügt aber beispielsweise für das King's College ein Punktedurchschnitt von 8,0.

Rankings

Traditionsschulen sind häufig teurer und stellen höhere Anforderungen an die Bewerbenden. Sie locken aber auch mit klangvollen LL.M.-Titeln, prominenten Hochschullehrenden, einer besseren universitären Ausstattung und dem späteren Eintritt in einflussreiche Alumni-Vereine. Um herauszufinden, welchen Ruf einzelne Universitäten genießen, bietet sich der Blick auf Hochschul-Rankings an. In Europa und insbesondere Deutschland spielen Rankings zwar noch keine bedeutende Rolle, wohl aber im angloamerikanischen Rechtskreis. Der Klassiker unter den US-Rankings ist das Ranking von *U.S. News* (www.usnews.com/best-graduate-schools/top-law-schools). Interessant ist auch der Versuch, die Reputation der Hochschulen in Relation zu den Lebenshaltungskosten zu setzen: www.ilrg.com/schools/analysis.

Bewertungen britischer Universitäten findet man im „University Guide" von *The Guardian* (www.theguardian.com/education/universityguide). Weitere Rankings sind einsehbar unter llm-guide.com. Rankings versuchen, die Fakultäten anhand von Kriterien wie der finanziellen Ausstattung der Universität, der Reputation der Professorinnen und Professoren, dem Kursangebot und Ähnlichem zu vergleichen. Die Tabellen spiegeln im Wesentlichen wider, ob eine Universität zur Spitzengruppe, zum Mittelfeld oder zur großen Masse gehört. Auch in bestimmten Ländern Asiens und Afrikas wird die Güte der Ausbildung häufig an den Namen der Hochschule geknüpft. So nehmen beispielsweise die Todai in Japan und die University of Capetown in Südafrika eine Spitzenstellung ein. Allerdings ist stets zu berücksichtigen, dass nur wenige rein deutsche Arbeitgeber etwas mit anderen Namen anfangen können als mit Oxford, Cambridge, Harvard und Yale.

> **Was ist die Ivy League?**
> Schon in der ersten Hälfte des 20. Jahrhunderts war der Sport ein wichtiges Aushängeschild für US-amerikanische Universitäten. Mit immer mehr Stipendien versuchten die Hochschulen, die besten Nachwuchssportler:innen des Landes an sich zu binden. Als dies für Forschung und Lehre zur finanziellen Belastung zu werden drohte, scherten acht Institutionen aus und gründeten einen eigenen Ligabetrieb, in dem die Vergabe von Sportstipendien untersagt war. So schlossen sich im Jahr 1945 Harvard, Yale, Columbia, Princeton, Brown, Cornell, Dartmouth und Pennsylvania zur Ivy League zusammen. Die Assoziation dieses Begriffs mit akademischer Elite entstand erst im Laufe der Zeit.

Aus verschiedenen Gründen sind Ranglisten mit Vorsicht zu genießen. Zunächst einmal beziehen sich die meisten Rankings auf das Bachelor-Studium (in den USA: „J.D.") an der jeweiligen Law School, während die Qualität des LL.M.-Programms nur selten einer eigenständigen Prüfung unterzogen wird. Zweitens wird in den Rankings von *U.S. News* dem jährlichen Budget der Universitäten ein sehr hohes Gewicht beigemessen, sodass sich Universitäten mit großem Stiftungsvermögen automatisch oben in den Listen wiederfinden. Weitere Faktoren wie die Berücksichtigung von Research Professors, die den LL.M.-Studierenden im Studium überhaupt nicht zur Verfügung stehen, verfälschen die Ergebnisse zusätzlich.

Zudem unterliegen die Ranglisten starken Schwankungen. Sollte man auf einen großen Namen Wert legen, ist es wichtig zu prüfen, ob einer Law School über einen langen Zeitraum hinweg eine hohe Reputation beigemessen wurde. Ferner bergen Rankings die Gefahr, dass sie messbare Kriterien in den Vordergrund stellen und die nicht minder wichtigen weichen Faktoren außer Acht lassen.

Ein Vergleich der Rankings von *The Guardian* und *The Times* verdeutlicht die Problematik auf anschauliche Art und Weise. Beide Rankings speisen sich aus den Bewertungen von Undergraduates, bewerten also zunächst einmal keine LL.M.-Programme für Postgraduates.

The Guardian: University Guide		The Times: Good University Guide	
Rang	Einrichtung	Rang	Einrichtung
1	Oxford	1	Cambridge
2	University College London	2	University College London
3	Cambridge	3	Glasgow
4	London School of Economics	4	Oxford
5	Glasgow	5	Durham
6	King's College London	6	London School of Economics
7	Durham	7	Edinburgh
8	Solent	8	King's College London
9	Leeds	9	Aberdeen
10	Aberdeen	10	Dundee

Die Top 10 der rechtswissenschaftlichen Fakultäten in Großbritannien, basierend auf den Rankings von *The Guardian* und *The Times* (*Good University Guide*), Stand 2021.

Die Rankings basieren zum Teil auf den gleichen statistischen Erhebungen, etwa dem National Student Survey der Higher Education Statistics Agency. Verschiedene Gewichtungen der Beurteilungskriterien haben allerdings zur Folge, dass einige der Universitäten in einem Ranking auf den vorderen Rängen landen, während sie im anderen Ranking deutlich weiter hinten liegen.

Aufgrund dieses bei Business Schools gleichgelagerten Problems haben sich daher bereits einige wirtschaftswissenschaftliche Fakultäten führender Hochschulen wie Wharton und Harvard zu einem Boykott der einschlägigen Rankings entschlossen. Des Weiteren spielen Rankings in Deutschland keine so große Rolle wie in den Ländern, in denen die Arbeitgeber mehr auf den Namen der Hochschule als auf die Abschlussnote achten. Schließlich gibt es auch an weniger angesehenen Universitäten gute Programme, und der Lernerfolg hängt gerade beim LL.M.-Studium maßgeblich vom eigenen Einsatz ab. Aus alledem folgt, dass Bewerbende dem Stellenwert der Law School in den einschlägigen Rankings keine allzu große Bedeutung beimessen sollten.

Wer Wert auf einen wohlklingenden Namen legt, sucht sich in den USA eine der Universitäten, die in den vergangenen Jahren häufig zu den oberen zwanzig zählten, in Großbritannien eine der oberen fünf, in anderen Ländern die nach den vor Ort geltenden Meinungsbildern besten. Zu den beliebtesten Universitäten der Ostküste der USA gehören nach wie vor die Ivy-League-Schulen. Von diesen haben folgende ein LL.M.-Programm: Harvard, Yale, Columbia, die University of Pennsylvania und Cornell. Universitäten wie NYU, Virginia oder Georgetown liegen jedoch in der Gunst der Bewerbenden inzwischen etwa gleichauf. Große Konkurrenz herrscht im Süden vor allem an der Duke University und in Texas/Austin, im Norden in Chicago, Michigan/Ann Arbor und an der Northwestern University sowie an der Westküste in Stanford, Berkeley und an der UCLA. In Großbritannien gehören Cambridge, Oxford, King's College (London), Manchester, die London School of Economics, das University College London, Nottingham, Sheffield, Warwick, Leicester, Durham, Bristol, Liverpool, Queens (Belfast), Essex, East Anglia, Glasgow, Strathclyde, Aberdeen, Edinburgh und die School of African and Oriental Studies (London) zu den beliebtesten der insgesamt etwa 130 Universitäten, an denen man einen LL.M. erwerben kann.

Persönliche Aspekte bei der Entscheidungsfindung

Bewerber:innen sollten bei der Wahl der Universität eine Reihe weiterer Aspekte mit ihren persönlichen Bedürfnissen abgleichen. Zum einen handelt es sich beim LL.M. nicht nur um einen akademischen Grad, sondern auch um einen Titel, der sich zum Schmücken des Kanzleibriefs und der Visitenkarte eignet. Da der Name der Universität dem Titel in aller Regel beigefügt wird, sind die Absolvent:innen bekannter Lehrinstitute nochmals im Vorteil.

Ein anderer wichtiger Punkt bei der Universitätswahl ist die Sicherheit. Während England und Asien generell relativ sicher zu sein scheinen, gibt es an amerikanischen oder afrikanischen Hochschulen immer wieder Probleme mit der Kriminalität. Manche Universitäten haben eine eigene Campuspolizei, die innerhalb der Grenzen der (teilweise weitläufigen) hochschuleigenen Gebiete für Ordnung sorgt. Ebenfalls ganz unterschiedlich handhaben die Universitäten das Thema Familie. Viele Universitäten bieten Betreuungseinrichtungen auf ihrem Campus und spezielle Wohnheime für Familien. Mitunter gibt es für Angehörige sogar eigene Fortbildungs- und Freizeitprogramme sowie die Möglichkeit, in die universitätseigene Gesundheitsversorgung eingebunden zu werden. Eine gewisse Bedeutung sollte auch den Erholungsmöglichkeiten beigemessen werden. Sportbegeisterte Studierende sind oft vom traditionell vielfältigen Sportangebot der amerikanischen Universitäten fasziniert. Typisch für die USA ist auch, dass sich ethnische oder anderweitig verbundene Gruppen zu Zirkeln zusammenschließen und in Eigenregie Veranstaltungen im kleineren oder größeren Kreis organisieren. Großen Freizeitwert haben selbstverständlich auch die Nähe zu einer Metropole, kulturelle Angebote und Reisemöglichkeiten.

Wahl des Programms

TIPP: Stehen die infrage kommenden Universitäten fest, gilt es, die Konditionen des jeweiligen LL.M.-Programms zu prüfen. Neben der Größe des Programms und der Zusammensetzung der Teilnehmenden sind dabei auch die Ausstattung der Universität, die Existenz eines Netzwerks für Alumni und Alumnae und die Wahlmöglichkeiten bei den Kursen wichtig. Die meisten Informationen sind mittlerweile auf den Websites der Universitäten abrufbar. Aufschlussreiche Eindrücke vermitteln auch die zahlreichen Erfahrungsberichte, die in Zeitschriften und Büchern wie dem vorliegenden veröffentlicht werden.[7] Sollten Fragen offenbleiben, ist es absolut angemessen und üblich, den jeweiligen Leiter:innen oder Betreuer:innen des LL.M.-Programms eine kurze E-Mail zu schicken. Wenn für das LL.M.-Programm ein eigener „Dean" bestellt ist, handelt es sich dabei häufig nicht um eine dem deutschen Dekan vergleichbare Person, sondern um eine:n Verwaltungsmitarbeiter:in. Diese:r ist Ansprechpartner:in für fast alle Belange der künftigen, aktuellen und ehemaligen LL.M.-Kandidat:innen.

Verlässliche Informationen können mitunter auch in Erfahrung gebracht werden, indem man bei der Fakultät um Kontakt zu ehemaligen LL.M.-Studierenden bittet. Die Vorteile liegen darin, dass man detaillierte Fragen stellen und Eindrücke aus erster Hand bekommen kann. Zu berücksichtigen bleibt andererseits, dass die Universität möglicherweise nur solche Alumni und Alumnae benennt, die eine positive Einstellung zum Programm hatten und mit der Empfehlung letztlich ihr eigenes Studienjahr rechtfertigen.

Anzahl und Zusammensetzung der Teilnehmenden eines Jahrgangs

Einen ganz entscheidenden Faktor für die Wahl des geeigneten Programms bildet die vorgesehene Anzahl an Studierenden. Ob man ein größeres oder kleineres Programm wählt, richtet sich ganz nach den persönlichen Präferenzen. Die Größe der LL.M.-Programme in den USA reicht von 25 (Yale und Denver) bis zu 500 Studierenden (New York University, die alleine neun verschiedene LL.M.-Programme und zusätzlich noch einen Executive LL.M. hat). In europäischen LL.M.-Programmen werden üblicherweise nur 15 bis 50 Studierende pro Semester zugelassen.

Kleinere Schulen bieten den Charme einer überschaubaren Gemeinschaft von Kommiliton:innen, umfangreichere Programme dagegen eine breitere Palette von Kursen, wodurch sich maßgeschneiderte Studien leichter realisieren lassen. Durch die Popularität des LL.M. bei deutschen Studierenden läuft man bei großen Programmen im Ausland aber auch leicht Gefahr, fast ausschließlich mit deutschen Teilnehmenden zusammen zu sein, was sich nachteilig auf die Fortschritte in der englischen Sprache

---

[7] Eine Fülle von Erfahrungsberichten über LL.M.-Studiengänge in den USA findet sich bei Biene/Eumann, DAJV, *USA Studienführer für Juristen*, 6. Aufl., 2005. Erfahrungsberichte der vergangenen Auflagen von *Der LL.M.* finden sich unter https://www.e-fellows.net/llm-erfahrung.

auswirken kann. Auch sollte vorab in Erfahrung gebracht werden, aus welchen Ländern die LL.M.-Studierenden kommen und welche Schwerpunkte bei der Vergabe der Studienplätze gesetzt werden. Gute Universitäten achten auf eine international ausgewogene Mischung, um die Kommunikation unter den Studierenden zu erleichtern. An Law Schools, die die Studierenden ausschließlich nach ihren eigenen Interessen aussuchen, kann die Zusammenstellung der unterschiedlichen Nationalitäten jedoch auch unglücklich ausfallen, beispielsweise sehr einseitig. In den USA ist die Tendenz festzustellen, dass an der Ostküste viele Europäer:innen studieren, während sich an den Hochschulen der Westküste viele Asiat:innen finden.

Lehrpersonal und Ausstattung der Fakultät

Zwischen dem Ruf und der Ausstattung der Fakultät besteht häufig ein Zusammenhang. Bessere Law Schools verlangen zwar häufig höhere Studiengebühren, bieten dafür allerdings auch ein breiteres Kursangebot und namhafte Professorinnen und Professoren. In Kursen mit kleinen Hörer:innenzahlen zu sitzen ist zwar anstrengend, steigert aber den Lernerfolg ganz erheblich. Daher kommt dem Zahlenverhältnis von Studierenden und Professor:innen eine kaum zu überschätzende Bedeutung zu. Während an deutschen Universitäten häufig ein Verhältnis von 200 zu eins anzutreffen ist, kommen an guten britischen und amerikanischen Universitäten gerade einmal zehn bis 15 Studierende auf eine Professorin oder einen Professor. Die Spitze markiert wohl die Pace University (White Plains, USA) mit einer Faculty-Student-Ratio von etwa sieben zu eins. Eine aus Studierendensicht günstigere Quote als die Universitäten erreichen in Deutschland die Fachhochschulen. Das liegt freilich auch daran, dass an Universitäten ein Teil der Lehre über Asisstent:innen und Wissenschaftliche Mitarbeiter:innen abgedeckt wird. Außerdem sehen deutsche LL.M.-Programme häufig eigene Veranstaltungen vor, die nichts mit dem Massenbetrieb mancher Bachelor-Vorlesungen zu tun haben und bei Gruppengrößen von 20 Personen einen echten seminaristischen Unterrichtsstil erlauben.

Renommierte Schulen verfügen oft über hervorragend ausgestattete Bibliotheken. Angesichts der Entwicklung der vergangenen Jahre hin zu elektronischen Quellen spielt die Zahl der in der Universitätsbibliothek vorgehaltenen Bände freilich nicht mehr dieselbe Rolle wie noch vor zehn Jahren. Während Lehrbücher noch häufig erworben werden, findet die Recherche von Urteilen heutzutage nur noch elektronisch statt – in Deutschland über juris und beck-online, in den USA traditionell über Westlaw und LexisNexis, in anderen Ländern über die dort vorherrschenden Quellen. Meist können die Studierenden die Datenbanken für die Dauer des Studiums kostenlos nutzen. Die professionellen Einführungskurse sind sehr hilfreich und unbedingt zu empfehlen.

Kursangebot und Flexibilität bei der Kurswahl

Eine besonders wichtige Rolle bei der Wahl des geeigneten Programms spielt das Spektrum der angebotenen Kurse. Die Internetseiten der Law Schools bieten in der Regel einen Einblick in die Veranstaltungsliste des aktuellen Jahrgangs. So kann man dort prüfen, ob sich die eigenen Interessen im Lehrangebot der Fakultät wiederfinden. Je größer die Fülle der Vorlesungen und Seminare, desto besser für die Studierenden.

> **Wirtschaft, Wirtschaft, Wirtschaft …**
> Betrachtet man das Kursangebot von LL.M.-Studiengängen näher, fällt die Betonung wirtschaftsrechtlicher Themen auf. Hierfür gibt es mehrere Gründe. Das Jurastudium ist gerade in angloamerikanischen Ländern und speziell in LL.M.-Programmen deutlich praxisnäher. Und am größten ist nun einmal der Nachwuchsbedarf in Unternehmen und wirtschaftsrechtlich orientierten Kanzleien. US-amerikanische Universitäten beispielsweise wachen sorgfältig darüber, dass ein möglichst hoher Teil ihrer Absolvent:innen in große Wirtschaftsrechtskanzleien einsteigt. Nur dort können die Absolvent:innen das Geld verdienen, mit dem sie ihre Studienkredite zurückzahlen können. Wen es doch einmal in den Bereich des öffentlichen Rechts verschlägt, dem erlässt die Universität nachträglich einen Teil seiner Hochschulgebühren. Auch in Deutschland interessieren sich die meisten Kandidat:innen für einen wirtschaftsrechtlich geprägten LL.M. Sie folgen damit den Wünschen der Arbeitgeber: Ein LL.M. ist Großkanzleien wichtiger als der öffentlichen Hand. Kandidat:innen mit Interesse an internationalem Recht, öffentlichem Recht oder Strafrecht sollten sich davon zwar keinesfalls abschrecken lassen – sie müssen aber damit rechnen, dass das Kursangebot kleiner ist und dass künftige Arbeitgeber ihrem Abschluss nicht die gebührende Wertschätzung entgegenbringen werden.

Unbedingt in Erwägung zu ziehen ist die Möglichkeit, Kurse an anderen Fakultäten der Universität zu besuchen. Die Teilnahme etwa an Veranstaltungen der benachbarten Business School ist in aller Regel zulässig und wird bei ausreichendem rechtlichen Bezug oft sogar auf die zu erbringende Anzahl von Credits angerechnet. In besonderen Fällen ergänzen mehrere Universitäten gegenseitig ihr Angebot, indem sie freie Plätze für bestimmte Kurse an die Studierenden kooperierender Institute vergeben.

Wieder etwas anders gelagert sind LL.M.-Programme, die verpflichtend in verschiedene – meist zwei – Blöcke eingeteilt werden. Dies kann etwa bedeuten, dass im Wechsel je ein Semester an einer der beiden Universitäten oder zumindest der Sommer an einer anderen Hochschule verbracht wird (so z. B. das gemeinsame Programm von McGeorge/Sacramento und der Uni Salzburg). Seltener sind die LL.M.-Programme mit einem obligatorischen Internship in einem Unternehmen verbunden. Anders als (noch) an vielen deutschen Universitäten kann man seine Kurse an ausländischen Unis meist sehr flexibel zusammenstellen. Ungewöhnliche Kombinationen verschiedener Fächer kommen häufig vor, da sie mehr Abwechslung in den Lernalltag bringen. Die formalen Voraussetzungen beschränken sich in der Regel darauf, eine bestimmte Mindestanzahl an Credits zu erbringen und wenigstens eine größere schriftliche Arbeit anzufertigen. Sofern neben dem LL.M. auch eine Promotion angestrebt wird, kann mit der Master-Arbeit bereits die Grundlage für eine rechtsvergleichende Dissertation gelegt werden. Die hierbei erzielbaren Synergien werden mitunter jedoch dadurch aufgehoben, dass rechtsvergleichende Dissertationen häufig einen höheren Aufwand erfordern als rein auf das deutsche Recht bezogene Arbeiten. Zusätzlich ist zur Kurswahl zu sagen, dass insbesondere in den USA häufig die Teilnahme an spezifischen LL.M.-Kursen, die etwa auf die amerikanische Rechtssprache vorbereiten oder den Umgang mit Recherchewerkzeugen vermitteln, vorgeschrieben ist.

Zusammenstellung der Kurse

Die eigentliche Zusammenstellung der Kurse geschieht erst unmittelbar vor Studienbeginn, sodass sich Bewerber:innen noch nicht unbedingt Gedanken darüber machen müssen. Dennoch seien an dieser Stelle ein paar Hinweise gegeben.

LL.M.-spezifische versus allgemeine Kurse
Selbstverständlich bietet es sich an, ein LL.M.-Programm zu wählen, dessen Kursangebot den eigenen beruflichen oder persönlichen Interessen entspricht. Gerade im Ausland kann es reizvoll sein, statt der LL.M.-eigenen Angebote einen der Bachelor-Kurse zu besuchen. Wer sich von dem hier oft höheren Arbeitsaufwand nicht abschrecken lässt, kann bei diesen Veranstaltungen Kontakte zu einheimischen Studierenden knüpfen und etwa im angloamerikanischen Rechtskreis die klassische Socratic Method kennenlernen. Bei diesem Unterrichtsstil vermitteln Professor:innen das Wissen nicht in Form einer klassischen Vorlesung, sondern leiten die Studierenden im Frage-Antwort-Spiel zur Erkenntnis. Bei Kursen für fortgeschrittenere Studierende sowie bei den speziellen LL.M.-Kursen steht weniger das Auswendiglernen als vielmehr das eigenständige Lösen juristischer Sachverhalte im Vordergrund.

Zusammenstellung der Kurse nach beruflichen Aspekten
LL.M.-Studierende mit einer bestimmten beruflichen Perspektive können ihre Kurswahl entsprechend treffen. Die Zielsetzung der angloamerikanischen Law Schools, die Studierende auf den Beruf vorzubereiten, ist hier eine gute Basis. Deutsche LL.M.-Studierende zeigen sich häufig überrascht vom hohen Praxisbezug der Veranstaltungen, während selbst Eliteschulen die wissenschaftliche Tiefe des deutschen Jurastudiums nicht erreichen. Ursache dafür ist die unterschiedliche Konzeption deutscher und angloamerikanischer Rechtsfakultäten. In Großbritannien und den USA geht es nicht um die umfassende Vermittlung von Inhalten, sondern um die zielgenaue Vorbereitung auf den Job. Dementsprechend gehören die Law Schools nicht zu den klassischen wissenschaftlichen Instituten, sondern bilden zusammen mit den Business Schools und Medical Schools die Professional Schools. Nicht selten tragen Richter:innen oder erfolgreiche Anwältinnen und Anwälte als Gastprofessor:innen hochaktuelle juristische Sachverhalte in die Universität hinein. Diese konsequente Ausrichtung der Ausbildung auf die Rechtspraxis macht das Lernen nicht nur plastischer, sondern informiert gleichzeitig über die aktuellen Entwicklungen im jeweiligen Rechtsgebiet.

Wer im Ausland bleiben will, sollte sich darüber informieren, welche Spezialisierungen dort gefragt sind. Ein in England absolvierter Tax LL.M. kann den Einstieg in eine britische Kanzlei erheblich erleichtern. Allerdings muss seit dem Brexit genau verfolgt werden, welche Einschränkungen sich für das Studium und die spätere Arbeit ergeben. Hilfreich ist auch die Wahl von Kursen im internationalen Recht, da hier keine Grenzen zwischen den Rechtsordnungen bestehen. Wer sich mit dem LL.M.-Studium auf eine spätere Berufstätigkeit in Deutschland vorbereiten will, muss die gewählten Fächer im Zusammenhang mit der Bedeutung des Ziellandes für die deutsche Rechtsordnung sehen. So findet aufgrund des großen Einflusses des amerikanischen Gesellschaftsrechts auf die deutsche Rechtsordnung ein LL.M. in U.S. Corporate Law auch bei deutschen Großkanzleien Anklang. Auf der anderen Seite darf die Bedeutung der Kurswahl für potenzielle Arbeitgeber nicht überschätzt werden. Deutsche Kanzleien interessieren sich überwiegend für den Titel und die Englischkenntnisse, die mit einem LL.M.-Studium erworben werden. Daher sollten sich künftige LL.M.-Studierende bei der Wahl der Kurse vor allem von ihren persönlichen Neigungen leiten lassen. Das LL.M.-Studium bietet die Gelegenheit, sich in neue Bereiche einzulesen oder auch spannende Einzelthemen zu erforschen. Wer plant, nach dem LL.M.-Studium das Bar Exam abzulegen, könnte dies schon bei der Kurswahl berücksichtigen und dafür relevante Kurse abdecken.

Prüfungen im LL.M.-Studium

Die Universitäten stellen unterschiedliche formale Anforderungen an die Verleihung des Master of Laws. In Europa gilt das ECTS (siehe oben). In der übrigen Welt wird meist eine von der jeweiligen Hochschule festgelegte Anzahl an Credits verlangt, die sich zu bestimmten Teilen aus mündlichen und schriftlichen Leistungen zusammensetzt. Zu den Veranstaltungen, bei denen man Credits erwerben kann, zählen Vorlesungen und Seminare. Zudem werden selbstständig verfasste schriftliche Arbeiten angerechnet. Diese müssen einen bestimmten Umfang haben, der in der Regel bei 20 Seiten pro Credit liegt. Vorlesungen schließen mit schriftlichen Tests ab und behandeln in vergleichsweise kurzer Zeit eine große Bandbreite an Themen. Angesichts dessen wird den Studierenden in Klausuren keine dem deutschen Studium vergleichbare präzise Bearbeitung abverlangt. Ausschlaggebend für den Erfolg einer Klausur ist vielmehr das Ansprechen möglichst vieler Problemschwerpunkte, während deren Lösung allenfalls mit ein paar Zusatzpunkten honoriert wird.

Viele Bewerbende sorgen sich um die Durchfallquoten beim LL.M.-Studium. Hier gilt es abermals zwischen kontinentaleuropäischen und angelsächsisch geprägten Rechtskulturen zu unterscheiden. Während in Ländern der ersteren Prägung Leistungen vor allem im Studium erbracht werden müssen, liegt etwa in Japan oder England die eigentliche Leistung vor dem Studium, weil hier die Zulassung zum Studium die höchste Hürde darstellt. In angelsächsisch geprägten Ländern kommt es daher kaum vor, dass jemand durch eine Prüfung fällt. Dies gilt gleichermaßen für Eliteschulen wie für weniger bekannte Law Schools. Auf den ersten Blick erstaunt es, dass dieser Umstand keinen Einfluss auf den ungebrochenen Arbeitseifer hat, der zumindest an den Top-Universitäten an den Tag gelegt wird. Die Motivation erwächst an angloamerikanischen Rechtsschulen nicht so sehr aus dem Prüfungsdruck, sondern wohl eher aus der Gefahr, in der nächsten Unterrichtsstunde von der Professorin oder vom Professor aufgerufen zu werden. Zudem wollen viele den Lernertrag eines Studiums maximieren, für das sie Gebühren von bis zu 100.000 Euro entrichten müssen. Wer in einzelnen Prüfungen dennoch durchfällt, dem wird in der Regel die Möglichkeit geboten, die erforderlichen Credits beispielsweise mit einer zusätzlichen Arbeit zu erwerben. Man muss daher im angelsächsischen Raum nicht befürchten, aufgrund von einzelnen Misserfolgen den LL.M.-Titel nicht verliehen zu bekommen.

Zusammenfassung

Für die erfolgreiche Suche eines LL.M.-Programms im Ausland ist eine Reihe von Vorfragen zu klären. Zu den akademischen Rahmenbedingungen gehören die fachliche Ausrichtung des Studiengangs, Art und Zahl der belegbaren Kurse, die Abwägung zwischen Online- und Präsenzunterricht und das Verhältnis der Zahl der Studierenden zur Größe des Lehrkörpers. Eine Bereicherung kann die Möglichkeit sein, Veranstaltungen auch anderer Fakultäten zu belegen (z. B. an der Business School). Zu den beruflichen Aspekten gehören die Unterrichts- und Landessprache sowie die Nähe zum Rechtskreis der künftigen beruflichen Tätigkeit. Das Renommée der Hochschule kann eine Rolle spielen. Rankings hingegen sollten nicht überbewertet werden. Persönliche Entscheidungsgründe betreffen etwa den Kulturkreis, die Abwägung zwischen Stadt und Land, die Vereinbarkeit von Familie und Studium, Sicherheitsbedürfnisse sowie die Studiengebühren und sonstigen Kosten. Wegen der Zulassungsbeschränkungen ist anzuraten, sich an mehreren Hochschulen zu bewerben. Um den Auslandsaufenthalt abzusichern, sollte eine Bewerbung an eine Hochschule gehen, bei der fest mit einer Zusage gerechnet werden kann.

4. Erfolgreich bewerben um Studienplatz und Stipendien

von Steffi Balzerkiewicz

70	Bewerbung um einen LL.M.-Studienplatz
71	Mindestvoraussetzungen für eine Bewerbung
78	Zusammenstellung der übrigen Bewerbungsunterlagen
84	Zeitmanagement
87	Zusage
87	Online-Bewerbung und Bewerbung über Partnerinstitute
88	Stipendien
89	Anforderungen der Stipendiengeber
90	Bewerbung um ein Stipendium
94	Fazit
94	Beispieldokumente

Bewerbung um einen LL.M.-Studienplatz

Hat man sich für eine Universität und ein LL.M.-Programm entschieden, folgt als nächster Schritt die Bewerbung um einen Studienplatz. Die Zulassung zum gewünschten Programm zu erreichen ist keine reine Formsache – die Hürden werden von den Studieninteressierten jedoch manchmal überschätzt. Voraussetzung für eine erfolgreiche Bewerbung ist, dass sie die von der Universität gestellten formalen Anforderungen erfüllt und die Stärken der Bewerberin oder des Bewerbers hervorhebt. Es ist daher wichtig, die Bewerbung mit großer Sorgfalt anzufertigen und schon im Vorfeld ausreichend Zeit hierfür einzuplanen. Für viele Bewerber:innen ist die Zusammenstellung der Bewerbungsunterlagen noch ungewohnt. Die mangelnde Erfahrung auf diesem Gebiet führt häufig zu Unsicherheiten bei inhaltlichen und formalen Fragen. Die folgenden Hinweise sollen Vorschläge und Vorlagen bieten und helfen, die Unsicherheiten zu beseitigen. Sie sind jedoch nur als Richtlinien zu verstehen. Jede Bewerbung sollte individuell auf die entsprechende Person und das mit der Bewerbung verfolgte Ziel zugeschnitten sein.

TIPP: Auch wer den Großteil der Bewerbung allein vorbereitet, sollte sich beraten und helfen lassen. Dies gilt insbesondere bei geringer Erfahrung mit Bewerbungsunterlagen oder unzureichenden Sprachkenntnissen. Die Bewerbung Korrektur lesen zu lassen, schadet in keinem Fall.

Grundsätzlich stellen alle Universitäten vergleichbare Anforderungen an eine Bewerbung. Neben Abschlusszeugnissen (Abitur und Studium) und Leistungsnachweisen aus dem Studium werden in der Regel ein tabellarischer Lebenslauf, ein Nachweis über die Sprachkenntnisse und oft auch Empfehlungsschreiben verlangt. Amerikanische Universitäten erwarten darüber hinaus häufig, dass Bewerber:innen ihre Motive für das Studium in einem Essay darlegen. Darüber hinaus gibt es Programme, die ausschließlich Studieninteressierten mit Berufserfahrung offenstehen. Wegen der großen Zahl der Programme und der damit verbundenen unterschiedlichen Anforderungen können die Darstellungen im Folgenden nur einen ersten Überblick bieten.

Die inhaltlichen Anforderungen an die Bewerbungsunterlagen variieren zum Teil stark, beispielsweise bezüglich des Umfangs und Inhalts des Lebenslaufs. Auch werden den Bewerbungen außerhalb Deutschlands meist keine Fotos beigefügt. Aus diesem Grund sollten sich Bewerber:innen im Vorfeld über die von den jeweiligen Universitäten gestellten Vorgaben an die Bewerbung genau informieren.

Die Internetseiten der Universitäten geben detaillierte Informationen zum Studium und zu den Zugangsvoraussetzungen der einzelnen Studiengänge. Die postalische Übersendung von Broschüren für potenzielle Studierende erfolgt nur noch in Einzelfällen. Die Broschüren werden jedoch häufig auf den Webseiten zum Herunterladen bereitgestellt. Allerdings sollte man nicht vergessen, dass es sich sowohl bei Internetauftritten als auch in den Broschüren um eine werbende Außendarstellung handelt und die Universität sich den potenziellen Studierenden natürlich im besten Licht präsentieren will.

Die Bewerbung erfolgt bei den meisten ausländischen Universitäten online. Bewerbungsportale leiten Interessenten detailliert durch den Prozess. Sollten dennoch Fragen offen bleiben, beantworten die Universitäten diese in der Regel schnell und unkompliziert per E-Mail.

Bewerbungsunterlagen werden in der jeweiligen Landessprache oder auf Englisch erstellt. Bewerber:innen, deren Sprachkenntnisse für das Anfertigen einer Bewerbung nicht ausreichen, können diese notfalls professionell übersetzen oder lektorieren lassen. Mangelnde Sprachkenntnisse zum Zeitpunkt der Bewerbung sind daher kein Hindernis.

Mindestvoraussetzungen für eine Bewerbung

Für die Bewerbung ist es zunächst wichtig, dass die formalen Voraussetzungen für die Zulassung zu einem LL.M.-Programm erfüllt sind. Diese stellen keine große Hürde dar. Man muss für die Bewerbung um einen Studienplatz ein abgeschlossenes rechtswissenschaftliches Studium und ausreichende Sprachkenntnisse vorweisen. Alle weiteren Anforderungen wie Lebenslauf, Gutachten etc. sind keine formalen Zulassungsvoraussetzungen, sondern dienen dazu, sich von anderen Bewerberinnen und Bewerbern abzuheben und die Universität von den eigenen Qualitäten zu überzeugen.

Studienabschluss

Erste Voraussetzung für die Zulassung zu einem LL.M.-Studium ist der Bachelor-Abschluss mit rechtlichem Schwerpunkt. Die Erste Juristische Prüfung gilt als gleichwertig. Auf die Note kommt es zunächst nicht an. Die Note oder der Abschluss der Zweiten Juristischen Staatsprüfung sind in der Regel keine Bewerbungsvoraussetzungen. An einigen Universitäten, insbesondere in Deutschland, berechtigt auch ein (studienbegleitend erworbener) deutscher Bachelor of Laws oder ein Diplom-Wirtschaftsjurist zur Zulassung. Dies sollte im Vorfeld unbedingt geklärt werden.

Die Note der Ersten Juristischen Prüfung ist vor allem für die Bewerbungstaktik entscheidend. Nicht alle, aber viele Universitäten verlangen eine Mindestpunktzahl. Wird keine Mindestpunktzahl vorausgesetzt, ist eine Bewerbung unproblematisch und kann zunächst auch auf Basis der Noten der Scheine erfolgen. Bewerber:innen müssen das Abschlusszeugnis der Universität als (gegebenenfalls beglaubigte) Übersetzung vor Beginn des Studiums vorlegen. Ein Beispiel für eine solche Übersetzung ist am Ende des Kapitels abgedruckt.

Wird keine bestimmte Note verlangt, kann man seine Qualifikation dadurch hervorheben, dass man seine Prüfungsnote gewichtet. Bewerber:innen können von den Justizprüfungsämtern auf Anfrage erstellte Rankings beifügen und dadurch belegen, dass sie zum Beispiel zu den besten 20 Prozent ihres Jahrgangs gehören. Liegt kein Ranking vor, kann ein solches mithilfe der Prüfungsstatistiken, die auf der Website des Bundesamts für Justiz[1] veröffentlicht werden, selbst erstellt werden.

---

[1] https://www.bundesjustizamt.de/DE/Service/Justizstatistiken/Justizstatistiken_node.html, abgerufen am 12.11.2023.

Vor allem renommierte Universitäten verlangen eine bestimmte Punktzahl in der Ersten Juristischen Prüfung. Diese kann von Fall zu Fall variieren. LL.M.-Bewerber:innen sollten ihre Note bei der Auswahl der Universität nicht völlig außer Acht lassen, sich jedoch von einer Mindestpunktzahl nicht abschrecken lassen. Viele Universitäten lassen Ausnahmen zu, etwa wenn die Nachfrage gering ist oder die Bewerbung ansonsten überzeugt.

Wer zum Zeitpunkt der Bewerbung noch keinen Studienabschluss vorweisen kann, reicht zunächst nur eine Übersicht der im Studium besuchten Veranstaltungen mit Leistungsnachweisen bei der Universität ein. Die Bewerbung mit Übungs- und Seminarnoten ist vorteilhaft, wenn man gute Ergebnisse vorweisen kann. Die Zusage wird dann häufig schon vor Abschluss der Ersten Juristischen Prüfung unter der Bedingung erteilt, dass die Prüfung bestanden oder eine bestimmte Punktzahl erreicht wird. Es ist also nicht zwingend erforderlich, dass das Abschlusszeugnis bereits zum Zeitpunkt der Bewerbung vorliegt. Dies ist wegen der langen Vorlaufzeiten für Bewerber:innen, die ihr LL.M.-Studium direkt im Anschluss an die Erste Juristische Prüfung aufnehmen wollen, oft auch gar nicht möglich, denn der Bewerbungsschluss für Studienplätze liegt häufig vor den Terminen für die mündlichen Prüfungen.

TIPP: Eine Übersicht über die im Studium besuchten Veranstaltungen kann beim Studienbüro der Heimatuniversität angefordert werden. Viele Universitäten bieten (gegen eine Gebühr) an, eine entsprechende Übersicht auf Englisch zu erstellen und diese zu beglaubigen.

Auch wenn die Prüfungsnote hinter den Erwartungen zurückbleibt oder man die Anforderungen der Universität verfehlt, muss das kein Ausschlusskriterium sein. Selbst wenn nur eine bedingte Zusage (Conditional Offer) gegeben wurde, hat die Universität letztlich den Platz im Programm für die Bewerberin oder den Bewerber reserviert. Daher bestehen häufig Verhandlungsspielräume.

Bewerber:innen, die die von der Wunschuniversität geforderte Mindestpunktzahl nicht nachweisen können, sollten auf jeden Fall ihr Studienvorhaben absichern, indem sie sich parallel an anderen Universitäten bewerben. Es ist sinnvoll, sich drei bis fünf Programme, ggf. mit unterschiedlichen Mindestvoraussetzungen, auszusuchen und Bewerbungen dafür vorzubereiten. Sollte die Wunschuniversität absagen, bleibt damit immer noch die Möglichkeit, das Studium andernorts zu absolvieren.

Fazit: Bewerber:innen sollten sich keinesfalls von Anforderungen wie einer Mindestnote in der Ersten Juristischen Prüfung entmutigen lassen. Die Note kann, muss aber nicht entscheidend dafür sein, an welcher Universität man sein LL.M.-Programm absolvieren kann. Man sollte die Note lediglich bei der Bewerbungsstrategie berücksichtigen.

Nachweis der Sprachkenntnisse

Neben der fachlichen Qualifikation (Erste Juristische Prüfung) müssen Bewerber:innen in der Regel auch die für das Studium erforderlichen Sprachkenntnisse nachweisen. Auch das ist keine unüberwindbare Hürde.

Wer noch keinen Abschluss einer englischsprachigen Universität hat, muss einen anerkannten Sprachtest ablegen. Die Universitäten wollen so sicherstellen, dass Studierende den Vorlesungen folgen und Seminararbeiten verfassen können. Der Sprachtest wird in der Regel nur für die Unterrichtssprache verlangt.

Sofern die Landessprache von der Unterrichtssprache abweicht, ist in der Regel kein weiterer Sprachnachweis für die Landessprache erforderlich. Dennoch sind zumindest Grundkenntnisse der Landessprache sinnvoll, um sich in Alltagssituationen verständigen zu können.

Da die überwiegende Zahl der LL.M.-Interessierten ein Studium in einem englischsprachigen Land anstrebt, beschränken sich die Ausführungen im Folgenden auf Englischtests. Für Englisch gibt es eine Vielzahl von Sprachprüfungen und -zertifikaten, die aber nicht alle von den Universitäten anerkannt werden. Oft haben sie einen bevorzugten Test, akzeptieren aber auch andere Nachweise. Um Überraschungen zu vermeiden, sollten sich Bewerber:innen im Vorfeld bei den entsprechenden Universitäten über die anerkannten Tests informieren. Meist reichen die Schulenglischkenntnisse aus, um den Test zu bestehen. Allerdings muss man den Test nicht nur bestehen, sondern eine Mindestpunktzahl nachweisen. Mit gezielter Vorbereitung kann man mit überschaubarem Aufwand seine Wunschpunktzahl erreichen.

Die am weitesten verbreiteten und an den meisten Universitäten akzeptierten Tests sind der Test of English as a Foreign Language (TOEFL) und der International English Language Testing Service (IELTS).

Der TOEFL ist ein vom Educational Testing Service (ETS) in Princeton, USA, entwickelter und international anerkannter Sprachtest für den Hochschulzugang. Inzwischen gibt es verschiedene Formen des Tests. Für die Bewerbung an einer Hochschule ist der TOEFL iBT der am weitesten akzeptierte Test. Näheres hierzu findet man unter www.ets.org. Für ein Studium an einer US-amerikanischen Universität ist er unerlässlich, aber auch die meisten anderen Universitäten im englischsprachigen Ausland akzeptieren den TOEFL iBT. Seit 2006 wird er als internetbasierter Test durchgeführt. Im Gegensatz zum alten computerbasierten Testverfahren ist der internetbasierte TOEFL-Test nicht adaptiv, das heißt, das Testprogramm passt sich nicht der individuellen Leistungsfähigkeit jedes Prüflings an. Die älteren Formate – CBT (computer-based) und PBT (paper-based) – wurden in Deutschland eingestellt.

An britischen Universitäten oder an Universitäten des Commonwealth, z. B. in Australien oder Neuseeland, wird anstelle des TOEFL möglicherweise der IELTS-Test für die Zulassung verlangt. Dieser Test wurde vom British Council, dem IDP Australia und dem University of Cambridge ESOL Examination Board entwickelt. Es gibt zwei verschiedene Formen des Tests, den Academic Test und den General Training Test, wobei für die Bewerbung an einer Hochschule im englischsprachigen Raum nur ersterer akzeptiert wird. Näheres hierzu unter www.ielts.org.

TIPP: Obwohl die meisten Universitäten des Commonwealth den IELTS bevorzugen, akzeptieren sie in der Regel auch den TOEFL als Sprachnachweis. Insbesondere wer sich an englischen und amerikanischen Universitäten bewerben will, sollte sich im Vorfeld erkundigen, ob beide Tests akzeptiert werden. Doppelte Sprachtests lassen sich so vermeiden.

Der TOEFL kann zu Hause (TOEFL iBT Home Edition) oder in Test-Centern in mehr als 30 deutschen Städten, darunter Berlin, Frankfurt am Main, Hamburg und München, in der Regel mittwochs, freitags und/oder samstags abgelegt werden.[2] Es empfiehlt sich allerdings, den Termin rechtzeitig zu vereinbaren, da manche Test-Center relativ häufig ausgebucht sind. Die Anmeldung für den internetbasierten Test erfolgt online oder über die offizielle TOEFL-App.

Der IELTS kann ebenfalls zu Hause (IELTS Online Academic) oder beim British Council in Aachen, Berlin, Bremen, Dortmund, Duisburg, Düsseldorf, Frankfurt am Main, Freiburg, Hamburg, Hannover, Heidelberg, Köln, Leipzig, München und Stuttgart an bestimmten Terminen (je nach Test-Center in der Regel ein bis drei Termine pro Monat) abgelegt werden.[3] Die Terminvereinbarung erfolgt online oder in einem Test-Center.[4]

TOEFL und IELTS haben gemeinsam, dass sie aus vier Teilen – Hörverständnis, Sprechen, Textverständnis und Schreiben – bestehen, die sich im Wesentlichen ähnlich zusammensetzen. In der Listening Section hört der Prüfling per Kopfhörer kurze Ausschnitte aus Gesprächen und beantwortet anschließend Fragen zum Inhalt. In der Reading Section muss er Verständnisfragen zu kurzen, akademischen Texten beantworten. Die Writing Section besteht aus zwei Teilen: Im ersten Teil beantwortet man schriftlich Fragen zu Textpassagen und diskutiert das zentrale Thema oder die Kernaussage des Textes. Im zweiten Teil schreibt man einen Essay zu einem gegebenen Thema. Schließlich wird das gesprochene Englisch getestet. Einen Überblick über die Anforderungen beider Tests gibt die folgende Tabelle.

---

2   Eine täglich aktualisierte Übersicht über Testtermine, unterteilt in Regionen, findet sich unter: https://www.ets.org/toefl/test-takers/ibt/schedule.html, abgerufen am 12.11.2023.

3   Eine Übersicht über Testzentren und -termine findet sich unter https://www.britishcouncil.de/pruefung/ielts/anmelden, abgerufen am 12.11.2023.

4   https://ielts.britishcouncil.org/germany, abgerufen am 12.11.2023.

	TOEFL*	**IELTS****
Getestete Sprachfertigkeiten	• Hörverständnis • Textverständnis • Schreiben • Sprechen	• Hörverständnis • Textverständnis • Schreiben • Sprechen
Gesamtdauer	ca. zwei Stunden	ca. drei Stunden
Notizen	Handschriftliche Notizen sind erlaubt.	Handschriftliche Notizen sind erlaubt.
Hörverständnis	• drei Ausschnitte aus Vorlesungen, einige mit Diskussionen, jeweils drei bis fünf Minuten lang, mit 28 Fragen • zwei Gespräche von drei Minuten, fünf Fragen pro Aufgabe • verschiedene englische Akzente • Gesamtdauer: ca. 36 Minuten • maximal erreichbare Punktzahl: 30 • Die Aufgaben messen nicht nur das allgemeine Sprachverständnis, sondern auch, ob die Einstellung des Sprechenden zu dem ausgewählten Thema, die Ziele oder Motive richtig erfasst wurden.	• vier Abschnitte mit jeweils 10 Fragen • zwei Gespräche und zwei Monologe jeweils zu allgemeinen Themen und mit akademischem Bezug • verschiedene englische Akzente • Gesamtdauer: 30 Minuten + 10 zum Aufschreiben der Antworten • maximal erreichbare Punktzahl: neun • Die Aufgaben messen nicht nur das allgemeine Sprachverständnis, sondern auch, ob die Einstellung des Sprechenden zu dem ausgewählten Thema, die Ziele oder Motive richtig erfasst wurden und korrekte Grammatik & Rechtschreibung.
Textverständnis	• zwei Passagen aus akademischen Texten, jeweils etwa 700 Wörter lang • beinhaltet Passagen mit multiplem Fokus (vergleichen/gegenüberstellen/Ursache/Wirkung) • 10 Fragen pro Passage • Dauer: ca. 35 Minuten • maximal erreichbare Punktzahl: 30	• drei Textpassagen mit akademischem Bezug, geschrieben für Fachfremde; Gesamtlänge: 2.150–2.750 Wörter • Insgesamt sind 40 Fragen zu beantworten. • Dauer: 60 Minuten • maximal erreichbare Punktzahl: neun

Sprechen	• eine Frage zur eigenen Meinung, bei der eine Auswahl begründet wird
	• drei Fragen bei denen Text- und Hörverständnis mit der Sprachfähigkeit kombiniert wird
	• 15–30 Sekunden zur Vorbereitung vor jeder Antwort; 45–60 Sekunden für die Antwort
	• Dauer: ca. 16 Minuten
	• maximal erreichbare Punktzahl: 30
		• Gespräch mit einem Prüfenden in drei Teilen:
		  • Teil 1: allgemeine Fragestellungen zu Person, Familie, Beruf, Hobbys
		  • Teil 2: Präsentation zu einem bestimmten Thema; Vorbereitungszeit: eine Minute; Sprechzeit: zwei Minuten
		  • Teil 3: Diskussion mit dem Prüfenden zum Thema von Teil 2
		• Dauer: 11–14 Minuten
		• maximal erreichbare Punktzahl: neun

* https://www.ets.org/toefl/test-takers/ibt/about/content, abgerufen am 12.11.2023.
** https://www.ielts.org/about-the-test/test-format, abgerufen am 12.11.2023.

	TOEFL	**IELTS**
Schreiben	• eine Meinungsäußerung mit Bezug zu Textabschnitten und kurzen Vorträgen • ein Essay zu einem persönlichen Erlebnis oder Meinung zu einem Thema • Dauer: 50 Minuten (20 Minuten für die erste Aufgabe, 10 Minuten für den Essay) • getippte Form; in manchen Ländern auch handschriftlich möglich • maximal erreichbare Punktzahl: 30	• zwei Aufgaben: eine Erläuterung von vorgegebenen Informationen in Tabellenform, als Diagramm oder Grafik; ein Essay zu einem allgemeinen Thema • Dauer: 60 Minuten (empfohlen werden 20 Minuten + mind. 150 Wörter für die erste Aufgabe; 40 Minuten + mind. 250 Wörter für die zweite) • nur in handschriftlicher Form • maximal erreichbare Punktzahl: neun
Grammatik	kein separater Testabschnitt, Grammatikkenntnisse werden in den Prüfungsabschnitten Schreiben und Sprechen bewertet	kein separater Testabschnitt, Grammatikkenntnisse werden in den Prüfungsabschnitten Schreiben und Sprechen bewertet
Maximal erreichbare Punktzahl	120 (alle vier Prüfungsbereiche werden addiert)	neun Leistungsstufen (9 = expert user, 1 = non-user); Durchschnitt aus allen vier Prüfungsbereichen
Leistungsbeschreibung	Leistungsbeschreibung in den jeweiligen Testabschnitten	allgemeine Beschreibung der Anforderungen jeder Leistungsstufe
Übermittlung der Testergebnisse	Je nach Testart sind die Ergebnisse 4–13 Tage nach dem Testtermin online verfügbar. Physische Kopien werden innerhalb von 11–15 Tagen verschickt.	Je nach Testart sind die Ergebnisse 3–13 Tage nach dem Testtermin online verfügbar. In den darauffolgenden Tagen werden sie auch per Post verschickt.

Vergleich der Sprachtests TOEFL und IELTS

Auch bei guten Englischkenntnissen ist eine Vorbereitung empfehlenswert, da die Tests häufig eigenen Regeln folgen. Beispielsweise haben die Themen in den verschiedenen Prüfungsteilen stets akademischen Bezug, es werden etwa Gespräche zwischen Studierenden oder Ausschnitte aus Vorlesungen vorgespielt. Anschließend werden häufig Details aus den Gesprächen abgefragt, wobei es meist weniger darauf ankommt, sein Sprachverständnis unter Beweis zu stellen, als sich vielmehr die richtigen Details zu merken.

TIPP: Auf den Internetseiten, die über die Tests informieren, gibt es oft kostenlose Probetests oder Übungsmaterial. Darüber hinaus ist eine große Zahl an Büchern zur Vorbereitung auf verschiedene Tests erschienen. Einige der Bücher enthalten Medien oder Online-Zugänge mit Tests, die den Originalen nachempfunden sind. Dies erleichtert die Vorbereitung. Schließlich gibt es inzwischen neben Präsenzkursen zur Vorbereitung auf die Tests, z. B. an Sprachzentren der Universitäten oder Volkshochschulen, auch zahlreiche Anbieter von Online-Kursen.

Generell sollte man keine übertriebene Ehrfurcht vor den Tests haben. Mit ausreichender Vorbereitung lassen sich die gewünschten Ergebnisse meist ohne Weiteres erzielen. Sollte man bei einem Test dennoch beim ersten Versuch kein zufriedenstellendes Ergebnis erreichen, kann er beliebig oft wiederholt werden. Dies kostet allerdings Zeit und Geld. Beim TOEFL müssen zwischen zwei Tests mindestens drei Tage liegen. Offiziell sind die Ergebnisse von TOEFL und IELTS zwar bis zu zwei Jahre lang gültig. Einige Universitäten verlangen aber Ergebnisse, die nicht älter als sechs bis zwölf Monate sind. Dies sollte bei der Zeitplanung für die Bewerbung unbedingt beachtet werden.

Am Ende des jeweiligen Tests kann man beim TOEFL bis zu vier und beim IELTS bis zu fünf Stellen angeben, an die das Ergebnis kostenlos geschickt wird, zum Beispiel an die Admissions Offices der Universitäten, an denen man sich bewirbt. Für weitere Kopien wird eine Gebühr in Rechnung gestellt.

TIPP: Steht bereits nach dem ersten Teil des Tests fest, dass die Mindestpunktzahl nicht erreicht wurde, sollte das Testergebnis nicht an die Universität verschickt werden. Will man ein Studium im englischsprachigen Ausland aufnehmen, empfiehlt es sich, den Test einige Monate vor der Bewerbung zu absolvieren. Auf diese Art und Weise kann man sich in Ruhe auf den Test vorbereiten und hat genügend Zeit, ihn zu wiederholen, falls das Ergebnis zu schlecht ausfällt.

Universitäten in Großbritannien und in einigen Commonwealth-Ländern akzeptieren auch bestimmte Sprachzertifikate der Universität Cambridge. Im Einzelnen handelt es sich um das Cambridge C1 Advanced (bisher: Cambridge English: Advanced bzw. Certificate in Advanced English (CAE)) und das Cambridge C2 Proficiency (bisher: Certificate of Proficiency in English (CPE)). Es handelt sich hierbei um die zwei höchsten Prüfungen des Cambridge Assessment English (früher: Cambridge English Language Assessment der University of Cambridge (ESOL)).

Häufig bieten ausländische Universitäten den künftigen Studierenden auch Kurse an universitätseigenen Sprachinstituten an. Diese Kurse bereiten entweder gezielt auf einen der oben genannten Sprachtests vor, oder aber die Universität prüft die Bewerber:innen nach ihren eigenen Kriterien auf die Eignung zum Studium. Hierbei besteht jedoch die Gefahr, dass man sein Jahr im Ausland intensiv vorbereitet hat und am Ende den Test an der Universität nicht besteht und daher das Studienvorhaben abbrechen muss. Auf keinen Fall sollte man davon ausgehen, dass die Universität „einen schon bestehen lässt".

Andere als die oben genannten Sprachzeugnisse werden von den ausländischen Universitäten in der Regel nicht als Sprachnachweis akzeptiert. Für die Bewerbung um Stipendien können manchmal allerdings auch universitäre Sprachzeugnisse als Nachweise vorgelegt werden.

Zusammenstellung der übrigen Bewerbungsunterlagen

Sind die oben genannten Mindestvoraussetzungen erfüllt, hat man das Pflichtprogramm absolviert. Mit der Zusammenstellung der übrigen Bewerbungsunterlagen folgt nun die Kür. Grundsätzlich steht es der Universität frei, Bewerber:innen abzulehnen. Auf der anderen Seite erlaubt der Ermessensspielraum der Universität, unter Umständen Bewerber:innen zuzulassen, die eine der Mindestvoraussetzungen nicht erfüllen, aber auf andere Art und Weise einen Ausgleich schaffen. Daher sei noch einmal betont, dass sich Bewerber:innen nicht von einer geforderten Mindestpunktzahl oder dem Renommee der Universität abschrecken lassen sollten. Die übrigen Bewerbungsunterlagen sollten mit Sorgfalt erstellt werden. Sie können im Vergleich zu Mitbewerberinnen und Mitbewerbern den Ausschlag geben oder einem ein so interessantes Profil verleihen, dass eine weniger geglückte Erste Juristische Prüfung eventuell in den Hintergrund tritt.

Die übrigen Bewerbungsunterlagen für ein LL.M.-Programm sind im Wesentlichen das Bewerbungsformular, der Lebenslauf und das Academic Transcript. Darüber hinaus verlangen insbesondere amerikanische Universitäten häufig Referenzen und ein Motivationsschreiben. Diese Unterlagen helfen der Universität, die Persönlichkeit des Bewerbers besser einzuschätzen, und geben ihr eine Entscheidungshilfe für die Zulassung. Ein ausführliches Anschreiben ist in der Regel nicht nötig.

Bewerbungsformular mit Anlagen

Zunächst ist das Bewerbungsformular der Universität auszufüllen, was Bewerber:innen nicht schwerfallen dürfte. Das Formular kann man entweder online im Bewerberportal der Universität ausfüllen, oder man lässt es sich von der Universität per Post zuschicken. Falls man Schwierigkeiten beim Ausfüllen hat, zum Beispiel weil eine Frage nicht klar formuliert ist, kann man direkt mit der Zulassungsstelle der Universität (Admissions Office) Kontakt aufnehmen.

TIPP: Selbst bei einfachen Formularen oder Dokumenten sollte man eine dritte Person die Unterlagen Korrektur lesen lassen oder dies selbst mit zeitlichem Abstand tun. Denn nichts wirkt negativer als ein Formular mit diversen Inhalts- oder sogar Rechtschreibfehlern.

Dem Formular kann man auch entnehmen, welche weiteren Unterlagen man seiner Bewerbung beifügen muss. In der Regel sind das eine Kopie des Abschlusszeugnisses, eine Übersicht der während des Studiums besuchten Veranstaltungen mit Leistungsnachweisen (Academic Transcript) und häufig das Abiturzeugnis. Diese Unterlagen müssen übersetzt und meist amtlich beglaubigt werden.

Erstellen des Lebenslaufs

Der Lebenslauf ist zentraler Bestandteil der Bewerbung. In der Regel wird er in tabellarischer Form gefordert. Für die Erstellung eines ansprechenden Lebenslaufs gibt es drei unverzichtbare Vorgaben: Er muss fehlerfrei, vollständig und übersichtlich sein. Auch wenn nur ein kurzer Lebenslauf verlangt wird, lohnt es sich, Zeit und Aufwand in die Zusammenstellung eines umfassenden Lebenslaufs zu investieren.

TIPP: Ein einmal erstellter Lebenslauf kann gegebenenfalls auch für andere Bewerbungen genutzt werden. Die einmalige Investition von Zeit und Mühe zahlt sich also aus.

Das am Ende des Kapitels dargestellte anonymisierte Beispiel soll die Arbeit am eigenen Lebenslauf sowohl formal als auch inhaltlich erleichtern.[5]

Am Anfang stehen persönliche Informationen wie Name und Kontaktdaten. Wichtig ist, dass man unter den angegebenen Telefonnummern oder E-Mail-Adressen tatsächlich leicht zu erreichen ist. Auf Angaben wie Eltern, Herkunft oder Familienstand kann verzichtet werden. Im angloamerikanischen Rechtsraum ist es nicht üblich, ein Passbild beizufügen. Bewerber:innen sollten sich einer klaren Sprache bedienen und sich prägnant ausdrücken. Für Bewerbungen in den USA sollte der Lebenslauf zudem nicht mehr als eine Seite umfassen.

Grundsätzlich werden Lebensläufe umgekehrt chronologisch verfasst, indem man mit den am kürzesten zurückliegenden Ereignissen beginnt. Auf die erste Seite gehören berufliche und akademische Meilensteine. Hierbei sollten Bewerber:innen beachten, dass die ausländische Universität mit dem deutschen Ausbildungssystem nicht unbedingt vertraut ist. Es bietet sich daher an, Studienschwerpunkte kurz zu erläutern oder neben der Nennung des Arbeitgebers die Tätigkeitsschwerpunkte des Unternehmens zu erwähnen. Länger zurückliegende Ausbildungsabschnitte, insbesondere die Schulausbildung, sollten – wenn überhaupt – nur sehr kurz angesprochen werden. Überspitzt ausgedrückt: Bei der Beurteilung von Personen mit Hochschulabschluss spielt die Grundschulzeit keine Rolle. Zum akademischen Werdegang gehören darüber hinaus auch die Teilnahme an außeruniversitären Seminaren (Fachanwaltskurs, Buchführungskurs etc.) oder die Teilnahme an Wettbewerben (Moot Court, Debattierclub etc.). Überdurchschnittliche Ergebnisse sollten hervorgehoben werden.

Neben dem beruflichen und akademischen Werdegang sollte man auch private Interessen und soziales Engagement erwähnen. Sie unterstreichen die Persönlichkeit und heben einen von anderen Studieninteressierten ab. Hierzu gehören Aktivitäten wie Engagement an der Universität (Fachschaft, Studierendenparlament, Tutorien) oder in der Lokalpolitik, aktive Mitgliedschaften in Organisationen, die sich für Umwelt, Menschenrechte, Minderheiten etc. einsetzen, Funktionen in Clubs oder Vereinen und anderes regelmäßiges freiwilliges Engagement. Aus diesen Aktivitäten sollte hervorgehen, dass man sich nicht nur um eigene Belange kümmert. Passive Mitgliedschaften, beispielsweise in einer politischen Partei, sind von untergeordneter Bedeutung.

TIPP: Gerade im angloamerikanischen Raum wird großer Wert auf soziales Engagement gelegt. In Grenzfällen können mit einem überzeugenden Lebenslauf andere Schwächen ausgeglichen werden.

---

5 Beispiele und Hinweise speziell für Bewerbungen in den USA gibt der *USA Bewerbungsführer für Juristen* von Clemens Kochinke und Dr. Stephan Wilske, herausgegeben von der Deutsch-Amerikanischen Juristenvereinigung, 3. Auflage 2009.

Die Erstellung eines guten Lebenslaufs sollte sorgfältig erfolgen und kostet daher Zeit. Zunächst müssen die wesentlichen Daten zusammengestellt werden. Anschließend sollte der Lebenslauf noch einmal mit einer außenstehenden Person besprochen werden, denn eine objektive zweite Meinung kann hier sehr wertvoll sein.

Motivationsschreiben
Verlangt die Universität einen Bewerbungsessay oder ein Motivationsschreiben, kommt diesem im Bewerbungsverfahren eine herausragende Rolle zu. Dementsprechend viel Zeit und Aufmerksamkeit sollte man diesem Schreiben widmen. Da Noten, Rankings und standardisierte Tests meist nicht zeigen, ob eine sich bewerbende Person beispielsweise kreativ oder teamfähig ist, wollen sich die Universitäten auf diesem Weg ein Bild von ihrer Persönlichkeit machen.

Das Verfassen eines Motivationsschreibens empfinden viele Bewerber:innen sicherlich als die größte Herausforderung im Bewerbungsprozess. Doch auch diese Aufgabe ist nicht unlösbar. Vielmehr bietet sie die Gelegenheit, sich über die eigenen Ziele und Vorstellungen klar zu werden, um dann die Universität leichter von der Bewerbung zu überzeugen.

Die Anforderungen an ein Motivationsschreiben variieren von Universität zu Universität. Bewerber:innen sollten sich unbedingt an die Vorgaben der Universität halten. Die folgenden Hinweise sollen lediglich eine Orientierungshilfe sein.

In der Regel werden Bewerber:innen aufgefordert, ihre Motive und ihre Eignung für das Studium anhand folgender Aspekte zu erklären:
- Motivation für das Studium
- Einschätzung der künftigen beruflichen Entwicklung
- Begründung der Entscheidung für dieses bestimmte LL.M.-Programm
- Einschätzung persönlicher Stärken und Schwächen.

Für die überzeugende Beantwortung dieser Fragen gibt es kein Patentrezept. Allerdings steht fest, dass inhaltsleere Phrasen oder pauschale Aussagen nicht ausreichen. Es empfiehlt sich nur sehr begrenzt, Vorlagen oder Textbausteine zu nutzen. Vielmehr soll das Motivationsschreiben einem helfen, sich von den Mitbewerberbenden positiv abzuheben. Hier sind Individualität und Originalität gefragt. Man sollte die Chance nutzen, Aufmerksamkeit auf sich und die eigenen Qualifikationen zu lenken und so die gewünschte Zulassung zum Studium zu erhalten. Wichtig ist es, zu zeigen, dass man sich mit der Universität und dem angebotenen LL.M.-Programm auseinandergesetzt hat. Das Schreiben sollte immer auf die jeweilige Universität zugeschnitten sein und beispielsweise auf universitätsspezifische Programm- oder Forschungsschwerpunkte eingehen. Im Vorfeld sollten sich Bewerber:innen daher gut über die Universität und das entsprechende Programm informieren.

TIPP: Gerade bei der Bewerbung an mehreren Universitäten ist es wichtig, sorgfältig vorzugehen. Nichts schadet einer Bewerbung mehr, als wenn man etwa einen Studienschwerpunkt nennt, der an der jeweiligen Universität gar nicht angeboten wird.

Darüber hinaus sollten Bewerber:innen zeigen, dass sie sich Gedanken darüber gemacht haben, wie ihr Profil in das gewünschte Programm passt und warum sie es zu diesem Zeitpunkt gewählt haben. Dabei kann man beispielsweise auf bisherige Studienschwerpunkte oder auch auf praktische Erfahrungen verweisen.

US-amerikanische Bewerber:innen sind in ihren Essays oft sehr überschwänglich. Dieser Schreibstil fällt vielen deutschen Studieninteressierten schwer. Er muss auch nicht zwingend adaptiert werden, denn die amerikanischen Universitäten sind mit deutschen Kandidat:innen vertraut und beziehen auch die eher nüchternen Motivationsschreiben in den Auswahlprozess ein. Hier ist es wahrscheinlich überzeugender, dem eigenen Stil treu zu bleiben, als einen ungewohnten Duktus zu verwenden, der nicht der eigenen Persönlichkeit entspricht.

Im Internet gibt es zahlreiche Seiten mit Erfahrungsberichten über Studienvorhaben im Ausland. Bewerber:innen, die sich nicht sicher sind, ob ihr Motivationsschreiben inhaltlich gelungen ist, können sich mit Fragen an diese (erfolgreichen) Bewerber:innen wenden.[6]

Empfehlungsschreiben
Zusätzlich zum Motivationsschreiben verlangen die meisten britischen und amerikanischen Universitäten Empfehlungsschreiben. In Deutschland sind sie eher unüblich. Eine gute Empfehlung kann die eigene Bewerbung entscheidend voranbringen. Man kann sich mit einem solchen Gutachten positiv von anderen Bewerber:innen abheben oder (wenn nötig) manch andere Schwäche in seiner Bewerbung kompensieren. Dabei sollte man keine Angst vor etwaigen negativen Empfehlungen haben. Wer seine Bereitschaft erklärt, das Schreiben auszustellen, wird die Empfehlung in der Regel positiv ausfallen lassen. Wie positiv, hängt von der Gutachterin oder vom Gutachter und einem selbst ab. Deswegen sollte man gut überlegen, wen man um ein Gutachten bittet.

Die meisten Universitäten verlangen, dass das Gutachten von einem Hochschullehrenden stammt. Gerade Studierende an sehr großen Universitäten stellen jedoch häufig kaum näheren Kontakt zu Professor:innen her. Für Absolvent:innen mit dem Zweiten Staatsexamen liegt die universitäre Ausbildung zudem häufig Jahre zurück. Dies erschwert es zusätzlich, auf eine Lehrkraft zuzugehen. Dennoch sollte man sich nicht von dieser Hürde abschrecken lassen. Viele Professor:innen sind hilfsbereit, weil sie wissen, wie wichtig das Empfehlungsschreiben ist. Im günstigsten Fall kennt man wenigstens eine Hochschullehrkraft gut genug, um beispielsweise mit Verweis auf ein bei ihr belegtes Seminar um ein Empfehlungsschreiben zu bitten. Wenn das Studium bereits länger zurückliegt, sollte man sich auch nicht davor scheuen, an emeritierte Professor:innen heranzutreten. Deren Gutachten finden die gleiche Anerkennung wie Gutachten von Hochschullehrenden, die noch im Dienst sind. Kennt man niemanden, den man ansprechen kann, sollte man zunächst in Erfahrung bringen, welche Professor:innen der Bitte um ein Gutachten grundsätzlich aufgeschlossen gegenüberstehen. Man kann dies häufig informell im Gespräch mit Kommiliton:innen, Mitarbeitenden der Professor:innen oder der Fachschaft in Erfahrung bringen.

---

6 https://www.e-fellows.net/studium/ll-m, abgerufen am 20.11.2023.

Meist wollen sich die Gutachter:innen auch einen Eindruck von der Persönlichkeit der zu begutachtenden Person verschaffen, denn mit dem Empfehlungsschreiben setzen die Gutachter:innen einen Teil ihres Renommees für die:den Begutachtete:n ein. Auch deswegen sollte die Bitte um ein Empfehlungsschreiben in einem persönlichen Gespräch erfolgen. Das Gespräch dient Gutachter:innen gleichzeitig dazu, sich einen direkten Eindruck zu verschaffen. Um die Bitte um ein Gutachten möglichst formvollendet vorzubringen, vereinbart man am besten unter Angabe des Gesprächsgrunds einen Termin und bereitet diesen Termin entsprechend vor.

TIPP: Unpersönliche Anfragen per E-Mail oder über Dritte sind nicht angemessen. Stattdessen wird erwartet, dass man sein Anliegen in einer angemessenen Form vorbringt – schon um damit zu unterstreichen, dass man eine positive Empfehlung verdient.

Unangekündigt in der Sprechstunde zu erscheinen ist natürlich ohne Weiteres möglich. Ein sinnvolles Gespräch wird sich so aber in der Regel nicht ergeben, da der Gutachterin oder dem Gutachter keine Entscheidungsgrundlage – zum Beispiel der Lebenslauf – vorliegt. Deswegen gilt: Bei der Vorbereitung des Gesprächs sollte man Unterlagen erstellen, die ein Gutachten inhaltlich vorbereiten. Dazu muss man sich vergegenwärtigen, wie ein derartiges Gutachten typischerweise aufgebaut ist. Zur Verdeutlichung ist am Ende dieses Kapitels ein verfremdetes Originalgutachten angefügt.

Das Empfehlungsschreiben beginnt in der Regel mit einer kurzen Vorstellung der Gutachterin oder des Gutachters und Angaben dazu, woher man die Kandidatin oder den Kandidaten kennt (Vorlesungen, Seminare etc.). Damit wird die Gutachtenbasis vorbereitet.

TIPP: Man sollte hierfür auf Veranstaltungen hinweisen, die man bei der Gutachterin oder dem Gutachter oder Mitarbeitenden besucht hat. Oft empfiehlt es sich auch, direkt nach einer besonders erfolgreich besuchten Lehrveranstaltung um ein Empfehlungsschreiben zu bitten, das man später im Zweifelsfall vorlegen kann – denn Professor:innen können nicht jeden einzelnen Studierenden im Gedächtnis behalten.

Anschließend wird die fachliche Leistung der zu begutachtenden Person beurteilt, dann eine Persönlichkeitseinschätzung gegeben und schließlich das Studienvorhaben bewertet. Am Schluss findet sich häufig eine abschließende Empfehlungsfloskel.

Es empfiehlt sich, nicht nur eine Übersicht der eigenen bisher erbrachten Leistungen zu erstellen, sondern auch einen Lebenslauf, aus dem Engagement und persönliche Interessen hervorgehen. Zusätzlich kann man eine kurze Übersicht über das Studienvorhaben beifügen.

Die Übergabe dieser Dokumente ist keine nutzlose Formalität. Sie ermöglicht es Gutachter:innen, die für das Empfehlungsschreiben notwendigen Informationen jenseits des persönlichen Gesprächseindrucks zu erhalten. Außerdem können Gutachter:innen dadurch weitere Details erwähnen, die den Eindruck entstehen lassen, er kenne die Person gut. Es dürfte eine Geschmacksfrage sein, ob es sinnvoll ist, die Unterlagen schon bei Vereinbarung des Termins zu überreichen oder erst zum Termin mitzubringen. Ersteres hat den Vorteil, dass die Ernsthaftigkeit der Bitte um ein

Gutachten unterstrichen wird. Zudem kann sich die Gutachterin oder der Gutachter durch die Unterlagen schon vor dem Gespräch einen persönlichen Eindruck verschaffen und das Gespräch somit zielgerichteter führen. Die zweite Variante ist dann vorteilhaft, wenn die Entscheidung über das Ausstellen eines Gutachtens zunächst vom persönlichen Eindruck abhängig gemacht wird.

TIPP: Man kann über das Sekretariat in Erfahrung bringen, welche Reihenfolge der Gutachterin oder dem Gutachter lieber ist, oder nach seiner eigenen Präferenz gehen. Wer glaubt, persönlich besser zu überzeugen, kann die Unterlagen erst beim Gespräch überreichen.

Bei der Vereinbarung des Termins muss man auch seinen Zeitrahmen im Auge behalten. Das Erstellen eines Gutachtens dauert im Normalfall etwa vier Wochen, weshalb man bei fristgebundenen Bewerbungen frühzeitig auf potenzielle Gutachter:innen zugehen bzw. im Gespräch auf die Frist hinweisen sollte.

Bei der Angabe der Frist empfiehlt es sich, einen Zeitpunkt zu nennen, der etwa zwei Wochen vor Ablauf der eigentlichen Frist liegt. Denn bei der Erstellung von Gutachten kann es immer zu Verzögerungen durch anderweitige Verpflichtungen der Gutachterin oder des Gutachters kommen.

Aus diesem Grund sollte man, wenn man sich um ein Stipendium bemüht, auch hierfür um ein Empfehlungsschreiben bitten, denn auch für Stipendienbewerbungen sind Empfehlungsschreiben nötig. Wer sich bei mehreren Universitäten parallel bewerben will, kann der Gutachterin oder dem Gutachter im Gespräch mitteilen, wie viele Gutachten er für seine Bewerbungen benötigt, und ihn darum bitten, die entsprechende Anzahl auszustellen. Es ist wichtig, Gutachter:innen im Gespräch auch auf formale Anforderungen hinzuweisen. In welcher Sprache das Gutachten vorgelegt werden muss, kann man den Unterlagen zum Bewerbungsprozedere entnehmen und, wenn nötig, anbieten, auf eigene Kosten eine Übersetzung zu veranlassen. Zudem muss man auf die Formalien der Übermittlung des Gutachtens hinweisen (z. B. versiegelter Umschlag oder direkte Übersendung an den Stipendiengeber). Ein Anspruch auf Einsichtnahme in das Gutachten besteht nicht. Ein solches Anliegen sollte man von sich aus nicht vorbringen. In manchen Fällen wird das Gutachten der Kandidatin oder dem Kandidaten zur Kenntnis übermittelt, gegebenenfalls auch mit der Bitte um Rückmeldung. In diesem Fall sollte man diese Bitte dahingehend verstehen, nur dringende Änderungswünsche mitzuteilen oder auf etwaige Fehler hinzuweisen. Letztlich liegt der Inhalt des Schreibens im Ermessen der Gutachter:innen.

Empfehlungsschreiben anderer Personen

Findet man keine Hochschullehrkraft, werden häufig auch Gutachten von anderen Personen akzeptiert, zum Beispiel von wissenschaftlichen Mitarbeitenden oder Unternehmensvertreter:innen. Wer als Gutachter:in infrage kommt, sollte man allerdings bei den ausländischen Universitäten genau erfragen. Gerade bei Absolvent:innen mit Zweitem Staatsexamen sind die Universitäten häufig kompromissbereit, da die universitäre Ausbildung seit längerer Zeit beendet ist. Darüber hinaus können Empfehlungsschreiben anderer Gutachter:innen der Bewerbung ohne Weiteres zusätzlich beigefügt werden. Es kann allerdings sein, dass die Universität explizit das Einreichen eines Professorgutachtens fordert oder die Bewerbung ohne ein solches schlicht ablehnt. Deswegen gilt es hier, möglichst namhafte Ersatzgutachter:innen zu finden. Gutachten anderer Personen folgen denselben Regeln wie Gutachten von Hochschullehrer:innen. Als Beispiel ist am Ende dieses Kapitels ein verfremdetes Gutachten eines Arbeitgebers angefügt. Da für die meisten Universitäten ein Gutachten von einem Hochschullehrer bzw. einer Hochschullehrerin am eindrucksvollsten ist, sollte man erst auf andere Gutachter:innen ausweichen, wenn man sich erfolglos um ersteres bemüht hat. Es steht für eine gewisse Qualität und Objektivität, wohingegen Empfehlungsschreiben anderer Personen häufig unter dem Aspekt des Gefälligkeitsgutachtens Skepsis entgegengebracht wird – ob berechtigt oder nicht.

In manchen Fällen steht man vor dem Problem, dass Gutachter:innen – auch an Universitäten – deutlich zu erkennen geben, dass sie von einem selbst einen Entwurf des Gutachtens erwarten. Plötzlich soll man sein eigenes Gutachten schreiben.

TIPP: Am besten, man spricht diese Variante – auch im eigenen Interesse – von sich aus nicht an. Ein solches Ansinnen wird von vielen Gutachter:innen als ehrenrührig empfunden. Wird dieses Vorgehen von Gutachter:innen selbst vorgeschlagen, sollte man es besser nicht kommentieren und sich nur vergewissern, wie detailliert der Entwurf ausfallen soll.

Man sollte sich bei der Anfertigung des Entwurfs an die genannten Gliederungselemente halten. Zudem sollte das Gutachten nicht zu euphorisch ausfallen, sondern eine realistische Darstellung der eigenen Fähigkeiten enthalten.

Fazit: Das Einholen von Empfehlungsschreiben erfordert einen gewissen Aufwand. Eine Bewerbung wird an dieser Hürde jedoch in den allermeisten Fällen nicht scheitern.

Zeitmanagement

Den „richtigen" Bewerbungszeitpunkt gibt es nicht. Für einen Studienplatz in einem LL.M.-Programm kann man sich sowohl ein Jahr im Voraus als auch auf den letzten Drücker bewerben. Grundsätzlich gilt jedoch: je früher, desto besser. Die Zusammenstellung überzeugender Bewerbungsunterlagen ist recht zeitintensiv. Für Gutachten muss man an Dritte herantreten, auf deren Zeitplan man keinen Einfluss hat, und für Sprachtests muss man sich rechtzeitig anmelden und gut vorbereiten, um sie erfolgreich zu absolvieren – das alles neben dem Alltagsgeschäft, also dem Studium oder der Arbeit. Von langer Hand geplante Bewerbungen ermöglichen eine Verteilung der Belastung und lassen darüber hinaus genügend Raum für Änderungen und Verzögerungen.

Bei Bewerber:innen vor der Ersten Juristischen Prüfung stellt eine frühzeitige Bewerbung sicher, dass sie sich in Ruhe auf die Prüfungsvorbereitung konzentrieren können. Da sie sich mit ihren universitären Leistungsnachweisen bewerben können, ist es auch nicht erforderlich, die Erste Juristische Prüfung abzuwarten.

Selbst wenn die Universitäten feste Fristen haben, vor denen eine Bewerbung nicht möglich ist, kann die Bewerbung schon von langer Hand vorbereitet werden und muss dann nur noch zum geforderten Zeitpunkt abgeschickt werden. Bei Universitäten ohne Fristen haben frühzeitige Bewerbungen auch den Vorteil, dass schon sehr zeitig eine Zusage erfolgen kann. Bei späten Bewerbungen hingegen besteht die Gefahr, dass das Platzkontingent bereits ausgeschöpft ist.

TIPP: Die Bewerbung sollte nicht erst kurz vor Anmeldeschluss, sondern möglichst früh erfolgen. Auch wenn (noch) nicht alle Voraussetzungen erfüllt sind oder nicht alle Unterlagen vorliegen, kann die Universität ein bedingtes Angebot (Conditional Offer) unterbreiten, und es bleibt genügend Zeit, fehlende Dokumente nachzureichen. Falls eine Zulassung zum gewünschten Programm nicht erfolgt, haben Bewerber:innen Zeit, entweder mit der betreffenden Universität über die Zulassung zu verhandeln oder sich bei anderen Universitäten zu bewerben.

Der nachfolgende Zeitplan soll eine grobe Orientierung über die Vorbereitungszeit geben. Er ist großzügig bemessen, allerdings sollte man den Aufwand für die einzelnen Posten nicht unterschätzen. Insbesondere wer sich parallel auf die Erste Juristische Prüfung oder das Zweite Staatsexamen vorbereitet, sollte rechtzeitig mit der Planung des Auslandsaufenthalts beginnen, damit die Prüfungsvorbereitung nicht darunter leidet.

Zeitplan	Rechtzeitig mit den Vorbereitungen beginnen!
Vorüberlegungen	☐ Welcher Abschluss wird angestrebt? Welche Kombinationsmöglichkeiten gibt es, beispielsweise mit Promotion oder Fachanwaltslehrgang? ☐ Präsenz- oder Fernstudium? ☐ Studium im In- oder Ausland? Welche Länder kommen in Betracht? ☐ Vollzeit- oder Teilzeitstudium? ☐ Beginn und Dauer des Studiums/Auslandaufenthalts?
15 Monate	☐ Informationen über Studienprogramme und Universitäten einholen ☐ beim Akademischen Auslandsamt der Heimatuniversität nach Hochschulkooperationen erkundigen ☐ Informationsveranstaltungen besuchen, z. B. den e-fellows.net LL.M. Day ☐ Austausch mit auslandserfahrenen Freundinnen und Freunden sowie Kommiliton:innen ☐ Vorüberlegungen zu Kosten und Finanzierung, ggf. Informationen zu Stipendien einholen
10 Monate	☐ Informationen über Zulassungsbeschränkungen und -voraussetzungen der ausgewählten Universitäten/Programme einholen ☐ ggf. Beginn der Vorbereitung für einen Sprachtest ☐ Informationen zum Bewerbungsschluss bei den Universitäten einholen und individuellen Zeitplan für Bewerbung erstellen ☐ ggf. Empfehlungsschreiben bei Hochschullehrer:innen anfordern

Zeitplan	Rechtzeitig mit den Vorbereitungen beginnen!
6–8 Monate	Bewerbung zusammenstellen ☐ Lebenslauf erstellen ☐ beglaubigte Kopien einholen ☐ Academic Transcript einholen ☐ Motivationsschreiben ☐ Empfehlungsschreiben ☐ Sprachzeugnisse
5 Monate	☐ Bewerbungen abschicken ☐ ggf. Reisepass beantragen/erneuern
4 Monate	☐ Informationen zu besonderen Einreise- und Aufenthaltsbestimmungen (z. B. Visum, Arbeitserlaubnis, Impfungen) einholen, insbesondere sofern Studium außerhalb der EU ☐ Finanzplanung steht ☐ Informationen zu ggf. zusätzlichen Versicherungen (Kranken-, Reiserücktritts- bzw. Reiseversicherungen) einholen ☐ ggf. Wohnung/Zimmer im Heimatland kündigen oder untervermieten
3 Monate	☐ Rückmeldung der Universität sollte erfolgt sein, ggf. weitere Bewerbungen abschicken ☐ Zusage/Absage an Universitäten senden ☐ Einreise- und Aufenthaltsangelegenheiten klären ☐ Flug buchen ☐ Unterkunft im Gastland (private Zimmer- bzw. Wohnungssuche, Vermittlung von Wohnheimzimmer über die Universität/das College) ☐ Bankangelegenheiten im Ausland klären (Kontoeröffnung, Überweisungen, Nutzung EC- bzw. Kreditkarte) ☐ ggf. internationalen Führerschein beantragen

Zeitplan für die Vorbereitung eines LL.M.-Studiums

Bewerbungsschluss ist in der Regel ein bis zwei Monate vor Studienbeginn. Zwar werden Bewerbungen teilweise auch noch nach diesem Zeitpunkt akzeptiert, doch angesichts der mit dem Auslandsaufenthalt verbundenen Planung und Vorbereitung sollte diese Frist nicht voll ausgereizt werden. Darüber hinaus sollten Bewerber:innen bei der Planung des zeitlichen Ablaufs im Auge behalten, dass auch bei Erfüllung der Mindestvoraussetzungen der Studienplatz nicht garantiert ist. Insbesondere an US-amerikanischen Eliteuniversitäten ist die Konkurrenz groß. Die Bewerbung an der Wunschuniversität sollte aus diesem Grund möglichst frühzeitig erfolgen. Es bleibt Bewerber:innen überlassen, sich gleichzeitig oder später an Ausweichuniversitäten zu bewerben. Ist die Bewerbung an der bevorzugten Universität erfolgreich, sind weitere Bewerbungen nicht erforderlich. Reagiert die Universität nicht rechtzeitig oder will man auf Nummer sicher gehen, sollte man sich an allen Universitäten seiner engeren Wahl bewerben.

Bewerber:innen gehen bei ihren Bewerbungen – abgesehen von seitens der Universität vorgegebenen Fristen – am besten in der Reihenfolge ihrer Präferenz vor, schicken also Bewerbungen an die Wunschuniversitäten zuerst ab. Bei einer anderen Reihenfolge läuft man Gefahr, von einem weniger attraktiven Programm frühzeitig eine fristgebundene Zusage zu erhalten, während die Zusage der Wunschuniversität weiter auf sich warten lässt. Bewerber:innen stehen dann vor dem Dilemma, entweder ein weniger begehrtes Programm akzeptieren zu müssen, obwohl die Zusage der Wunschuniversität vielleicht noch kommt, oder mit leeren Händen dazustehen, wenn sie das erste Angebot zurückweisen und dann keine Zusage von ihrer Wunschuniversität erhalten.

Zusage

Nach Prüfung der Bewerbung trifft die Universität eine Entscheidung über die Zulassung der Bewerberin oder des Bewerbers. Im Idealfall sind die Mindestvoraussetzungen erfüllt, und die Bewerbung ist vollständig und ansprechend. Dann erhalten Bewerber:innen optimalerweise ein verbindliches Angebot der Universität (Unconditional Offer), das grundsätzlich innerhalb einer bestimmten Frist angenommen werden muss. Die Erfahrung hat jedoch gezeigt, dass einige Universitäten auch bereit sind, die Annahmefristen (sogar mehrfach) zu verlängern und unter Umständen sogar einen Teil der Studiengebühren zu erlassen. Bewerber:innen sollten sich jedoch nicht darauf verlassen. Zum einen sind Universitäten zu einem solchen Vorgehen nur bereit, wenn noch Studienplätze zu vergeben sind, was gerade bei angesehenen Universitäten nicht unbedingt der Fall ist. Zum anderen besteht das Risiko, am Ende den gewünschten Studienplatz doch nicht zu erhalten.

Waren die Unterlagen nicht vollständig oder sind bestimmte Voraussetzungen (noch) nicht erfüllt, kann die Universität ein bedingtes Angebot (Conditional Offer) unterbreiten, insbesondere wenn die Bewerbung vor Abschluss der Ersten Juristischen Prüfung erfolgt. Das Angebot wird mit Bestehen der Prüfung (ggf. mit einer Mindestpunktzahl) verbindlich, und das Abschlusszeugnis muss dann vor Beginn des Studiums nachgereicht werden.

Online-Bewerbung und Bewerbung über Partnerinstitute

Die meisten Universitäten im englischsprachigen Ausland akzeptieren ausschließlich Bewerbungen über Online-Bewerbungsportale. Online-Bewerbungen sollten mit der gleichen Sorgfalt erstellt werden wie schriftliche Bewerbungen. Auch hier gilt es natürlich, Rechtschreibfehler zu vermeiden. Unterlagen wie Zeugnisse und das Academic Transcript müssen gegebenenfalls eingescannt oder zusätzlich per Post versandt werden. Bewerber:innen sollten sich im Vorfeld sorgfältig über den Prozess der Online-Bewerbung informieren.

Eine weitere Möglichkeit ist die Bewerbung über Partnerbüros und -institute der Universitäten. Für Hochschulen in Australien und Neuseeland gibt es eine Reihe von Institutionen, die bei der Bewerbung um einen Studienplatz an australischen und neuseeländischen Universitäten kostenlos Unterstützung anbieten (z.B. IEC,

Institut Ranke-Heinemann, GOstralia!). Ähnliche Angebote gibt es inzwischen auch für andere Länder, u. a. von College Contact und IEC. Allerdings gelten diese meist nur für bestimmte Universitäten und Colleges. Schließlich gibt es auch zahlreiche kommerzielle Anbieter, die ihre Dienste gegen Entgelt anbieten (zum Beispiel Go-LLM oder den LL.M. Credential Assembly Service for International Applicants des Law School Admission Council (LSAC)). Der Vorteil bei der Bewerbung über eine solche Institution liegt darin, dass Bewerber:innen die Bewerbungsunterlagen für alle Universitäten nur einmal an die jeweilige Agentur schickt. Diese sorgt dann für die Übersendung der Unterlagen an die verschiedenen Universitäten. Darüber hinaus kümmert sie sich um Übersetzungen und Beglaubigungen von Unterlagen, wie z. B. Zeugnissen. Das spart Zeit und Wege. Außerdem kann die Agentur aufgrund ihrer langjährigen Zusammenarbeit mit verschiedenen Universitäten nützliche Tipps geben. Der Nachteil liegt allerdings darin, dass man die Bewerbung aus der Hand gibt und die Mittlerorganisation bei Problemen womöglich nicht so schnell reagieren kann wie man selbst.

TIPP: Grundsätzlich erspart die Bewerbung über Partnerorganisationen Behördengänge. Sollte die Bewerbung nicht glatt verlaufen, können Bewerber:innen die Korrespondenz immer noch in die eigene Hand nehmen.

Stipendien

Ein Stipendium ermöglicht nicht nur eine sorglose (Teil-)Finanzierung des LL.M.-Studiums, sondern auch den Zugang zum Netzwerk der jeweiligen Stipendiengeber:in. Zudem zeichnet man sich durch ein Stipendium aus und kann diese Tatsache schon in seinen Bewerbungen um einen Studienplatz positiv hervorheben.

Wer sich um ein Stipendium zur Finanzierung des LL.M.-Studiums bemüht, muss zunächst eine zweite Bewerbung erstellen. Die Bewerbungen sind nur zum Teil deckungsgleich, wobei die Universitäten und Stipendiengebenden einige übereinstimmende Dokumente verlangen – wenn auch häufig in unterschiedlichen Sprachen. Bewerber:innen haben die Möglichkeit, diese Übereinstimmungen zu nutzen, zum Beispiel indem sie Professor:innen nicht nur um ein Gutachten für die Bewerbung an der Universität, sondern auch gleich um ein Gutachten für das Stipendium bitten.

Die Bewerbungsfristen für Stipendien stimmen nicht mit den Bewerbungsfristen der Universitäten überein. Wer sich um ein Stipendium bewirbt, muss mit der Planung und Vorbereitung seines Auslandsaufenthalts bereits früher beginnen. Bei einigen Stipendienprogrammen kann der Bewerbungsschluss bis zu einem Jahr vor Studienbeginn liegen. Bei einer Stipendienbewerbung müssen Bewerber:innen bereits ihr Studienvorhaben erläutern und eine Universitätsauswahl präsentieren. Dabei ist den Stipendiengebenden meist bewusst, dass es im Nachhinein noch zu Abweichungen kommen kann.

Anforderungen der Stipendiengeber

Die Fördermöglichkeiten für LL.M.-Studierende sind leider recht überschaubar. Am Ende des Finanzierungskapitels findet sich eine Übersicht über mögliche Stipendiengeber. Die meisten Stipendien vergibt der Deutsche Akademische Austauschdienst (DAAD). Wegen der begrenzten Fördermöglichkeiten und des hohen Wettbewerbs sind viele angehende LL.M.-Studierende unsicher, ob sie überhaupt für ein Stipendium infrage kommen. Im Gegensatz zur großen Zahl an LL.M.-Studiengängen und den teilweise eher lockeren Zulassungsvoraussetzungen sind die Anforderungen für eine Stipendienvergabe hoch. Die Anzahl der verfügbaren Stipendien ist hingegen niedrig. Allerdings sind die Bewerberzahlen häufig ebenfalls nicht allzu hoch, da längst nicht alle den zusätzlichen Aufwand für eine Stipendienbewerbung auf sich nimmt.

Die Anforderungen der verschiedenen Stipendiengebenden an ihre künftigen Stipendiat:innen sind sich recht ähnlich. In der Regel werden Personen gefördert, die ihr Studium zügig und mit überdurchschnittlichen Leistungen absolviert haben. Auch die Persönlichkeit der Bewerber:innen spielt bei der Auswahl eine Rolle. Hier sind Kriterien wie gesellschaftliches, politisches oder soziales Engagement wichtig. Außerdem muss das Studienziel überzeugend präsentiert werden, in der Regel durch ein Motivationsschreiben und in einem persönlichen Auswahlgespräch. Im Hinblick auf diese Anforderungen sollten die Bewerber:innen berücksichtigen, dass sie sich für die Zahlung einer recht hohen Summe bewerben, die sie nicht zurückzahlen müssen. Dafür können Stipendiengeber:innen im Gegenzug durchaus eine gewisse Vorleistung erwarten. Viele Stipendiengebende sehen die eigenen Stipendiat:innen als Botschafter:innen Deutschlands und legen daher Wert auf das Auftreten und die Selbstdarstellung ihrer potenziellen Stipendiat:innen. Die Gewichtung der einzelnen Auswahlkriterien wird von den Stipendiengebenden in aller Regel nicht veröffentlicht. Ob man die Anforderungen erfüllt, kann man selbst meist schwer beurteilen. Ein Indiz kann allerdings die Bereitschaft eines Hochschullehrenden zum Erstellen eines Gutachtens sein. Professor:innen können aufgrund ihrer Erfahrungen oft einschätzen, ob jemand Chancen auf ein Stipendium hat. Im Hinblick auf das Kriterium der Förderung überdurchschnittlicher Leistung wird meist die Note vollbefriedigend in der Ersten Juristischen Prüfung verlangt, wobei Abweichungen im Einzelfall vorkommen können. Im Zweifelsfall sollte man sich erkundigen, ob die eigene Note ein Ausschlusskriterium darstellt. Bei einigen Stipendiengebenden dürfte aufgrund des hohen Wettbewerbs zwischen den Bewerbenden eine Leistung deutlich über neun Punkten erforderlich sein. Dabei stellt sich für viele Absolvent:innen zusätzlich das Problem, dass viele Stipendiengebende nicht zwischen den einzelnen Bundesländern differenzieren, obwohl die Noten sich zum Teil beträchtlich unterscheiden. Hier kann sich das Beilegen eines Rankings positiv auswirken.

TIPP: Es gibt Stipendiengebende, die sich nicht ausschließlich an Jura-Studierende richten. Der Wettbewerb ist dann erfahrungsgemäß weniger notenorientiert, da die Noten verschiedener Studiengänge schwer vergleichbar sind. Bewerber:innen mit Stärken jenseits der Note können hier auf bessere Chancen hoffen.

Bewerbung um ein Stipendium

Die Bewerbung um ein Stipendium ist ein zusätzlicher Aufwand. Auch hier ist es wichtig, die Bewerbungsunterlagen auf die Anforderungen der fördernden Institutionen auszurichten. Die Vorgaben der verschiedenen Stipendiengebenden sind prinzipiell vergleichbar, sodass hier nur die gemeinsamen Grundlagen überblicksartig dargestellt werden.

Erforderlich sind ein Lebenslauf, ein Motivationsschreiben bezüglich des Studienvorhabens (zum Teil auch mit einer Darstellung eines wissenschaftlichen Projekts) sowie ein Empfehlungsschreiben. Am Beispiel der vom DAAD verlangten Unterlagen lässt sich der Aufwand einer solchen Bewerbung skizzieren. Der DAAD verlangt neben dem Bewerbungsformular und einem tabellarischen Lebenslauf eine ausführliche Beschreibung des mit dem LL.M. verfolgten Studienvorhabens (max. fünf Seiten), die Darlegung der fachlichen und persönlichen Motive für das geplante Vorhaben (Motivationsschreiben), eine Aufstellung sämtlicher besuchter Übungs- und Seminarveranstaltungen (mit Bestätigung der Richtigkeit durch die Universität) auf einem DAAD-Formular sowie ein unterstützendes Empfehlungsschreiben einer Hochschullehrkraft. Zusätzlich müssen Bewerber:innen für englischsprachige Länder bzw. für englischsprachige Studienangebote ihrer Bewerbung das Ergebnis des TOEFL (mindestens 100 Punkte im iBT) oder IELTS-Tests (mindestens 7 Punkte) beifügen. Für Bewerbungen nach Großbritannien kann auch der Cambridge English C1 Advanced-Test (bisher: Cambridge English: Advanced bzw. Certificate in Advanced English (CAE)) eingereicht werden. Darüber hinaus braucht man den Zulassungsbescheid der Gasthochschule, in der Regel auch bereits das Ergebnis der Ersten Juristischen Prüfung bzw. das Bachelorzeugnis, das Zeugnis der Hochschulzugangsberechtigung mit Einzelnoten, wenn möglich eine Bescheinigung über das Ranking innerhalb des Bundeslandes bzw. der Hochschule oder des Fachs sowie die Bescheinigung des Prüfungsamtes der Hochschule über die Notenverteilung mit der Bestätigung, dass die Bewerberin oder der Bewerber zu den 20 Prozent der besten Absolvent:innen des rechtswissenschaftlichen Studiengangs zählt. Außerdem müssen sich Bewerber:innen einem persönlichen Auswahlgespräch stellen.

Lebenslauf

Der Lebenslauf ist auch bei der Bewerbung für ein Stipendium das Aushängeschild. Grundsätzlich gelten die bereits genannten Formalitäten auch für die Stipendienbewerbung.

TIPP: Es lohnt sich, auch im Hinblick auf künftige Bewerbungen, Zeit und Mühe in die Erstellung eines ansprechenden Lebenslaufs zu investieren. Da Informationen zu Studium, beruflicher Laufbahn etc. gleich bleiben, muss das einmal verfasste Grundgerüst lediglich um aktuelle Ereignisse ergänzt werden.

Kürze und Klarheit sind die Grundsäulen eines überzeugenden Lebenslaufs. Sowohl inhaltlich als auch optisch sollte in erster Linie auf Lesbarkeit und eine klare Struktur geachtet werden. Wichtige Punkte wie Berufserfahrung oder Studium sollten am Anfang stehen. Darüber hinaus muss der Lebenslauf für Leser:innen, die die Bewerberin oder den Bewerber nicht kennen, in den einzelnen Punkten aussagekräftig sein. Bei einer Bewerbung für ein Stipendium kommt es – anders als bei der Bewerbung für eine Anstellung – weiterhin darauf an, nicht nur die beruflichen Meilensteine darzustellen, sondern verstärkt auf persönliche Interessen und Engagement zu verweisen. In diesen Punkten kann man sich von den Mitbewerbenden positiv abheben und die entscheidende Aufmerksamkeit auf sich lenken. Ein Beispiel für einen ausführlichen Lebenslauf findet sich am Ende dieses Kapitels.

Motivationsschreiben
Bezüglich des Motivationsschreibens sind die Anforderungen der Stipendiengebenden unterschiedlich. Sie reichen von einer kurzen Erläuterung des Studienvorhabens auf einer DIN-A4-Seite bis zur Präsentation eines eigenen, über das Studium hinausgehenden Forschungsprojekts. Bewerber:innen sollte diese Aufgabe auch als Chance verstehen, sich über die eigenen Ziele und Vorstellungen klarer zu werden.

Wie bei der Bewerbung für die Universität sollte das Motivationsschreiben für das Stipendium möglichst aussagekräftig sein. Es ist wichtig, die Informationen aus dem Lebenslauf mit dem angestrebten Studienvorhaben zu verknüpfen und hervorzuheben, warum man Interesse an einem Auslandsaufenthalt im Allgemeinen und im gewünschten Land im Besonderen hat. Dabei sollten Bewerber:innen im Hinterkopf behalten, dass mit dem Stipendium eine Zusatzausbildung gefördert werden soll, die sie gewissermaßen zu Global Players macht, die sich sicher auf dem internationalen Parkett bewegen. Es gilt daher zu verdeutlichen, inwieweit das angestrebte Studienprojekt dazu beiträgt, dieses Ziel zu verwirklichen. Hierbei sollten Bewerber:innen auf die Gründe eingehen, die sie letztlich dazu bewegt haben, die Universität und das Studienprogramm auszuwählen. Dafür muss das Rad nicht neu erfunden werden: Nach dem dargelegten systematischen Auswahlansatz sollte den Bewerber:innen bewusst sein, warum sie sich für ein bestimmtes Studium entschieden haben.

Das Motivationsschreiben ist das Herzstück der Bewerbung um ein Stipendium. Entsprechend viel Zeit sollte man für Konzept und Formulierung des Schreibens einplanen. Ebenso wie beim Verfassen des Lebenslaufs sollte man Rat von Freundinnen und Freunden oder Familienmitgliedern einholen und den Text Korrektur lesen lassen.

Auswahlgespräch
Im Gegensatz zu den Bewerbungen um einen LL.M.-Studienplatz muss man sich bei der Stipendienbewerbung einem persönlichen Gespräch stellen, da sich die Stipendiengeber einen eigenen Eindruck von ihren potenziellen Stipendiat:innen verschaffen wollen. Eine gewisse Vorbereitung auf die Gespräche ist durchaus möglich und empfehlenswert, auch wenn oft das Gegenteil behauptet wird. Da die verschiedenen Stipendiengeber zum Teil unterschiedliche Förderrichtlinien haben, können im Folgenden nur allgemeine Hinweise gegeben werden.

Zunächst beurteilt die Auswahlkommission die Bewerber:innen anhand der schriftlichen Bewerbung. Besonders wichtig sind der Kommission hier die fachliche Qualifikation, die bisherigen Studienleistungen, die Darstellung und Begründung des Studienvorhabens sowie die Referenzschreiben.[7] Nach einer Vorauswahl entscheidet die Kommission, welche Bewerber:innen zum Auswahlgespräch eingeladen werden. Mit der Einladung zum Gespräch haben Bewerber:innen die erste Hürde auf dem Weg zum Stipendium genommen. Da sich meist mehr Personen bewerben als Stipendien zu vergeben sind, ist das Stipendium aber noch längst nicht sicher.

Die Dauer der Auswahlgespräche variiert. Bei großen Organisationen, die eine Vielzahl von Stipendien vergeben (beispielsweise der DAAD), dauert ein Gespräch in der Regel ca. 15 Minuten. Bei anderen Stipendiengebenden können die Gespräche deutlich länger sein. Teilweise werden sogar zwei Auswahlgespräche geführt. Die jeweilige Dauer eines solchen Interviews hat immer Vor- und Nachteile. Kurze Gespräche sind insofern angenehmer, als keine zu tief gehende Befragung erfolgt. Der erste Eindruck ist hier jedoch entscheidend und nicht revidierbar. Längere Gespräche sind entsprechend detaillierter und tiefer gehend, es ist allerdings auch leichter, kleine Fehler wieder auszugleichen. Im Gespräch gilt es, sich selbst und das angestrebte Studium gut zu präsentieren. Eine ansprechende Präsentation beginnt schon bei der äußerlichen Erscheinung. Es gibt keine formellen Regeln, wie man sich zu einem Auswahlgespräch zu kleiden hat, Jeans und Turnschuhe sind aber sicherlich unpassend. Wer im Anzug bzw. Kostüm erscheint, macht sicher nichts falsch: Es handelt sich dabei schließlich ohnehin für die meisten Jura-Studierende um die künftige Berufskleidung. Nichtsdestotrotz bewirbt man sich nicht um eine Anstellung, sondern um die finanzielle Förderung eines Studiums. Etwas weniger formelle Kleidung, oft auch als gepflegte Freizeitkleidung bezeichnet, wird daher in der Regel nicht negativ ausgelegt.

TIPP: Bewerber:innen sollte stets sich selbst treu bleiben und nicht versuchen, die Auswahlkommission durch ein Auftreten zu beeindrucken, das nicht ihrer Persönlichkeit entspricht. Ein aufgesetztes Verhalten hinterlässt selten einen guten Eindruck.

Niemand sollte unvorbereitet in ein Auswahlgespräch gehen, denn der Eindruck, den man im Interview hinterlässt, ist entscheidend. Mit entsprechender Vorbereitung kann man sich positiv von seinen Mitbewerbenden abheben und letztlich die Auswahlkommission von sich überzeugen. Die Auswahlgespräche, mögen sie im Einzelnen auch variieren, enthalten stets wiederkehrende Elemente. Hauptthema ist in der Regel das angestrebte Studium. Bewerber:innen werden von der Auswahlkommission nochmals ganz genau befragt, warum sie welchen Studiengang an welchem Ort absolvieren möchten. Dafür ist es wichtig, sich vorher gut über das jeweilige Land und das dortige Studiensystem zu informieren und über die Studienangebote

---

7 https://www.e-fellows.net/stipendien/auswahlgespraech-stiftung; www.llm-guide.com/board/72205, https://www.financial-career.de/stipendienberichte.php, https://www.squeaker.net/de/Studium/Stipendium/Stipendien-Bewerbung/Auswahlverfahren, https://www.faz.net/aktuell/rhein-main/studenten-berichten-ueber-erfahrung-mit-einem-stipendium-16733835.html, jeweils abgerufen am 12.11.2023.

an den diversen Hochschulen Bescheid zu wissen. Bewerber:innen müssen gut begründen können, warum sie sich ausgerechnet für dieses bestimmte Programm entschieden haben.

TIPP: Man sollte seine eigene Bewerbung und insbesondere das Motivationsschreiben sehr gut kennen. Nichts ist schlechter, als bei der Auswahlkommission den Eindruck zu hinterlassen, dass man sich bei der schriftlichen Bewerbung hauptsächlich der Argumente Dritter bedient hat.

Wer sein Studium mit dem Erwerb von Kenntnissen des Rechtssystems wichtiger Wirtschaftspartner begründet, sollte auf Fragen zur Wirtschaft des jeweiligen Landes und zu dessen wirtschaftlichen Beziehungen zu Deutschland vorbereitet sein. Darüber hinaus sind tagesaktuelle Themen ein beliebter Anknüpfungspunkt für Auswahlgespräche. Es empfiehlt sich daher, in den Tagen vor dem Gespräch die Berichterstattung in den Medien zu verfolgen.

Wichtig ist für die Auswahlkommission häufig, welche Pläne Bewerber:innen nach dem Auslandsaufenthalt haben. Mit anderen Worten: Welche Bedeutung hat das Studium für die angestrebte berufliche Tätigkeit? Es wird erwartet, dass sich Bewerber:innen über ihre berufliche Perspektive Gedanken gemacht haben und das angestrebte Studium dazu in Beziehung setzen können. Schließlich sollten sich Bewerber:innen darauf einstellen, dass manchmal ein Teil des Gesprächs in der Sprache des Studienlands geführt wird. Hierbei ist es wahrscheinlich, dass ein juristisches Thema, gegebenenfalls das in der Stipendienbewerbung angegebene Forschungsgebiet oder -projekt, diskutiert wird. Ein Auswahlgespräch ist nie einfach, allerdings kann man es mit entsprechender Vorbereitung gut meistern.[8] Bewerber:innen sollten sich immer bewusst sein, welchem Zweck das Gespräch eigentlich dient, nämlich der Vergabe von zum Teil recht hohen Geldsummen zur Finanzierung eines Studiums. Die Auswahlkommission, die sich aus Fachexpertinnen und -experten (häufig Professorinnen und Professoren), erfahrenen Stipendiatinnen und Stipendiaten und Mitarbeiter:innen der Stipendiengeber zusammensetzt, will sich davon überzeugen, dass die Vergabe des Stipendiums eine gute Investition ist.

Es kommt nicht darauf an, perfekt zu sein. Jeder Mensch hat Schwächen, dazu sollten auch die Bewerber:innen stehen. Außerdem ist auch der Kommission bewusst, dass es ein Leben neben dem Studium gibt und persönliche Interessen bei der Auswahl des Studienorts eine Rolle spielen. Insgesamt will sich die Auswahlkommission davon überzeugen, dass das angestrebte Vorhaben gut durchdacht und für die Bewerber:innen sinnvoll ist. Generell steht sie dem Studienvorhaben dabei aufgeschlossen gegenüber, sonst hätte sie gar nicht erst zum Gespräch geladen.

---

8 https://www.e-fellows.net/stipendien/auswahlgespraech-stiftung, abgerufen am 12.11.2023.

Entscheidung
Die Entscheidung über die Vergabe des Stipendiums wird den Bewerber:innen in der Regel schriftlich mitgeteilt. Liegen zum Zeitpunkt der Entscheidung beispielsweise die Examensergebnisse oder die Zusage der Universität noch nicht vor, wird die Stipendienzusage bedingt erteilt, und man muss die fehlenden Unterlagen nachreichen. Insgesamt lässt sich festhalten, dass Bewerber:innen sorgfältig abwägen müssen, ob sich der Aufwand für eine Stipendienbewerbung lohnt. Sind jedoch die Mindestvoraussetzungen wie eine gute Examensnote und studentisches oder soziales Engagement erfüllt, ist es sinnvoll, die Chance zu nutzen.

Fazit

Voraussetzung für die Zulassung zum gewünschten Programm ist eine vollständige und überzeugende Bewerbung. Es ist daher wichtig, die Bewerbung mit großer Sorgfalt anzufertigen. Für die Bewerbungen bei den Universitäten (und Stipendiengeber) benötigt man eine Vielzahl von Unterlagen und Nachweisen. Neben den Dokumenten, die man selbst erstellt wie beispielsweise dem Lebenslauf und dem Motivationsschreiben gehören auch Unterlagen, auf deren Bearbeitungszeit man keinen Einfluss hat wie Empfehlungsschreiben und Gutachten oder Bescheinigungen von Prüfungsämtern. Zusätzlich müssen häufig Sprachtests absolviert werden. Es ist empfehlenswert, sich rechtzeitig über den Umfang der einzureichenden Bewerbungsunterlagen zu informieren und möglichst frühzeitig mit der konkreten Vorbereitung zu beginnen. Dies gilt insbesondere dann, wenn die Bewerbungen während der Prüfungsvorbereitung oder des Referendariats erfolgen.

Beispieldokumente

Im Folgenden sind als Orientierungshilfe zehn anonymisierte Beispieldokumente abgebildet:
- Anschreiben (Cover Letter)
- Motivationsschreiben (Statement of Purpose)
- Einseitiger Lebenslauf für die USA
- Englischsprachiger Lebenslauf
- Empfehlungsschreiben der Professorin oder des Professors
- Empfehlungsschreiben des Arbeitgebers
- Einfache Übersetzung des Abiturzeugnisses
- Übersicht über die universitären Leistungen
- Übersetzung des Zeugnisses der universitären Schwerpunktbereichsprüfung
- Übersetzung des Zeugnisses der Ersten Juristischen Prüfung

Bei diesen Dokumenten handelt es sich um Beispiele aus erfolgreichen Bewerbungsprozessen, die lediglich als Anhaltspunkt zur Gestaltung der eigenen Bewerbungsunterlagen dienen sollen. Für die formale Richtigkeit kann deshalb keine Gewähr übernommen werden. Bewerber:innen sollten ohnehin keine vorgefertigten Textbausteine verwenden.

Anschreiben (Cover Letter)

Michael Kugler
Hauptstraße 13
20301 Nordstadt
+49 12 7204 3299
michael@kugelweb.de

University of XYZ School of Law
329 Law School Boulevard
Los Angeles, CA, 90033

Application for the LL.M. Program at University of XYZ School of Law 2022/2023

To whom it may concern:

I am applying for a place on the LL.M. program at the University of XYZ School of Law starting fall 2022.

As you can see from my resume, I have passed my first state exam with distinction and am currently working on my doctoral thesis. In preparation for entering an American Law School I am studying aspects of American law through a course at the University of Cologne.

My motivation in applying for admission to your LL.M. Program is to take advantage of XYZ's excellence in my particular fields of research, Corporate Law and Corporate Governance. In addition, I would like to acquire a profound knowledge of the U.S. legal system. Moreover, working at the University of XYZ with its comprehensive research facilities would also be of great value to my thesis.

I appreciate your consideration.

Sincerely yours,
Enclosure

Tipps für das Anschreiben:
- In Commonwealth-Staaten spricht man nicht von einem „resume", sondern von einem „CV".
- Für die Anrede sollte idealerweise eine Bezugsperson gefunden werden (z. B. Dekan:in des LL.M.-Programms); die Formulierung lautet dann „Dear Mr. Smith:". Anderenfalls wird die Anrede „To whom it may concern:" gewählt.
- Die Länge des Anschreibens sollte genau eine Seite betragen.
- Auf deutsche Bescheidenheit kann man verzichten und z. B. Prädikatsexamina bereits im Anschreiben erwähnen („passed with distinction").
- Aufbau:
  - kurze Einführung
  - aktuelle Tätigkeit, Nationalität und eigene Fähigkeiten
  - Gründe für Bewerbung und Wahl der Universität
  - ggf. Bitte um Übersendung der Liste der infrage kommenden Stipendiengebern

Motivationsschreiben (Statement of Purpose)

Statement of Purpose

By spending a year at the University of xy Law School, I would like to further my knowledge of the American legal system, thereby learning more about the roots of German business law. Having recently graduated from the University of Cologne, I had the chance of taking American Law courses. Here, I discovered that most rules of business law result from business cases, many of which had taken place in the U.S.

Currently, I am working on my doctoral thesis on xy at the University of Munich. For this purpose, I have a scholarship of the German National Merit Foundation. In the U.S., proxy voting is a well-known instrument to enable shareholders to participate in shareholder meetings, even without physical presence. Since this opportunity has recently been made available in Germany, a large number of legal questions wait to be answered.

Joining your LL.M. program would give me not only a greater understanding of the American legal system but also access to the vast library and other research facilities of the Law Quadrangle. The opportunity to pursue individual research while participating in the general LL.M. program would allow me to benefit greatly with regard to my thesis. Another motivation in applying for admission to the University of xy is to take advantage of its excellence in my particular fields of research, Corporate Law and Corporate Governance. The courses on corporate law and international economic law taught by xy and yz are especially interesting. Furthermore, the lectures at the John M. Olin Center for Law and Economics, e.g. the course on mergers and acquisitions, would provide additional support for my doctoral thesis.

I have a strong belief that this stay abroad would be enriching for my future personal career as a lawyer, focussing on cross border company law as well as for my personal development. I have visited foreign countries in Europe and East Asia already, and learned a great deal. I am enthusiastic about getting to know the U.S. from a first-hand perspective, too. I consider myself open-minded and could therefore take an active and integrative role in the multi-cultural student body of the University of xy Law School.

Einseitiger Lebenslauf für die USA

Kugler, Michael
Hauptstraße 13, 20301 Nordstadt, Germany
Phone: +49 12 7204 3299
michael@kugelweb.de

EDUCATION
Freie Universitaet Berlin, Germany
Ph.D. candidate in Law (Dr. iur.), expected May 2021
Thesis: Negotiation and mediation in civil proceedings in Germany
Honors: Postgraduate scholarship "Elitefoerderung Berlin" (2019/2020)
Publications: Neue Zeitschrift für Verwaltungsrecht (NVwZ) 2019, 125
                     (together with Max Muster);
                     Juristenzeitung (JZ) 2019, 122 (together with Max Muster);
                     Neue Juristische Wochenschrift (NJW) 2020, 205

Albert-Ludwigs Universitaet Freiburg, Germany
First State Examination in Law, February 2018, grade: 9.86 (top 10% of the state)
Activities: European Law Moot Court, Luxembourg, 2017;
                     University of San Diego School of Law, Summer Institute on Comparative and
                     International Law, Paris, France, 2015

EXPERIENCE
Regional Court Berlin, Germany
Trainee Lawyer, April 2019 – April 2021
Second State Examination in Law expected in April 2021
Drafted court decisions, participated in Civil and Administrative Court sessions, and acted as a co-mediator in court-connected proceedings. Represented the District Attorney's Office at the criminal court. Worked as a trainee lawyer with the law firm Schmutzler & Neid, Berlin. Interned with the German Embassy in New York, USA (Political Section and Legal/Consular Services).

Research Center for Civil Law, Freie Universitaet Berlin, Germany
Research Fellow, October 2018 – February 2019
Taught and trained students and professionals in arbitration procedure, coached the university's team at the European Law Moot Court, Luxembourg. Researched European law issues. Organized related seminars, lectures, classes and conferences.

Becker & Partner, Frankfurt, Germany
Law Clerk, September 2017 – April 2018
Researched case law and prepared a copyrights publication. Wrote memoranda on IP related problems. Drafted letters to clients, statements of claims, legal briefs and contracts. Participated in legal proceedings and negotiations. – Becker & Partner is an international law firm of over 500 attorneys based in Frankfurt, Germany.

LANGUAGES: German (native), English (fluent), French (basic knowledge), Spanish (basic knowledge)

INTERESTS: Snowboarding, swimming, cooking, jazz

Englischsprachiger Lebenslauf

Kugler, Michael
Hauptstraße 13, 20301 Nordstadt, Germany
Phone: +49 12 7204 3299
michael@kugelweb.de

EDUCATION

09/2018 until present   **Freie Universitaet Berlin,** Germany
Candidate for Dr. iur., expected May 2021
Doctoral Thesis on "Negotiation and mediation in civil proceedings in Germany"

10/2013–02/2018   **Albert-Ludwigs Universitaet Freiburg,** Germany
First State Examination in Law, passed with distinction
(9.86 points – fully satisfactory; top 10% of the state)
Specializations: Intellectual Property Law, International Private Law, European Law; Activities:
- Participant in the final of the European Law Moot Court Luxembourg (2017).
- Joint Seminar of the Law Faculties Tuebingen and La Rochelle, France (2015).
- University of San Diego School of Law, Summer Institute on Comparative and International Law, Paris (2015).

EXPERIENCE

04/2019–04/2021   **Regional Court Berlin** (Landgericht Berlin)
Trainee Lawyer (Rechtsreferendariat), Second State Examination expected in April 2021; main areas of work: Drafting court decisions, legal briefs and opinions; participating in Court sessions; acting as a co-mediator in court-connected proceedings; representing the District Attorney's Office at Criminal Court sessions.

01/2019–04/2019   **German Embassy New York,** USA
Internship with the Legal and Consular Services Department

10/2018–02/2019   **Research Center for Civil Law,** Freie Universitaet Berlin
Research Fellow (part-time); main areas of work: Teaching & training students and professionals in arbitration procedure (in German and English); coaching the University's team at the European Law Moot Court in Luxembourg; doing research on business negotiation and mediation; organizing seminars, lectures, classes and conferences.

09/2017–04/2018   **Becker & Partner,** Frankfurt
Law Clerk (part-time); main areas of work: Researching case law; preparing a publication on Copyrights Law; writing memoranda, letters to clients, statements of claims, legal briefs and contracts on IP related problems; participating in legal proceedings and negotiations.
Becker & Partner is an international law firm of over 500 attorneys based in Frankfurt, Germany.

11/2014 – 07/2017	**Institute of Finance & Taxation Law,** University of Freiburg Research Assistant (part-time); main areas of work: Researching case law and literature to prepare lectures and publications in Public, Finance and Taxation Law; proofreading; organizing the institute's library.

SCHOLARSHIPS

05/2019 – 04/2020	**Elitefoerderung Berlin** Competitive graduate scholarship for doctoral students based on excellent academic performance.
10/2015 until present	**e-fellows.net** Provides career services and networking opportunities to outstanding students.

VOLUNTEER WORK

09/2016 until present	**Round Table for Children in Need** (Foerderverein Runder Tisch fuer Kinder in Not), Berlin Volunteer, focus: Fundraising to assist children from socially deprived families by hiring social workers, organizing workshops and tutoring students.
12/2016 until present	**Friends of the Research Center for Civil Law,** Berlin Accountant (elected), focus: Controlling balance sheets and budgets of approx. 40,000 Euro; contacting actual and potential sponsors (law firms, companies and public organizations) to finance the Center's work at FU Berlin.
04/2016 – 09/2017	**e-fellows.net,** Munich Mentor to first year undergraduate students.

PUBLICATIONS

– Arbitration of Adminstrative Contracts, Neue Zeitschrift für Verwaltungsrecht (NVwZ) 2019, 125 (co-author with Max Muster)
– Arbitration in Germany, JuristenZeitung (JZ) 2019, 122 (co-author with Max Muster)
– Legal costs of registering IP in Germany, Neue Juristische Wochenschrift (NJW) 2020, 205

QUALIFICATION

Trained Mediator (~120 hours of basic and advanced mediation training in German and English)

LANGUAGES

German (native speaker), English (fluent), French (basic knowledge), Spanish (basic knowledge)

INTERESTS

Snowboarding, swimming, cooking, jazz

Empfehlungsschreiben der Professorin oder des Professors

Prof. Dr. M. Mustermann
Professor für Staats- und Verwaltungsrecht
Voelkerrecht und Europarecht
Universitaet Musterhausen

Recommendation

I first met Mr. Max Muster during the summer term of 2012. Having just started his studies in law, he attended my course on "Constitutional Law I: State Organisation". During the winter term 2013/14, he was in my class on "Constitutional Law II: Fundamental Rights". In the following term, he took part in a seminar in Constitutional Law.

Mr. Muster attracted my attention very soon in both courses. He was amongst the five students out of 275 whom I noticed because their questions clearly showed deep thoughts and a great understanding of the issues covered in class. Because of his fast growing knowledge, he was always able to answer my questions in a precise and comprehensive manner.

Since I had received an excellent impression of him in the course, it was no surprise to find out that he also obtained very good results in the exercise. His papers were marked "very good" and "good" and thus put Mr. Muster into the leading position of all participants.

It was not only in my courses that Mr. Muster obtained excellent results. His name is also well known with many of my colleagues. In all other exercises he was graded clearly above average. In some exercises he was even top of the class. I also have to point out that he successfully made himself familiar with the foundations of law. He has written papers in History of Law, in Sociology of the Law and Philosophy of the Law, receiving high marks. This very positive image is completed by a seminar certificate in Law of the Media where he obtained the highest mark possible "very good – 18 points".

Mr. Muster is without doubt amongst the most willing and capable students, ranking in the top 5 percent. This is also confirmed by the fact that he worked 40 hours a month for the Law Faculty of the University Musterhausen as a student tutor with teaching capacity from 1 October 2016 to 31 August 2018. It is especially remarkable that he applied for the First State Exam after only 7 terms. In addition to obtaining excellent results, Mr. Muster also dedicated himself to a number of extracurricular activities, such as his responsibility for the public relation of "Charity 1", an institution dedicated to mitigate the consequences of injuries committed by Germany under the Nazi regime, and editing and laying out the protestant Newspaper Gemeinde-Zeitung. This shows that he is not only a highly talented person but also a particularly committed one. Despite his many gifts, he is a reserved, polite and amiable person.

It is understandable that Mr. Muster wants to pursue postgraduate studies in the United Kingdom to obtain an LL.M. degree. He had already chosen Antitrust Law, Competition Law and Trademark Law as optional subjects. Studying at your law school would help him to meet the requirements of a lawyer specialised in Business Law. A comprehensive and deep knowledge of Commercial Law, the importance of which increases in Private Law as well as in Constitutional and Administrative Law, can only be attained by someone who knows exactly about the business facts which Commercial Law refers to. This aspect makes the LL.M. program even more important to Mr. Muster as your university is well known for its practical relevance and international focus. Moreover, the "open-learning" method practiced in the United Kingdom will enable Mr. Muster to benefit from this additional training later in his practical training, when he returns to Germany ("Referendariat").

I am very certain that Mr. Muster will complete his LL.M. studies with great success. His excellent English skills will further support his ambitions. A brilliant student who also dedicates himself to many extra-curricular activities, Mr. Muster is of great value to any student body.

I therefore strongly recommend the admission of Mr. Muster to the LL.M. program at XYZ university.

Musterhausen, 11 November 2020.

Empfehlungsschreiben des Arbeitgebers

To Whom It May Concern:

11 January 2021

Letter of Recommendation

I am writing this letter at the request of Ms. Manuela Musterfrau. She is applying to the Master of Taxation program at your university.

Ms. Musterfrau started working for Kanzlei, Auditors and Tax Consultants as an intern under my supervision in 2015. Since then I have come to know her as a reliable and hard-working colleague. Ms. Musterfrau is an efficient, swift and dedicated employee. After completing her internship and postgraduate judicial service training in 2015 with our firm, it was obvious that we wanted Ms. Musterfrau to work for us as a lawyer. From the beginning of her employment she was able to make herself familiar with new issues and integrate herself into the workflows of the firm. The focus of her work involves Contract, Corporate and Tax Law, including Inheritance Tax. She is occupied with drafting contracts, company agreements, and wills. Moreover, she deals with M&A issues and gives legal opinions.

Because of her good English skills Ms. Musterfrau supports our American in-house lawyer in answering inquiries from foreign members of Kanzlei-Network, a worldwide association of independent accounting and consulting firms. She also participates in IFRS training.

Due to her friendly and cooperative personality, Ms. Musterfrau quickly integrated into our team. Her kind manner and considerate behavior made her an appreciated and much-liked co-worker. Her advice is always backed up by strong arguments, so that her suggestions most often turn out to be without alternative.

To name the weaknesses of people is difficult. Ms. Musterfrau's weaknesses follow from her strength. She who works quickly often tends to be impatient if things do not move quickly enough. She who wants to push developments with her ideas tends to consider that which has proven itself to be less relevant. But Ms. Musterfrau accepts these weaknesses with self-irony and mitigates them thereby. Her impatience is thus never expressed in negative reactions towards others and she has always rolled up her sleeves and lent a hand when matters have become urgent.

During her time at our firm, Ms. Musterfrau has been focussing on Cross Border Taxation. It is clear that she now wants to follow up on her interest at an academic level. To link this with her previous internship with one of the Big Four accounting firms seems to be especially appropriate. In addition, she will greatly benefit from the combination of academic training and experience within the German legal profession since knowledge of the American taxation system is highly important in structuring deals back in Germany.

Without any reservation, I am very confident that Ms. Musterfrau will successfully complete her Master of Taxation studies. I therefore expressly recommend that she be admitted to the program.

Yours sincerely
Steuerberater

Einfache Übersetzung des Abiturzeugnisses (Seite 1)

Translation

WALTHER-RATHENAU-OBERSCHULE
(PUBLIC SECONDARY SCHOOL/COLLEGE)
BERLIN-WILMERSDORF

A-LEVEL EXAMINATIONS

Mr. *Max Muster*
born on 26 February 1992 in Berlin, Germany

went in for the A-Level Examinations after having attended the upper classes of the public secondary school/college.

The certificate bases on:
- The "Agreement on the Secondary School Senior Level II Reorganisation" in the version as of 11 April 1993 (Resolution by the Conference of the Ministers of Culture as of 11 April 1993);
- The "Agreement on the A-Level Examinations of the Reorganised Secondary School Senior Level II" (Resolution by the Conference of the Ministers of Culture as of 13 December 1978) in the edition valid in each case;
- The Decree on the Secondary School Senior Level as of 26 April 1989 in the version valid in each case;
- The Execution Regulations on the A-Level Examinations in the version valid in each case.

Einfache Übersetzung des Abiturzeugnisses (Seite 2)

2nd page of the A-Level Examinations Certificate
for Mr. Max Muster

I. PERFORMANCES IN THE COURSE PHASE:

CS = Subjects on which the student concentrated

(points of courses multiplied by one)

		1st half year	2nd half year	3rd half year	4th half year
Ling.-Lit.-Art. Field					
German		15	14	13	12
Music		12	(10)	12	--
Latin		13	12	14	14

		1st half year	2nd half year	3rd half year	4th half year
Sociological Field					
Political World Science (History, Geography, Sociology)		--	--	14	15
History	CS	13	13	13	14
Philosophy		13	15	14	(13)

		1st half year	2nd half year	3rd half year	4th half year
Math.-Scientific-Technical Field					
Mathematics		14	14	(12)	--
Chemistry	CS	12	14	13	13
Biology		14	13	11	12

		1st half year	2nd half year	3rd half year	4th half year
Additional Subjects					
Sports		--	15	15	15

Einfache Übersetzung des Abiturzeugnisses (Seite 3)

3rd page of A-Level Examinations Certificate
for Mr. Max Muster

II. PERFORMANCES IN THE A-LEVEL EXAMINATIONS:

Examination Subject	Examination Result (multiplied by one)	
	in writing	orally
1. Chemistry / Subject on which the student concentrated	12	--
2. History / Subject on which the student concentrated	13	--
3. German (Basic Course)	14	--
4. Biology (Basic Course)	--	08

III. CALCULATION OF THE OVERALL QUALIFICATION AND AVERAGE GRADE:

Total points from 22 basic courses multiplied by one:	301	110 points minimum, 330 points maximum
Total points from the six courses, on which the student concentrated, of the 1st to 3rd semester (multiplied by two) and the two courses on which the student concentrated of the 4th semester (multiplied by one):	183	70 points minimum, 210 points maximum
Point total from the examinations (multiplied by four) and the courses of the examination subjects in the 4th semester (multiplied by one):	239	100 points minimum, 300 points maximum
TOTAL POINTS:	723	280 points minimum, 840 points maximum

AVERAGE GRADE: 1.3 (one point three)

1) The following applies to the conversion of grades into points:

15/14/13 points	equal grade	+ 1 – (very good)
12/11/10 points	equal grade	+ 2 – (good)
09/08/07 points	equal grade	+ 3 – (satisfactory)
06/05/04 points	equal grade	+ 4 – (fair)
03/02/01 point(s)	equal grade	+ 5 – (poor)
00 points	equal grade	6 (failed)

Subjects on which the student concentrated are graded "CS".
Points of courses not included in the overall qualification are put in parentheses.

Einfache Übersetzung des Abiturzeugnisses (Seite 4)

4th page of A-Level Examinations Certificate
for Mr. Max Muster

IV. FOREIGN LANGUAGES

1st foreign language	English	from class 5 to class 11.2
2nd foreign language	Latin	from class 7 to class 13.2
3rd foreign language	French	from class 9 to class 12.2

This certificate includes the Latin in accordance with the Resolution by the Conference of the Ministers of Culture as of 26 October 1984.

Remarks: None

Mr. Max Muster has passed the A-Level Examinations qualifying for admission to a university in the Federal Republic of Germany.

The average note (N) is computed in accordance with enclosure 3 of the regulation covering the execution of the State Contract on the award of study places in accordance with the formula:

$$N = 5\ 2/3 - \text{Total Points: } 168$$

The average note is carried to one decimal place, it is not rounded. With an overall qualification of 768 and more points an average grade of 1.0 results.

Berlin, 30 May 2011

The Head of the School/College   Chairman
signed by:/(illegible)   signed by:/(illegible)

Übersicht über die universitären Leistungen

Freie Universität Berlin
Scheinübersicht (List of Courses)
Name des Studenten (Name of Student): **Max Muster**

Bürgerliches Recht *(Civil Law)*

Semester/Jahr (Term/Year)	Art der Veranstaltung (Type of Course)	Titel der Veranstaltung (Title of Course)	Leitung (Name/Position of Academic Instructor)	Anforderungen (Course Requirements)	Note (Grade)
2. Semester/ WS 2013/14	Übung (exercise)	Übung im Bürgerlichen Recht für Anfänger (Civil Law for beginners)	Prof. Dr. Pröiss	1. Hausarbeit (term paper) 2. Klausur (written examination)	7 Pkt/pts satisfactory 10 Pkt/pts fully satisfactory
4. Semester/ WS 2014/15	Übung (exercise)	Übung im Bürgerlichen Recht für Fortgeschrittene (Civil Law advanced level)	Prof. Dr. Schirmer	1. Hausarbeit (term paper) 2. Klausur (written examination)	8 Pkt/pts satisfactory 12 Pkt/pts fully satisfactory

Strafrecht *(Criminal Law)*

Semester/Jahr (Term/Year)	Art der Veranstaltung (Type of Course)	Titel der Veranstaltung (Title of Course)	Leitung (Name/Position of Academic Instructor)	Anforderungen (Course Requirements)	Note (Grade)
3. Semester/ SS 2014	Übung (exercise)	Übung im Strafrecht für Anfänger (Criminal Law for beginners)	Prof. Dr. Bohnert	1. Hausarbeit (term paper) 2. Klausur (written examination)	10 Pkt/pts fully satisfactory 10 Pkt/pts fully satisfactory
4. Semester/ WS 2014/15	Übung (exercise)	Übung im Strafrecht für Fortgeschrittene (Criminal Law advanced level)	Prof. Dr. Montenbruck	1. Hausarbeit (term paper) 2. Klausur (written examination)	9 Pkt/pts satisfactory 13 Pkt/pts good
7. Semester/ SS 2016	Projektgruppe (project group)	Ermittlungsverfahren in Strafsachen (Investigation in Criminal Cases)	OStA Dr. Wulff (state attorney Dr. Wulff)		unbenotet certificate of attendance

Öffentliches Recht *(Public Law)*

Semester/Jahr (Term/Year)	Art der Veranstaltung (Type of Course)	Titel der Veranstaltung (Title of Course)	Leitung (Name/Position of Academic Instructor)	Anforderungen (Course Requirements)	Note (Grade)
3. Semester/ SS 2014	Übung (exercise)	Übung im Öffentlichen Recht für Anfänger (Public Law for beginners)	Prof. Dr. Randelzhofer	1. Hausarbeit (term paper) 2. Klausur (written examination)	16 Pkt/pts very good 13 Pkt/pts good
5. Semester/ SS 2015	Übung (exercise)	Übung im Öffentlichen Recht für Fortgeschrittene (Public Law advanced level)	Prof. Dr. Kunig	1. Hausarbeit (term paper) 2. Klausur (written examination)	15 Pkt/pts good 11 Pkt/pts fully satisfactory
5. Semester/ SS 2015	Arbeitsgruppe (study group)	Baurecht (Construction Law)	Wiss. Ass. Dr. Mager		unbenotet certificate of attendance

Bürgerliches Recht *(Civil Law)*

Semester/Jahr *(Term/Year)*	Art der Veranstaltung *(Type of Course)*	Titel der Veranstaltung *(Title of Course)*	Leitung *(Name/Position of Academic Instructor)*	Anforderungen *(Course Requirements)*	Note *(Grade)*
5. Semester/ SS 2015	Seminar *(seminar)*	Medienrecht *(Media Law)*	Prof. Dr. Lecheler	1. Seminararbeit *(seminar paper)* 2. Vortrag *(lecture)*	18 Pkt/*pts very good*
7. Semester/ SS 2016	Vorlesung *(lecture)*	Energierecht *(Energy Law)*	Prof. Dr. Dr. Säcker	Abschlussklausur *(final examination)*	unbenotet *without grade/pass*

Strafrecht *(Criminal Law)*

Semester/Jahr *(Term/Year)*	Art der Veranstaltung *(Type of Course)*	Titel der Veranstaltung *(Title of Course)*	Leitung *(Name/Position of Academic Instructor)*	Anforderungen *(Course Requirements)*	Note *(Grade)*
1. Semester/ SS 2013	Vorlesung *(lecture)*	Grundzüge der Rechtsphilosophie *(Philosophy of Law)*	Prof. Dr. Adomeit	Abschlussklausur *(final examination)*	8 Pkt/*pts satisfactory*
2. Semester/ WS 2013/14	Vorlesung *(lecture)*	Grundzüge der Rechts- und Verfassungsgeschichte *(History of Law)*	Prof. Dr. Wesel	Abschlussklausur *(final examination)*	12 Pkt/*pts fully satisfactory*
2. Semester/ WS 2013/14	Vorlesung *(lecture)*	Grundzüge der Rechtssoziologie *(Sociology of Law)*	Prof. Dr. Rottleuthner	Abschlussklausur *(final examination)*	9 Pkt/*pts satisfactory*

Notenübersicht *(view of grades)*

Punkte *(Points)*	Note *(Grade)*	Prozentuale Notenverteilung *(Proportional distribution of grades)*
16–18	sehr gut *(very good)*	0,10%
13–15	gut *(good)*	2,45%
10–12	vollbefriedigend *(fully satisfactory)*	11,99%
7–9	befriedigend *(satisfactory)*	26,32%
4–6	ausreichend *(sufficient)*	29,26%
0–5	mangelhaft *(unsatisfactory)*	29,14%

Übersetzung des Zeugnisses der universitären Schwerpunktbereichsprüfung

WESTFÄLISCHE WILHELMS-UNIVERSITÄT MÜNSTER

Certificate
of the
Examination in the main area of study

Ms Clara Deuchert
born 2 October 1994 in Stuttgart, Germany
has passed the examination in the main subject of study

Subject 4:
International Law, European Law,
International Private Law

on 12 October, 2017
at the Westfälische Wilhelms-Universität Münster
with the grade "fully satisfactory" (10.80).

Übersetzung des Zeugnisses der Ersten Juristischen Prüfung

Certificate
Ms Clara Deuchert

born 2 October 1994 in Stuttgart, Germany

passed the

state examination in the compulsory subjects

with the grade

"fully satisfactory" (9.8)

before the Judical Examination Office at the Higher Regional Court Hamm

on 11 June 2018

and the examination in the main area of study

with the grade

"fully satisfactory" (10.8)

at the University of Münster

on 12 October 2017

Thereby, the First Legal State Exam is passed with the grade

"fully satisfactory" (10.1)

Hamm, 12 June 2018

Perspektive Jura

Jeden September erscheint die neue Ausgabe des Karriereratgebers *Perspektive Jura*.

Perspektive Jura ist der Karriere-Ratgeber zum Einstieg in juristische Berufe im Öffentlichen Dienst, in Kanzleien und in Unternehmen. In zahlreichen Berufsbildern und Erfahrungsberichten stellen Autor:innen aus der Praxis interessante Tätigkeiten für leistungsstarke Jurist:innen vor. Auch die wichtigsten Fragen rund um Studienplanung, Bewerbung und Karriere werden beantwortet.

e-fellows.net-Stipendiat:innen können die Printausgabe des Buchs kostenlos bestellen. e-fellows.net-Mitglieder ohne Stipendium erhalten das Buch kostenlos als E-Book.

www.e-fellows.net/ratgeber-jura

5. Finanzierung des LL.M.-Studiums

von Steffi Balzerkiewicz

114 Die Finanzierung eines LL.M. meistern
115 Finanzierung aus eigenen Mitteln
116 Finanzierung aus Drittmitteln
116   Finanzierung durch Stipendien
118   Finanzierung durch den Arbeitgeber
119   Finanzierung durch Kredite
122   Finanzierung durch (Auslands-)BAföG?
123   (Teil-)Erlass von Studiengebühren
124 Steuerliche Absetzbarkeit
124   Nach der Ersten Juristischen Prüfung
129   Vor der Ersten Juristischen Prüfung
130   Geltendmachung der entstandenen Kosten
130   Weitere steuerliche Gestaltungsmöglichkeiten
133 Zusammenfassung

Die Finanzierung eines LL.M. meistern

Wer sich für ein LL.M.-Studium an einer bestimmten Universität entschieden hat, sollte möglichst parallel zur Bewerbung um den Studienplatz die Finanzierung sicherstellen. Ein LL.M.-Studium, beispielsweise in den USA, kann leicht mit jährlichen Kosten von rund 50.000 Euro zu Buche schlagen. In aller Regel scheitert ein Studienvorhaben aber nicht an der Finanzierung – vorausgesetzt, dass diese solide geplant und sorgfältig vorbereitet wird. Am Anfang der Überlegungen zur Finanzierung des Studiums sollte eine detaillierte Auflistung der zu erwartenden Kosten stehen. Hierbei müssen neben den Studiengebühren und allgemeinen Lebenshaltungskosten (Miete, Lebensmittel, öffentliche Verkehrsmittel etc.) im Zielland auch Kosten für die Reise zum Studienort, Versicherungen, eventuell die Altersvorsorge oder die Wohnung im Heimatland berücksichtigt werden. Hinzu kommen Kosten, die beim Kennenlernen von Land und Leuten anfallen.

TIPP: Beim Ermitteln des Finanzierungsbedarfs sollte man sorgfältig vorgehen. Wenn bereits im Vorfeld geklärt ist, welche Kosten anfallen und wie diese gegebenenfalls später steuerlich geltend gemacht werden können, lässt sich zum einen viel Geld sparen und zum anderen eine unnötige Nachfinanzierung während des Studiums vermeiden. Eine solche Nachfinanzierung ist meist sehr aufwändig und führt während des Studiums zu zusätzlichem Stress.

1. Welche Kosten entstehen durch das Studium?

Kosten vor Studienbeginn
- Kosten für die Bewerbung(en) um Studienplatz und Stipendien (Bearbeitungsgebühren, Porto, Beglaubigungen, Übersetzungen, Sprachtest, ggf. Englischkurse)
- ggf. Kosten für den Visumsantrag und die damit verbundenen Aufwendungen wie ärztliche Untersuchungen
- Reisekosten zum Studienort
- Kosten zur Sicherung der Finanzierung

Kosten während des Studiums
- Studiengebühren
- Aufwendungen für Arbeitsmittel wie Lehrbücher
- laufende Studienkosten wie Beiträge zu Studierendenvereinigungen, Druckkosten
- Aufwendungen für Unterkunft, Lebenshaltung und Transport
- „Taschengeld" für Freizeitaktivitäten
- laufende Kosten im Heimatland wie Versicherungen, Mitgliedsbeiträge, ggf. Miete

Kosten nach Studienabschluss
- Zinsen für ein Ausbildungs-/Studiendarlehen

2. Welche Einnahmen ohne Rückzahlungsverpflichtung habe ich während des Studiums?

- berufliche Tätigkeit oder Nebenjob
- passives Einkommen (z. B. Kapitaleinkünfte, Lizenzen, Miete)
- Stipendien
- Unterstützung durch die Familie

> **3. Können Kosten, die nicht aus laufenden Einnahmen getragen werden, durch Ersparnisse abgedeckt werden?**
>
> **4. Gibt es eine Finanzierungslücke, die durch Fremdmittel geschlossen werden soll?**
> - Wie groß ist der Bedarf an Fremdmitteln?
> - In welchem Umfang werden Darlehen/Finanzierungen vergeben?
> - Zu welchen Bedingungen werden die Fremdmittel vergeben?
> - Welche Konditionen sind für mich relevant (Zinshöhe, Rückzahlungsmodalitäten, vorzeitige/verspätete Rückzahlung, Antrags- und Auszahlungszeitpunkt, Sicherheiten)?

Checkliste: Finanzierung eines LL.M.-Studiums

Um das LL.M.-Studium zu finanzieren, stehen einem viele Möglichkeiten offen. Neben Eigenmitteln setzen viele Kandidat:innen auf Stipendien. Aber auch eine Finanzierung durch Dritte, zum Beispiel über Darlehen, ist möglich. Zudem kann man einen Teil der Studienkosten später von der Steuer absetzen und so die Kosten des LL.M.-Studiums durch eine niedrigere Steuerlast verringern. Eine vorausschauende Gestaltung der Finanzierung kann zu einer erheblichen Kostenreduzierung führen. Gerade wegen der häufig unterschätzten steuerlichen Gestaltungsmöglichkeiten sollte man alle Finanzierungsalternativen in seine Überlegungen einbeziehen. Selbst auf den ersten Blick eher fernliegende oder ungewohnte Finanzierungsformen können interessant und vom Risiko her überschaubar sein.

Finanzierung aus eigenen Mitteln

Ausgangspunkt jeder Finanzierungsüberlegung ist die Frage, ob man die Kosten des LL.M.-Studiums aus eigenen Mitteln decken kann. Diese Art der Finanzierung ist sicherlich die einfachste und erfordert am wenigsten Aufwand. Umfangreiche Bemühungen um Stipendien oder andere Drittmittel entfallen, und man kann sich voll auf seine Bewerbungen an den Universitäten konzentrieren.

TIPP: Selbst wenn eine Finanzierung aus eigenen Mitteln möglich ist, kann man sich zusätzlich um Stipendien bewerben. Die Aufnahme in ein Stipendienprogramm bedeutet nicht nur eine finanzielle, sondern auch eine ideelle Unterstützung bzw. die Einbindung in ein Netzwerk.

Für die überwiegende Zahl der LL.M.-Interessierten wird eine Finanzierung aus Eigenmitteln gar nicht oder nur begrenzt möglich sein. Vor allem im direkten Anschluss an das Studium ist es schwierig, aus eigener Kraft und ohne fremde Unterstützung eine entsprechende Summe aufzubringen. Doch auch für Studieninteressierte mit geringen finanziellen Ressourcen gibt es zwei Möglichkeiten, ein LL.M.-Studium weitgehend selbst zu finanzieren: Die erste ist, nach Abschluss des Studiums für ein bis zwei Jahre in einem Anstellungsverhältnis zu arbeiten und die für das Studium nötigen Beträge anzusparen. Diese Möglichkeit bietet sich allerdings eher für Personen an, die bereits die Zweite Juristische Staatsprüfung absolviert haben. Sie sammeln dabei relevante Berufserfahrung und können Gehälter erzielen, die das Ansparen größerer Beträge ermöglichen. Auch Absolvent:innen mit der Ersten

Juristischen Prüfung können selbstverständlich durch eine Tätigkeit in Kanzleien oder bei anderen Arbeitgebern Geld verdienen; allerdings verdient man dabei meist nicht genug, um in einem überschaubaren Zeitraum die für ein LL.M.-Studium erforderlichen Rücklagen zu bilden. Die zweite Alternative der (Eigen-)Finanzierung ist die finanzielle Unterstützung durch Eltern und Verwandte, also streng genommen eine Finanzierung über Dritte. Man muss für sich entscheiden, ob diese Variante für die Familie finanziell möglich ist. Nach einer langjährigen Ausbildung möchten viele Absolvent:innen finanziell von ihrer Familie unabhängig sein. Dies mag umgekehrt auch für die Familie gelten.

TIPP: Verwandte sind möglicherweise auch bereit, ein Darlehen zu gewähren. Der Vorteil: Meist werden sie dafür keine Zinsen nehmen und individuelle Bedingungen für die Rückzahlung akzeptieren. Werden für das Darlehen Zinsen vereinbart, kann man in bestimmten Fällen Steuervorteile geltend machen. Einzelheiten hierzu finden sich auf Seite 132.

Eine Finanzierungshilfe durch Verwandte schließt nicht aus, dass man sich anderweitig um Unterstützung bemüht, zum Beispiel wenn die Verwandten nur einen Teil des benötigten Betrags zur Verfügung stellen können.

Finanzierung aus Drittmitteln

Wer das Studium nicht aus Eigenmitteln bestreiten kann oder will, hat die Möglichkeit, es über Drittmittel zu finanzieren. Eine solche Finanzierung ist mit einem größeren Aufwand verbunden als die Finanzierung mit Eigenmitteln, da man hierfür Dritten gegenüber das Studienvorhaben rechtfertigen und bestimmte Dokumente vorlegen muss. Eine Finanzierung über Dritte ist für viele Interessierte eher ungewohnt, sie begegnen dieser Finanzierungsform daher häufig mit Zurückhaltung. Dennoch sollte man die Möglichkeit der Drittfinanzierung prüfen, da sie einige Vorteile, zum Beispiel steuerlicher Art, bietet. Bei einer Drittfinanzierung stehen einem verschiedene Möglichkeiten offen.

Finanzierung durch Stipendien

Eine attraktive Möglichkeit der Studienfinanzierung ist ein Stipendium. Stipendien werden von einer Vielzahl von Organisationen vergeben – allen voran vom Deutschen Akademischen Austauschdienst (DAAD). Um diese Form der Finanzierung sollte man sich frühzeitig bemühen, da man sich für viele Stipendien mehr als ein Jahr vor Beginn des Auslandsaufenthalts bewerben muss.

TIPP: Der DAAD bietet auf seiner Website eine Datenbank zu den eigenen Fördermöglichkeiten sowie zu denen von weiteren Organisationen zur Unterstützung von Studium, Forschung oder Lehre im Ausland. Ein Überblick über einige Stipendienmöglichkeiten findet sich in Kapitel 6 dieses Buchs.

In der Regel findet bei der Vergabe von Stipendien ein Auswahlverfahren statt, in dem bisherige Studienleistungen, die Begründung der Studienabsicht oder des wissenschaftlichen Vorhabens sowie Sprachkenntnisse berücksichtigt werden. Meist übersteigt die Zahl der Bewerber:innen die Zahl der zur Verfügung stehenden Stipendien um ein Vielfaches, sodass es nicht einfach ist, ein Stipendium zu erhalten. Zudem müssen Stipendienbewerber:innen mit einer erheblichen zeitlichen und organisatorischen Belastung rechnen. Es ist aufwändig, überzeugende Bewerbungsunterlagen inklusive einer ausführlichen Darstellung des Studienvorhabens zusammenzustellen. Dennoch lohnt sich diese Mühe in der Regel, da sich die erforderlichen Dokumente häufig auch für Bewerbungen an Universitäten nutzen lassen. Man muss sich zudem bei der Bewerbung nicht auf ein einziges Stipendium beschränken. Es steht jedem offen, sich bei mehreren Begabtenförderwerken zu bewerben. Trotz der hohen Hürden ist es keinesfalls unmöglich, ein Stipendium zu erlangen. Die Bewerbungen müssen allerdings besonders sorgfältig vorbereitet werden. Dem hohen Bewerbungsaufwand stehen jedoch einige materielle und ideelle Vorteile gegenüber. Der größte Vorteil ist sicherlich, dass man Stipendien als Zuschuss erhält und sie nicht zurückzahlen muss. Außerdem gehört man als Stipendiat:in bei vielen Begabtenförderwerken zu einem Stipendiat:innen-Netzwerk sowie ein Netzwerk für Alumnae und Alumni. Manchmal ist auch eine Teilnahme an speziellen Seminaren möglich.

Der finanzielle Umfang eines Stipendiums hängt von der Art des Stipendiums und vom Stipendiengeber ab. Vollstipendien decken in der Regel den Großteil der Reise- und allgemeinen Lebenshaltungskosten sowie die Studiengebühren ab. Daneben werden aber auch Teilstipendien oder Reisestipendien vergeben.

Für Absolvent:innen, die ein Aufbaustudium in Deutschland absolvieren wollen, besteht seit einigen Jahren die Möglichkeit, sich um ein Deutschlandstipendium zu bewerben. Studierende, deren Werdegang herausragende Leistungen in Studium und Beruf erwarten lässt, werden monatlich mit 300 Euro gefördert. Das Deutschlandstipendium wird einkommensunabhängig vergeben und nicht auf das BAföG angerechnet. Die Förderung wird durch die (teilnehmenden) Hochschulen eigenverantwortlich organisiert. Die Bewerbung erfolgt daher auch direkt bei der Hochschule, an der das Studium absolviert wird. Nähere Informationen gibt es unter www.deutschlandstipendium.de.

Fazit: Stipendien sind eine interessante Finanzierungsoption. Sie zu erlangen ist allerdings schwierig, und selbst im Erfolgsfall deckt ein Stipendium die Kosten oft nicht vollständig. Deswegen sollte man je nach Umfang des Stipendiums weitere Finanzierungsquellen erschließen.

Finanzierung durch den Arbeitgeber

Eine weitere Finanzierungsalternative – vor allem für berufstätige LL.M.-Interessierte – ist die Finanzierung des LL.M.-Studiums durch den Arbeitgeber. Viele Arbeitgeber stehen einer Unterstützung von Fortbildungsmaßnahmen grundsätzlich offen gegenüber. Die Beteiligung des Arbeitgebers an den Kosten für das Steuerberaterexamen ist bei großen Wirtschaftsprüfungsgesellschaften und Kanzleien nicht unüblich. Gleiches gilt für Fachanwaltslehrgänge. Für ein LL.M.-Studium ist die Übernahme von Studienkosten durch den Arbeitgeber allerdings eher die Ausnahme. Dies ergibt sich einerseits aus den zum Teil hohen Kosten, zum anderen absolvieren viele LL.M.-Student:innen ihr Studium im Ausland und müssten somit freigestellt werden, während die Vorbereitung auf das Steuerberaterexamen und Fachanwaltslehrgänge meist parallel zur beruflichen Tätigkeit absolviert werden können.

Insbesondere international ausgerichtete Top-Kanzleien dürften zumindest der Unterstützung von Teilzeitstudiengängen, die ähnlich wie die Vorbereitung auf das Steuerberaterexamen berufsbegleitend durchgeführt werden, offen gegenüberstehen. Wenn man sich Unterstützung erhofft, empfiehlt es sich, das Gespräch mit dem Arbeitgeber rechtzeitig zu suchen.

Wenn der Arbeitgeber in die Finanzierung eingebunden wird und die Kosten des Aufbaustudiums (anteilig) übernimmt, erwartet er, dass er nach Abschluss des Studiums von den gewonnenen Erkenntnissen profitieren kann und die Absolventin oder der Absolvent das Arbeitsverhältnis bei ihm fortsetzt. Der Arbeitgeber wird die Finanzierung des Studiums daher in der Regel von einer vorab getroffenen Rückzahlungsvereinbarung abhängig machen. In einer solchen Vereinbarung verpflichten sich die Angestellten dazu, die Ausbildungskosten ganz oder teilweise zu erstatten, falls das Arbeitsverhältnis vor Ablauf einer bestimmten Bindungsfrist endet.

Nach ständiger Rechtsprechung des Bundesarbeitsgerichts (BAG)[1] sind Verträge über die Rückzahlung der Ausbildungs- oder Fortbildungskosten im Falle einer vorzeitigen Beendigung des Arbeitsverhältnisses aufgrund eines aus der Sphäre der Angestellten stammenden Umstandes grundsätzlich zulässig. Nur ausnahmsweise können derartige Zahlungsverpflichtungen gegen den Grundsatz von Treu und Glauben verstoßen, wenn sie die Angestellten unverhältnismäßig in der arbeitsplatzbezogenen Berufswahlfreiheit beeinträchtigen. Hierbei sind die Dauer der Fortbildungsmaßnahme, die vom Arbeitgeber aufgewandten Kosten sowie die längerfristigen Vorteile der Angestellten auf dem Arbeitsmarkt zu berücksichtigen. Wie lange die Bindung konkret sein darf, ist im Einzelfall zu entscheiden. Im Regelfall kommt eine Bindung von mehr als drei Jahren (bis zu maximal fünf Jahren) nur bei Erwerb einer besonders hohen Qualifikation mit überdurchschnittlichen Vorteilen für die Angestellten in Betracht. Dies dürfte auf den Erwerb des LL.M.-Titels zutreffen. Der Rückzahlungsbetrag darf nur die tatsächlich angefallenen Fortbildungskosten und bei einer Freistellung von der Arbeit die eventuell fortgezahlte Vergütung umfassen. Nach Rechtsprechung des BAG ist der Rückzahlungsbetrag zeitanteilig im Verhältnis zur Bindungsdauer zu staffeln.

---

1   BAG, Urteil v. 18.03.2014, Az. 9 AZR 545/12, m.w.N.

TIPP: Bevor man das Gespräch mit dem Arbeitgeber sucht, sollte man sich darüber im Klaren sein, in welchem Umfang man ihn in die Finanzierung seines Studiums einbinden will. Sofern der Arbeitgeber nur einen Teil des Studiums finanziert, ist zu überlegen, welche Kosten (Studiengebühren, Lebensunterhalt etc.) er übernehmen soll.

Auch wenn der Arbeitgeber keine finanzielle Unterstützung leisten möchte, ist er möglicherweise bereit, den Arbeitsplatz weiterhin zu garantieren. Man muss in diesem Fall sein bestehendes Arbeitsverhältnis nicht kündigen, sondern einigt sich mit dem Arbeitgeber auf das Ruhen der Rechte und Pflichten für die Zeit des Studiums. Vorteil dieses Vorgehens ist, dass sich die Absolventin oder der Absolvent nach Abschluss des Studiums nicht um einen neuen Arbeitsplatz bemühen muss, sondern in sein gewohntes Arbeitsumfeld zurückkehren kann. Nach dem kostenintensiven Studium kann er oder sie somit ohne unsichere Neubewerbungsphase wieder Geld verdienen. Da der Arbeitgeber in diesem Fall keine finanziellen Verpflichtungen eingeht, besteht auch keine Bindungsfrist für die Angestellten. Es steht ihnen offen, sich jederzeit nach einem neuen Arbeitsplatz umzusehen. Der Nachteil des ruhenden Arbeitsverhältnisses liegt darin, dass zugelassene Rechtsanwältinnen und Rechtsanwälte entweder ihre Zulassung für die Zeit des Studiums zurückgeben oder Kosten wie Kammerbeiträge und Beiträge zum Versorgungswerk der Rechtsanwälte (Altersvorsorge) weiterhin bestreiten müssen. Dies sind erhebliche zusätzliche finanzielle Belastungen, die in die Finanzierungsüberlegungen einbezogen werden müssen.

Fazit: Die Finanzierung eines LL.M.-Studiums durch den Arbeitgeber will gut überlegt und verhandelt sein. Man sollte sich über die Konsequenzen einer langfristigen Bindung und die konkrete Ausgestaltung der Auszeit eingehend Gedanken machen.

Finanzierung durch Kredite

Staatlicher Bildungskredit
Eine weitere Möglichkeit der Fremdfinanzierung ist der sogenannte Bildungskredit. Erst seit einigen Jahren gibt es diese Möglichkeit der staatlichen Finanzierung von Aufbaustudiengängen. Ein Bildungskredit ist ein zinsgünstiges Darlehen, das nach den Förderbestimmungen des Bundesministeriums für Bildung und Forschung vergeben wird. Die Förderung erfolgt im Gegensatz zum BAföG unabhängig vom Vermögen und Einkommen der Studierenden und ihrer Eltern. Man muss keine Sicherheiten stellen, um das Darlehen zu erhalten. Studierende sind unter anderem berechtigt, den Kredit zu beziehen, wenn sie ein Zusatz-, Ergänzungs- oder Aufbaustudium wie zum Beispiel ein LL.M.-Studium durchführen und bereits über einen Abschluss in einem grundständigen Studiengang verfügen. Die Ausbildungsstätte muss im Bundesausbildungsförderungsgesetz anerkannt sein, eine ausländische Universität muss also einer deutschen Hochschule gleichwertig sein. Der Kredit wird maximal bis zur Vollendung des 36. Lebensjahrs (das heißt bis zum 36. Geburtstag) und grundsätzlich nur bis zum Ende des zwölften Studiensemesters/Hochschulsemesters gewährt. Zu beachten ist, dass ausschließlich Vollzeitstudiengänge (auch im Fernstudium) gefördert werden. Für ein Teilzeitstudium scheidet diese Finanzierungsalternative also von vornherein aus.

Auch wenn die genannten Vorgaben erfüllt sind, besteht kein Rechtsanspruch auf den Bildungskredit, da es sich – anders als beim BAföG – um ein Programm mit festem Budget handelt. Der zur Verfügung stehende Finanzrahmen wird jährlich vom Bundesministerium für Bildung und Forschung vorgegeben. Das Kreditvolumen beträgt zwischen 1.000 und 7.200 Euro und wird grundsätzlich in bis zu 24 Monatsraten von 100, 200 oder 300 Euro durch die KfW-Bankengruppe ausgezahlt und kann somit nur einen Teil der Studien- und Lebenshaltungskosten abdecken. Zur Finanzierung eines außergewöhnlichen Aufwands (z. B. Studiengebühren) kann ein Betrag von bis zu 3.600 Euro im Voraus gezahlt werden.

Auf die ausgezahlten Beträge fallen Zinsen an, die bis zum Beginn der Rückzahlung gestundet werden. Die Rückzahlung des Kredits beginnt in der Regel vier Jahre nach der Auszahlung der ersten Darlehensrate in monatlichen Raten von 120 Euro. Man kann den geliehenen Betrag aber auch vorab teilweise oder ganz – ohne zusätzliche Kosten – zurückzahlen.

Den Antrag sollte man frühestens sechs Wochen vor Studienbeginn online beim Bundesverwaltungsamt stellen. Die Bearbeitung dauert je nach Anzahl der Antragstellenden mehrere Wochen. Das Bundesverwaltungsamt erteilt bei Vorliegen der Förderungsvoraussetzungen einen Bewilligungsbescheid, der dazu berechtigt, einen Kreditvertrag mit der Kreditanstalt für Wiederaufbau (KfW) abzuschließen. Eine Bewilligung erfolgt erst, wenn man nachweisen kann, dass man das Studium tatsächlich angetreten hat. Ein Vertragsangebot der KfW erhalten die Interessierten direkt mit dem Bewilligungsbescheid. Damit der Förderungsbescheid wirksam bleibt, muss man das Vertragsangebot innerhalb eines Monats annehmen. Die Auszahlung erfolgt dann direkt durch die KfW.

Als ergänzende Finanzierungsmöglichkeit ist der Bildungskredit als Drittmittelquelle also insofern recht attraktiv, wenn die Verzinsung sehr niedrig ist und weil die Rückzahlungsmodalitäten auf die Lebensverhältnisse abgestimmt sind. Zudem steht diese Finanzierungsmöglichkeit allen Interessierten offen, da sie unabhängig vom eigenen Einkommen/Vermögen und dem der Eltern erfolgt. Da jedoch kein Rechtsanspruch auf den Kredit besteht und man den Antrag erst verhältnismäßig kurz vor Studienbeginn stellen kann, bleiben erhebliche Unsicherheiten. Man kann das Geld nicht sicher in seine Planung einbeziehen. Sofern man den Bildungskredit als Finanzierungsquelle in Betracht zieht, sollte man diese Nachteile im Auge behalten.

TIPP: Da es sich bei dem Bildungskredit um ein verzinsliches Darlehen handelt, kann man im Hinblick auf die Zinszahlungen Steuervorteile geltend machen. Einzelheiten hierzu folgen an späterer Stelle.

Fazit: Das Konzept des Bildungskredits ist derzeit nicht auf ein LL.M.-Studium zugeschnitten. Der Bildungskredit eignet sich vor allem als Ergänzungsfinanzierung.

Studienkredit

Neben dem staatlichen Bildungskredit kann man auch auf private Studienkredite zurückgreifen. In erster Linie ist hier der Studienkredit der KfW zu nennen, der über Studierendenwerke sowie ausgewählte Banken und Sparkassen ausgereicht wird. Mit dem KfW-Studienkredit können zwar auch Zweit-, Zusatz-, Ergänzungs- und Aufbaustudiengänge finanziert werden, allerdings nur, wenn die oder der Studierende in Deutschland weiterhin immatrikuliert ist. Vollständig im Ausland absolvierte Studiengänge kommen für die Förderung nicht infrage. Im Übrigen bieten nur noch wenige private Banken, Sparkassen und andere Finanzdienstleister Darlehen für Aufbaustudiengänge an. Ein Vorteil eines privaten Studienkredits gegenüber dem staatlichen Bildungskredit liegt in der Planungssicherheit. Einen Bankkredit kann man deutlich vor Beginn des Studiums aushandeln. Ist der Kreditvertrag einmal abgeschlossen, besteht ein Rechtsanspruch auf Auszahlung des Geldes. Bevor ein Darlehen bewilligt wird, muss man in der Regel einen Studienplan vorlegen, in dem man einen zeitlichen Überblick über die geplanten Studienziele gibt. Der Studienplan ist mit dem Businessplan bei Krediten für Existenzgründer:innen vergleichbar.

Nachteil dieser Finanzierungsform ist, dass hohe Zinsen und gegebenenfalls Bearbeitungsgebühren anfallen. Zudem beginnt die Rückzahlungspflicht meist früher als beim Bildungskredit. Nur wenn keine anderen Möglichkeiten zur Finanzierung zur Verfügung stehen, sollte man an einen solchen Studienkredit denken. Die Rückzahlung der Schulden ist in der Zeit nach dem Aufbaustudium eine große finanzielle Belastung. Absolviert man das LL.M.-Studium nach der Zweiten Juristischen Staatsprüfung, kann ein durch den LL.M.-Titel eventuell höheres Gehalt diese Belastung leichter kompensieren. Wird das LL.M.-Studium jedoch vor dem Referendariat absolviert, zögert sich die Rückzahlung bis zum Abschluss der Zweiten Juristischen Staatsprüfung bzw. bis zum Berufseinstieg hinaus, da das Referendariatsgehalt eine Tilgung des Kredits meist nicht erlaubt.

TIPP: Man sollte möglichst verschiedene Angebote von mehreren Darlehensanbietern einholen und die mit der Darlehensaufnahme verbundenen Kosten vergleichen. Es lohnt sich, nicht nur die Zinsen, sondern auch die anderen Konditionen der Kreditvergabe zu vergleichen, zum Beispiel den Umfang der geforderten Sicherheiten oder die Rückzahlungsmodalitäten. Auch hier können erhebliche Unterschiede bestehen. Einen guten Überblick bietet der CHE-Studienkredit-Test 2022 von Ulrich Müller; das Arbeitspapier (Stand Juni 2023) steht im Internet kostenlos zum Download bereit.[2]

Studien- und Bildungsfonds

Eine verhältnismäßig neue Form der Studienförderung sind Studien- und Bildungsfonds. Die Fonds finanzieren sich über private Geldgebende bzw. institutionelle Anleger:innen. Die Aufnahme in die Förderung erfolgt über einen Bewerbungsprozess. Es können Studiengebühren und Lebenshaltungskosten für das Studium im In- oder Ausland finanziert werden. Die Förderung beträgt in der Regel maximal 2.000 Euro pro Monat, insgesamt zwischen 30.000 und 70.000 Euro.

---

2 https://www.che.de/download/che-studienkredit-test-2023, abgerufen am 12.11.2023.

Im Gegensatz zu einem Studienkredit erfolgt die Rückzahlung der Studienförderung einkommensabhängig nach dem Berufseinstieg. Innerhalb einer vorab festgelegten Zeitspanne zahlen die geförderten Studierenden einen individuell berechneten, festen Prozentsatz ihres Bruttoeinkommens an den Fonds zurück. Es gibt keinen festen Zinssatz oder Tilgungsraten wie bei einem Darlehen. Vorteil dieser Art der Finanzierung ist, dass einerseits die Rückzahlung nach oben hin begrenzt ist und andererseits im Falle von andauernder Arbeitslosigkeit sich diese reduziert oder gegebenenfalls entfällt. Nachteil ist jedoch, dass ein Auswahlverfahren durchlaufen werden muss. Da die Fondsinitiator:innen darauf hoffen, dass die geförderten Studierenden sich nach Studienabschluss einträgliche Arbeitsplätze suchen, werden vornehmlich überdurchschnittlich leistungsorientierte, engagierte und motivierte Studierende gefördert.

Die Förderung über einen Fonds ist mit anderen Finanzierungsmöglichkeiten (z. B. BAföG, Bildungskredit, Stipendium) kombinierbar. Einen guten Überblick bietet auch hier der CHE-Studienkredit-Test 2023 von Ulrich Müller.

Finanzierung durch (Auslands-)BAföG?

Viele LL.M.-Interessierte kennen die Studienförderung nach dem Bundesausbildungsförderungsgesetz (BAföG). Eine solche Förderung ist grundsätzlich auch für Auslandsstudien möglich, aber nach § 7 Abs. 2 Nr. 2 BAföG für ein Aufbaustudium nur dann, wenn die Ausbildung für die Aufnahme des angestrebten Berufes rechtlich erforderlich ist. Die VwV BAföG, Ziff. 7.2.11, führt hierzu aus: „Erforderlich ist die weitere Ausbildung für Auszubildende, die nach dem von ihnen erreichten Ausbildungsstand den Zugang zu dem Beruf nur durch diese Ausbildung erreichen können. Nicht erforderlich ... ist eine weitere Ausbildung, wenn durch sie lediglich eine höhere Qualifikation im gleichen Ausbildungsberuf erreicht werden kann." Ziff. 7.2.12: „Die Zugangsbedingung zu dem angestrebten Beruf muss in einer Rechtsvorschrift (z. B. Gesetz, Rechtsverordnung) geregelt sein; Verwaltungsvorschriften oder eine Einstellungspraxis der Wirtschaft oder von Behörden begründen die rechtliche Erforderlichkeit nicht."

Der LL.M.-Titel ist jedoch in der Regel für Juristinnen und Juristen keine rechtliche Voraussetzung für die Berufszulassung. Nötig zur Berufszulassung sind in Deutschland zwei (Staats-)Examina, im Ausland besondere Prüfungen wie zum Beispiel das bereits erwähnte Bar Exam. Auch eine Förderung nach § 7 Abs. 2 Nr. 3 des BAföG ist nicht möglich. Deshalb ist ein LL.M.-Studium grundsätzlich nicht förderungswürdig im Sinne des BAföG. Anders ist die Situation, wenn man das LL.M.-Studium vor Abschluss der Ersten Juristischen Prüfung absolviert. Wenn die im LL.M.-Studium erbrachten Studienleistungen auf das Studium in Deutschland anrechenbar sind, kann das sogenannte Auslands-BAföG gewährt werden. Darüber hinaus ist es von der finanziellen Situation der Antragstellenden und der ihrer Familie abhängig, ob sie BAföG erhalten.

TIPP: Einzelheiten zur Förderungsfähigkeit des konkret ausgewählten LL.M.-Programms erfragen Interessierte am besten direkt beim Amt für Ausbildungsförderung beziehungsweise beim Studierendenwerk ihrer Universität.

Allgemeine Informationen zum BAföG gibt es unter www.bafög.de. Für Fragen steht auch die gebührenfreie Hotline bereit, die das Bundesministerium für Bildung und Forschung gemeinsam mit dem Deutschen Studierendenwerk unter der Nummer 0800 2236341 oder 0800 BAFOEG1 anbietet.

Fazit: Eine Förderung des LL.M.-Studiums über BAföG ist im Regelfall nicht möglich. Nur bei einem LL.M.-Studium vor der Ersten Juristischen Prüfung kann man eventuell eine Förderung in Anspruch nehmen.

(Teil-)Erlass von Studiengebühren

Ein weiterer Aspekt der Finanzierung eines Auslandsstudiums ist die Reduzierung der Kosten. Vor allem bei Universitäten in Nordamerika besteht die Möglichkeit, die Kosten für das Studium durch einen (Teil-)Erlass der Studiengebühren zu verringern.

Eine Möglichkeit, einen solchen (Teil-)Erlass zu erhalten, bietet die Teilnahme an einem Austauschprogramm der eigenen Universität in Deutschland. Alle deutschen Universitäten unterhalten Kooperationsprogramme oder Partnerschaften mit ausländischen Hochschulen. Im Rahmen solcher Kooperationsvereinbarungen sagen ausländische Universitäten (ehemaligen) Studierenden der deutschen Partneruniversität LL.M.-Studienplätze zu. Hinzu kommen nicht selten Zusagen für die Ermäßigung oder den Erlass von Studiengebühren. Die Voraussetzungen für die Teilnahme an einem solchen Austauschprogramm werden von den jeweiligen Universitäten individuell festgelegt. Nähere Informationen hierzu geben die Akademischen Auslandsämter der Hochschulen. Einen ersten Überblick über internationale Hochschulkooperationen bietet der Hochschulkompass unter www.hochschulkompass.de.

Besteht zwischen der Heimatuniversität und der ausländischen Wunschuniversität keine Kooperation, kann es sich insbesondere bei den Universitäten in Nordamerika lohnen, eine Ermäßigung oder einen Erlass der Studiengebühren anzustreben. Viele Universitäten verfügen über einen finanziellen Spielraum, der es ihnen erlaubt, die Studiengebühren anzupassen. Die Bezeichnungen für den (Teil-)Erlass variieren; neben dem selbsterklärenden „tuition waiver" wird er teilweise auch „scholarship" genannt. Exklusive Stipendien vergeben manche Universitäten im Rahmen des e-fellows.net LL.M. Day speziell an Teilnehmende des Informationstages.

Um einen Erlass der Gebühren zu erwirken, können sich Studierende, sobald sie die Zahlungsaufforderung für die Studiengebühren erhalten haben, an die „Financial Aid"-Büros der jeweiligen Universität wenden. Diese sind für Gebührenermäßigungen und -erlasse an den Hochschulen eingerichtet worden. Eine Anfrage bei der ausländischen Universität, ob es „scholarships" gibt, hilft häufig weiter.

Steuerliche Absetzbarkeit[3]

Neben den finanziellen Mitteln sollte man die steuerlichen Auswirkungen des Studiums bedenken. Die Kosten für das Studium können als Sonderausgaben, Betriebsausgaben oder Werbungskosten das zu versteuernde Einkommen und damit die Einkommensteuer verringern. Absolvent:innen können dadurch einen Teil ihrer Ausgaben durch verminderte Steuerzahlungen in den Folgejahren kompensieren. Faktisch ist die Investition in ein Aufbaustudium also eine Steuervorauszahlung. Auch wenn einem das Thema Steuern eher fernliegt, lohnt sich die Berücksichtigung steuerlicher Aspekte bei der Planung der Finanzen auf jeden Fall. Die steuerlichen Auswirkungen hängen im Einzelnen davon ab, ob das LL.M.-Studium vor oder nach einer Erstausbildung bzw. dem Ende des Erststudiums abgeschlossen wird. Da die steuerliche Geltendmachung ein sehr komplexes Thema ist, kann im Folgenden nur ein grober Überblick gegeben werden. Im Einzelfall ist es besser, Rat bei Steuerberater:innen oder Steuerjurist:innen einzuholen.

Nach der Ersten Juristischen Prüfung

Aufwendungen für ein LL.M.-Studium können steuermindernd geltend gemacht werden, wenn sie beruflich veranlasst sind und dem Studium eine abgeschlossene Berufsausbildung oder ein abgeschlossenes Erststudium vorausgegangen ist. Zudem muss es sich bei dem Zweitstudium um ein Zusatzstudium handeln, durch das die im Rahmen des Erststudiums erworbenen Kenntnisse ergänzt und vertieft werden und das nicht den Wechsel zu einem andersgearteten Beruf ermöglicht. Diese Voraussetzungen sind in der Regel bei einem LL.M.-Studium, das nach erfolgreichem Abschluss der Ersten Juristischen Prüfung absolviert wird, erfüllt.

Demnach können die Kosten für ein LL.M.-Studium nach Abschluss der Ersten Juristischen Prüfung unabhängig von der konkreten Art der (späteren) juristischen Tätigkeit steuermindernd geltend gemacht werden. Arbeitet man in einem Anstellungsverhältnis, setzt man die Kosten als sogenannte Werbungskosten bei den Einkünften aus nichtselbstständiger Tätigkeit ab. Wird man selbstständig tätig, zum Beispiel als niedergelassener Anwalt, macht man sie als Betriebsausgaben bei den Einkünften aus selbstständiger Tätigkeit geltend. Werbungskosten und Betriebsausgaben haben den gleichen steuerlichen Effekt. Im Folgenden werden aus Vereinfachungsgründen nur die Werbungskosten ausdrücklich genannt.

TIPP: Um die entstandenen Kosten steuermindernd geltend machen zu können, muss man alle Rechnungen und Belege aufbewahren, um sie auf Nachfrage beim Finanzamt vorlegen zu können. Spätestens beim Erhalt des Steuerbescheids (und der Einkommensteuererstattung) sieht man, dass sich die Mühe auszahlt.

---

3 Stand der Informationen: Oktober 2023.

Die für das LL.M.-Studium getätigten Aufwendungen können sich aber auch dann steuermindernd auswirken, wenn sie in einem Zeitraum anfallen, in dem man keine Einnahmen erzielt und damit keine Einkommensteuer gezahlt hat.

Die Aufwendungen werden in diesem Fall als sogenannte vorweggenommene Werbungskosten berücksichtigt und als Verlust vorgetragen. Dieser Verlust wird dann mit Einkünften in künftigen Jahren verrechnet. Voraussetzung hierfür ist, dass es einen konkreten Zusammenhang zwischen Studium und künftig beabsichtigter Tätigkeit gibt. Es spielt keine Rolle, dass zur Zeit des Studiums noch kein konkretes Arbeitsverhältnis besteht. Der Bundesfinanzhof hat in einem Urteil[4] zum Werbungskostenabzug für ein LL.M.-Studium ausgeführt, dass das Auslandsstudium der Vertiefung und Ergänzung des juristischen Wissens im internationalen Recht dient. Kenntnisse fremder Rechtsordnungen werden vielfach nicht nur in der Privatwirtschaft, sondern auch bei Tätigkeiten in Organisationen oder der Verwaltung verlangt. Nach dem erfolgreichen Abschluss verbessern sich die Chancen erheblich, den erstrebten Arbeitsplatz zu erhalten.[5] Für den Zeitraum seines LL.M.-Studiums sollte man daher auch dann eine Steuererklärung abgeben, wenn keine Einnahmen erzielt wurden.

TIPP: Wichtig für eine steuerliche Berücksichtigung ist, dass nach Abschluss des Studiums Einnahmen in Deutschland anfallen. Werden steuerpflichtige Einnahmen im Ausland erzielt, findet das deutsche Steuerrecht nicht zwangsläufig Anwendung. Unter Umständen können die Kosten jedoch auch im Ausland geltend gemacht werden. In derartigen Fällen sollte man unbedingt professionellen Rat einholen!

Abzugsfähige Kosten

Werbungskosten sind alle Aufwendungen zur Erwerbung, Sicherung und Erhaltung von Einnahmen. Werbungskosten von Arbeitnehmer:innen sind Ausgaben, die beruflich veranlasst sind, also in einem unmittelbaren Zusammenhang mit der beruflichen Tätigkeit stehen. Die in einem LL.M.-Studium erworbenen Kenntnisse werden von der Absolventin oder dem Absolventen nach erfolgreichem Studienabschluss im Berufsleben angewendet und stehen somit in unmittelbarem Zusammenhang mit der Erzielung von Einkünften entweder in einem Angestelltenverhältnis oder in selbstständiger Tätigkeit.

---

4 BFH, Urteil v. 22.07.2003, VI R 4/02, BFH/NV 2004, S. 32.

5 Dies gilt auch für ein MBA-Studium, BFH, Urteil v. 19.04.1996, Az. VI R 24/95; BFHE 180, S. 360.

Konsequenz dieser Rechtsprechung ist: Als Werbungskosten abziehbar sind sämtliche Erwerbsaufwendungen, die im Zusammenhang mit dem Studium stehen. Es sind im Einzelnen:

1. Kosten im Vorfeld
- Reisekosten zum Studienort und zurück
- Bewerbungskosten für die Bewerbung bei der Universität, wie Bearbeitungsgebühren, Kopier- und Druckkosten, Kosten für Bewerbungsmappen, Porto, Beglaubigungen, Übersetzungen, Sprachtest, ggf. Englischkurse zur Vorbereitung des Tests
- Bewerbungskosten für Stipendien, Kosten für die Beschaffung des Visums und damit verbundene Aufwendungen wie ärztliche Untersuchungen

2. Eigentliche Studienkosten
- Studiengebühren
- Aufwendungen für Arbeitsmittel wie Lehrbücher und Zeitschriften, Computer
- laufende Studienkosten wie Beiträge zu Studierendenvereinigungen, Druckkosten
- Fahrtkosten für die Wege zwischen Uni und Wohnung (in Höhe von 30 Cent pro Entfernungskilometer für die ersten 20 km und ab dem 21. km 35 Cent)

3. Kosten nach Studienabschluss
- Zinsen für ein Ausbildungs-/Studiendarlehen, auch wenn sie nach Abschluss der Berufsausbildung/des Studiums gezahlt werden; Aufwendungen zur Tilgung sind hingegen nicht abziehbar.

Auch die Kosten, die durch die Planung und Vorbereitung der Studienfinanzierung anfallen, kann man später steuerlich geltend machen.

Doppelte Haushaltsführung
Wer sein LL.M.-Studium im Ausland absolviert und seine Wohnung in Deutschland nicht aufgeben will, kann neben den oben genannten Kosten unter bestimmten Voraussetzungen auch Kosten für die Unterkunft am Studienort und die Lebenshaltungskosten steuermindernd geltend machen. Diese Aufwendungen werden im Steuerrecht unter dem Begriff „doppelte Haushaltsführung" zusammengefasst.

Bei einer doppelten Haushaltsführung unterhält man neben seiner Wohnung, in der man seinen Hausstand führt beziehungsweise in der die Familie lebt, aus beruflichen Gründen eine zweite Wohnung am Studienort. Auch Singles können Kosten für die doppelte Haushaltsführung geltend machen. Voraussetzung ist, dass man einen eigenen Hausstand sowohl am Studienort als auch am eigentlichen Wohnort, an dem sich weiterhin der Lebensmittelpunkt befindet, unterhält. Unterhalten bedeutet die Führung eines Haushalts mitzubestimmen.[6] Ein gewichtiges Indiz dafür ist die Kostentragung.[7] Für die Anerkennung der doppelten Haushaltsführung ist es erforderlich, dass mindestens 10 Prozent der monatlich anfallenden Kosten (z.B. Miete, Mietnebenkosten, Aufwendungen für Lebensmittel und andere Dinge des täglichen Bedarfs) getragen werden.

---

6   BFH, Beschluss v. 01.03.2017, Az. VI B 74/16, BFH/NV 2017, 903.

7   BFH, Urteil v. 14.06.2007, Az. VI R 60/05, BFH/NV 2007, 1996.

TIPP: Sofern man also seine Wohnung am Heimatort behält, gibt es die Möglichkeit, die Kosten für Unterkunft und Verpflegung am Studienort bis 1.000 Euro monatlich sowie notwendige Kosten für Einrichtungsgegenstände, Fahrtkosten und Umzugskosten steuerlich geltend zu machen. Diese Möglichkeit der Steuerminderung sollte jedoch nicht allein Anlass sein, die Wohnung im Heimatland beizubehalten. Denn trotz des Steuersparpotenzials ist die finanzielle Belastung bei zwei Wohnsitzen erheblich.

Um die Kosten steuerlich geltend machen zu können, muss am Hauptwohnort eine abgeschlossene Wohnung zur Verfügung stehen. Hierbei können die Wohnverhältnisse am Lebensmittelpunkt vergleichsweise einfach und beengt sein.[8] Auch wer an seinem Hauptwohnort bei dem oder der Lebenspartner:in unterkommt und sich dort an der gemeinsamen Haushaltsführung finanziell (mindestens zehn Prozent der monatlich anfallenden Kosten) beteiligt, kann die Ausgaben für den doppelten Haushalt am Studienort steuerlich geltend machen. Das „Kinderzimmer" bei den Eltern gilt jedoch in der Regel auch dann nicht als eigener Hausstand, wenn es entgeltlich überlassen wird. Als Zweitwohnung am Studienort gilt jede zur Übernachtung geeignete Unterkunft, zum Beispiel eine gemietete Wohnung oder ein möbliertes Zimmer. Absetzbar sind die tatsächlichen Ausgaben, Unterkunftskosten von bis zu 1.000 Euro pro Monat, dazu gehören Miete, Betriebskosten, Reinigungskosten, Zweitwohnungssteuer und Hausratversicherung.

Bis einschließlich 2007 konnten Studierende anstelle der tatsächlich angefallenen Kosten im Ausland auch (aus steuerlicher Sicht wesentlich günstigere) pauschale Auslandsübernachtungsgelder zugrunde legen. Diese Möglichkeit besteht seit 2008 nicht mehr. Es werden nur noch die tatsächlichen Kosten anerkannt.[9] Aber zumindest werden pauschale Verpflegungskosten für die ersten drei Monate nach Bezug der Zweitwohnung als Werbungskosten akzeptiert. Die Pauschalbeträge sind länderspezifisch, das heißt, sie variieren von Land zu Land. Die länderspezifischen Einzelheiten finden sich in dem BMF-Schreiben vom 03.12.2020 – IV C 5 – S 2353/19/10010:002 – 2020/1163533.

Arbeitszimmer

Die Aufwendungen für ein häusliches Arbeitszimmer können nur dann vollumfassend steuermindernd berücksichtigt werden, wenn das Arbeitszimmer den Mittelpunkt der gesamten beruflichen Betätigung bildet.

Wird das LL.M.-Studium berufsbegleitend und -ergänzend betrieben, steht in der Regel ein (Haupt-)Arbeitsplatz beim Arbeitgeber zur Verfügung. Wer demnach seinem Studium neben einer Vollzeitbeschäftigung im Betrieb des Arbeitgebers nachgeht, kann keine Kosten für sein Arbeitszimmer zum Abzug bringen.

Kandidat:innen, die neben dem Studium keiner beruflichen Tätigkeit nachgehen, deren einziger Betätigungsmittelpunkt das häusliche Arbeitszimmer ist und die keine doppelte Haushaltsführung geltend machen, sollten die anteilig auf das Arbeitszimmer entfallenden Kosten (z. B. anteilige Betriebsausgaben und Miete, Reinigungs-

---

8 BFH, Urteil v. 14.10.2004, Az. VI R 82/02, BStBl. 2005 II, S. 98.

9 R9.11 Abs. 8 LStR 2015.

kosten, Renovierungskosten, Tapete, Teppich, Gardinen etc.) steuermindernd geltend machen. Anstelle der tatsächlich angefallenen Kosten kann seit dem 1. Januar 2023 alternativ auch eine Pauschale in Höhe von 1.260 Euro abgezogen werden. Bei unterjähriger Nutzung des Arbeitszimmers können nur die zeitanteiligen Aufwendungen berücksichtigt werden.

Hierfür müssen die folgenden Voraussetzungen erfüllt sein:
- Das Arbeitszimmer muss ausschließlich oder nahezu ausschließlich (private Nutzung weniger als zehn Prozent) zu beruflichen Zwecken (also zum Studium) genutzt werden und auch dementsprechend eingerichtet sein.[10]
- Wohnung und Arbeitszimmer sind räumlich voneinander getrennt. Es ist ein separater Raum, der von der übrigen Wohnung durch eine Tür oder Wand abgetrennt ist, erforderlich. Ein Raumteiler, eine Arbeitsecke oder ein Durchgangszimmer genügen nicht.[11]
- Kandidat:innen und ihrer Familie verbleibt ein ausreichendes Raumangebot für die privaten Wohnbedürfnisse.

Fazit: Ein Arbeitszimmer steuerlich geltend zu machen, mindert die Kosten, allerdings nur bei einem Vollzeitstudium ohne gleichzeitige Berufstätigkeit.

Steht kein separates Arbeitszimmer zur Verfügung, können Studierende seit dem Jahr 2020 ggf. die sog. Homeoffice-Pauschale[12] für jeden Kalendertag, an dem sie ausschließlich zu Hause gelernt haben und nicht an der Hochschule oder in Bibliothek waren, geltend machen. Wird das Studium vom heimischen Schreibtisch aus und nicht im Hörsaal absolviert, können seit dem 1. Januar 2023 mit der Homeoffice-Pauschale pro Arbeitstag in den eigenen vier Wänden sechs Euro, höchstens 1.260 Euro im Jahr von der Steuer abgesetzt werden.[13]

Steuerliche Behandlung von Stipendien
Studierende, die ein Stipendium erhalten, können Kosten im Zusammenhang mit dem Studium gar nicht oder nur begrenzt steuermindernd geltend machen – das ist abhängig vom Umfang des Stipendiums. Der Hintergrund: Stipendien sind in der Regel einkommensteuerfrei, wenn sie aus öffentlichen Mitteln oder von einer öffentlichen Stiftung gezahlt werden und zum Zweck der Förderung der Erziehung, Ausbildung oder Wissenschaft gewährt werden.[14] Diese Voraussetzungen dürften bei Stipendien des DAAD und den meisten anderen deutschen Stiftungen vorliegen.[15] Werbungskosten können jedoch nur von steuerpflichtigem Einkommen abgezogen werden und

---

10 BFH, Beschluss vom 27.07.2015, Az: GrS 1/14, DStR 2016, 210.

11 BFH, Beschluss vom 27.07.2015, Az: GrS 1/14, DStR 2016, 210.

12 § 4 Abs. 5 Nr. 6b Satz 4 EStG

13 Bis zum Jahr 2022 betrug der Tagessatz für die Homeoffice-Pauschale noch 5 Euro und die Pauschale war auf 600 Euro pro Jahr begrenzt.

14 § 3 Nr. 44 EStG.

15 Das gleiche gilt für Beihilfen, die aufgrund des Fulbright-Abkommens gezahlt werden, § 3 Nr. 42 EStG.

auch nur dann, wenn derjenige, der sie geltend macht, tatsächlich finanziell belastet ist. Wenn Werbungskosten in unmittelbarem wirtschaftlichem Zusammenhang mit den Einnahmen aus dem steuerfreien Stipendium stehen, können diese nicht steuermindernd geltend gemacht werden.[16] Sofern die Aufwendungen durch die Zahlung des Stipendiums erstattet werden, entfällt der Werbungskostenabzug.

Ein Beispiel: Studiengebühren sind bei einer Übernahme durch Stipendiengeber nicht absetzbar. Die von Stipendiengebern gewährten Mittel sind dabei nach ihrem Zweck zu beurteilen. Es ist zwischen Büchergeld, Reisezuschüssen, Studiengebühren und Lebenshaltungskosten zu unterscheiden.

TIPP: Kosten, die über das gewährte Stipendium hinaus anfallen, kann man weiterhin als Werbungskosten absetzen. Auch wer ein Stipendium erhält, sollte steuerliche Aspekte weiter im Blick behalten, um die finanzielle Belastung zu senken.

Vor der Ersten Juristischen Prüfung

Wird das LL.M.-Studium im Ausland absolviert und vor der Ersten Juristischen Prüfung abgeschlossen, und ist dem Studium keine andere abgeschlossene Ausbildung (nichtakademische Berufsausbildung, berufsqualifizierendes Studium) vorausgegangen, handelt es sich um ein im Ausland abgeschlossenes Erststudium.[17] Die hierfür entstandenen Kosten sind nach der Gesetzeslage gem. § 4 Abs. 9 EStG bzw. § 9 Abs. 6 EStG nicht als Betriebsausgaben bzw. Werbungskosten abziehbar. Die Kosten für ein Erststudium werden von der Finanzverwaltung daher derzeit nur als Ausbildungskosten i.S.d. § 10 Abs. 1 Nr. 7 S. 1 EStG anerkannt und sind damit nur begrenzt als Sonderausgaben abziehbar (maximal 6.000 Euro jährlich einschließlich auswärtiger Unterbringung). Als Sonderausgaben können die bereits oben als Werbungskosten aufgezählten, direkt im Zusammenhang mit dem Studium anfallenden Aufwendungen berücksichtigt werden. Eine weitere Beschränkung der steuerlichen Geltendmachung liegt darin, dass die Ausbildungskosten nur dann als Sonderausgaben angerechnet werden können, wenn die Absolvent:innen im gleichen Jahr eigene Einkünfte erzielen. Ohne eigene Einkünfte ist eine steuerliche Berücksichtigung nicht möglich. Da die meisten Studierenden vor Abschluss der Ersten Juristischen Prüfung über keine oder nur geringe Einkünfte verfügen, sind in diesem Fall nur sehr geringe oder gar keine steuerlichen Vorteile zu erzielen.

Fazit: Die Kosten für ein LL.M.-Studium vor der Ersten Juristischen Prüfung und ohne vorhergehende abgeschlossene Ausbildung können nur in sehr begrenztem Umfang steuerlich geltend gemacht werden.

---

16 § 3c Abs. 1 EStG.

17 BFH, Urteil v. 18.06.2009, Az. VI R 14/07, BFHE 225,393; BMF-Schreiben vom 22.09.2010, IV C 4 – S 2227/07/10002.

Geltendmachung der entstandenen Kosten

Wer Steuervergünstigungen in Anspruch nehmen will, muss seine Steuererklärungen sehr sorgfältig ausfüllen. Die entstandenen Werbungskosten werden in den Anlagen N (beim Studium im Inland) bzw. N-AUS (beim Studium im Ausland) der Einkommensteuererklärung für das Jahr eingetragen, in dem die Kosten tatsächlich angefallen sind. Zusätzlich muss man die Belege aufbewahren und ggf. nach Aufforderung dem Finanzamt vorlegen. Abhängig davon, ob bereits Einkünfte erzielt wurden, wird die Einkommensteuer im gleichen Jahr gemindert oder die entstandenen Kosten werden als Verlust festgestellt, der mit den Einkünften in einem künftigen Jahr verrechnet wird.

Sofern man im Jahr des Studienantritts Einkünfte erzielt hat, mindern die Werbungskosten diese Einkünfte und damit die Einkommensteuer. Bereits gezahlte Lohnsteuer (bei Angestellten) oder Einkommensteuervorauszahlungen (bei Selbstständigen) werden erstattet. Übersteigen die Werbungskosten die gesamten Einkünfte des entsprechenden Jahres, wird zusätzlich ein Verlust in Höhe des übersteigenden Betrags festgestellt. Dieser Verlust wird mit Einkünften des dem Verlustjahr vorangegangenen Jahres verrechnet, und die in jenem Jahr gezahlten Steuern werden erstattet. Wurden im Jahr des Studienantritts und davor keine Einkünfte erzielt, werden die entstandenen Kosten als Verlust festgestellt und in darauffolgenden Jahren mit Einkünften verrechnet, bis der Verlust aufgebraucht ist.

Die Steuererklärung muss spätestens vier Jahre nach Ablauf des jeweiligen Kalenderjahres abgegeben werden. Die Einkommensteuererklärung für das Jahr 2023 beispielsweise muss also bis spätestens 31. Dezember 2027 beim Finanzamt eingegangen sein.

TIPP: Diese Frist kann nicht verlängert werden.[18] Dennoch besteht bei unverschuldeter Fristversäumnis ausnahmsweise die Möglichkeit, einen Antrag auf „Wiedereinsetzung in den vorigen Stand" nach § 110 AO zu stellen, beispielsweise wegen überlanger Postlaufzeiten.

Weitere steuerliche Gestaltungsmöglichkeiten

Verlustvortrag auf der elektronischen Lohnsteuerkarte

Eine erste Möglichkeit bietet die Berücksichtigung bei den elektronischen Lohnsteuerabzugsmerkmalen (ELStAM). Hat man vor dem Studienantritt keine Einkünfte erzielt und wird ein verbleibender Verlustvortrag festgestellt, kann der Verlust bei den ELStAM des darauffolgenden Jahres beantragt werden. Bei der Berechnung der monatlichen Lohnsteuerabzüge berücksichtigt der Arbeitgeber dann den Verlust aus dem Vorjahr und behält entsprechend geringere Abzugsbeträge ein. Durch die Eintragung entsteht ein Liquiditäts- bzw. Zinsvorteil. Den Antrag auf Lohnsteuerermäßigung stellt man bei dem Finanzamt, in dessen Bezirk man zum Zeitpunkt der Antragstellung wohnt. Den nötigen Vordruck gibt es im Internet oder direkt beim Finanzamt.

---

18 BFH, Urteil v. 03.06.1986, Az. IX R 121/83, BStBl II 1987, S. 421.

Die Antragstellung kann vom 1. Oktober des Verlustjahres bis zum 30. November des Folgejahres gestellt werden. Der Freibetrag wird grundsätzlich mit Wirkung vom Beginn des auf die Antragstellung folgenden Monats bei den ELStAM berücksichtigt. Wird der Antrag jedoch im Januar gestellt, so erfolgt die Eintragung mit Wirkung ab 1. Januar des jeweiligen Jahres. Wird kein Eintrag bei den ELStAM vorgenommen, wird die Einkommensteuer nach Einreichung der Einkommensteuererklärung erstattet.

Verrechnung mit vorherigen Einkünften
Eine zweite Möglichkeit der steuerlichen Gestaltung ist die Verteilung der Studienkosten auf zwei Kalenderjahre. Hat man bereits vor der Aufnahme des Studiums steuerpflichtige Einkünfte erzielt, während des Studiums dagegen keine, lassen sich durch die Verteilung der Kosten auf zwei Kalenderjahre die besten steuerlichen Effekte erzielen, wenn das Studium Mitte des Jahres eins aufgenommen und Mitte des Jahres zwei abgeschlossen wird.

Werden also beispielsweise die Studiengebühren pro Semester bezahlt (also ein Teil im Jahr eins und ein Teil im Jahr zwei), lassen sich die Werbungskosten auf zwei Jahre verteilen. So fällt eine Hälfte der Werbungskosten im Jahr eins und die andere im Jahr zwei an. Der Vorteil dieser Kostenverteilung liegt in der besseren Nutzung des Grundfreibetrags. Dies hat folgenden Hintergrund: Jeder Steuerpflichtige hat einen sogenannten Grundfreibetrag, der der Absicherung des Existenzminimums dient. Das zu versteuernde Einkommen ist bis zum Grundfreibetrag (für Ledige 2023: 10.908 Euro) einkommensteuerfrei. Überschreitet das zu versteuernde Einkommen den Grundfreibetrag, zahlt man Einkommensteuer auf den Betrag, der über dem Freibetrag liegt. Mindern die Werbungskosten das zu versteuernde Einkommen auf einen Betrag, der unter dem Grundfreibetrag liegt, bleibt das Einkommen des entsprechenden Jahres steuerfrei. Hierbei ist es steuerlich unwesentlich, ob der Grundfreibetrag nur um wenige Euro oder um einen großen Betrag unterschritten wird. Die geltend gemachten Werbungskosten sind „verloren".

Dies soll an folgendem vereinfachten Beispiel verdeutlicht werden: Kandidatin A und Kandidat B sind angestellt als Rechtsanwältin und Rechtsanwalt mit einem Jahreseinkommen von jeweils 40.000 Euro. Beide entschließen sich dazu, ein LL.M.-Studium zu absolvieren, das Gesamtkosten von jeweils 26.000 Euro mit sich bringt. Kandidatin A beginnt ihr Studium am 1. Juli des Jahres eins und schließt es am 30. Juni des Jahres zwei ab. Vom 1. Januar bis zum 30. Juni des Jahres eins und anschließend wieder ab dem 1. Juli des Jahres zwei erzielt sie Einkünfte als angestellte Anwältin. Kandidat B nimmt sein Studium bereits am 1. Januar des Jahres eins auf und schließt es am 31. Dezember des gleichen Jahres ab. Ist man beim Studienbeginn flexibel, so kann man mit der Verteilung der Werbungskosten auf zwei Jahre zusätzlich Steuern sparen, wie die folgende vereinfachte Beispielrechnung zeigt.

Kandidatin A

Jahr eins	Einkünfte	20.000 Euro
	Werbungskosten	13.000 Euro
	zu versteuerndes Einkommen (< 10.908 Euro, Grundfreibetrag)	7.000 Euro
	zu zahlende Einkommensteuer	0 Euro
Jahr zwei	Einkünfte	20.000 Euro
	Werbungskosten	13.000 Euro
	zu versteuerndes Einkommen (< 10.908 Euro, Grundfreibetrag)	7.000 Euro
	zu zahlende Einkommensteuer	0 Euro
	Einkommensteuer in den Jahren eins und zwei	**0 Euro**

Kandidat B

Jahr eins	Einkünfte	0 Euro
	Werbungskosten	26.000 Euro
	zu versteuerndes Einkommen (< 10.908 Euro, Grundfreibetrag)	0 Euro
	zu zahlende Einkommensteuer	0 Euro
	Verlustvortrag im Jahr eins	**26.000 Euro**
Jahr zwei	Einkünfte	40.000 Euro
	Verlustvortrag	26.000 Euro
	zu versteuerndes Einkommen (< 10.908 Euro, Grundfreibetrag)	14.000 Euro
	zu zahlende Einkommensteuer	1.600 Euro
	Einkommensteuer in den Jahren eins und zwei	**1.600 Euro**

Beispiele zur steuerlichen Geltendmachung von Werbungskosten im Studium

Darlehensverträge mit Angehörigen

Studierende, die ihr Studium mit einem Darlehen (teil-)finanzieren, können die Zinszahlungen als Werbungskosten steuermindernd geltend machen. Das trifft auch auf verzinsliche Darlehen zu, die man von Verwandten erhält. Allerdings muss man zwei Punkte beachten: Zum einen sollte man zu Dokumentationszwecken stets einen schriftlichen Darlehensvertrag abschließen. Zum anderen müssen die vertragliche Gestaltung und die tatsächliche Durchführung einem Fremdvergleich standhalten. Wichtig ist vor allem, dass der Darlehensvertrag zu Beginn des Vertragsverhältnisses geschlossen wird und übliche Vereinbarungen, vor allem über die Höhe der Darlehenssumme, die Laufzeit des Darlehens mit Rückzahlungsmodalitäten und die Verzinsung des geliehenen Kapitals, dessen Rückzahlung und Besicherung sowie die Kündigungsmöglichkeiten beider Parteien enthält. Ob im Einzelfall ein Vertrag zwischen Angehörigen anzuerkennen ist, richtet sich nach Auffassung des BFH[19] nach der Gesamtheit der objektiven Gegebenheiten und ist aufgrund einer Gesamtwürdigung aller Umstände des Einzelfalls zu entscheiden.

---

19 BFH, Beschluss v. 18.11.1998, Az. VIII B 27/98, BFH/NV 1999, S. 613.

Insbesondere schließt nicht jede geringfügige Abweichung vom Üblichen die steuerliche Anerkennung des Vertragsverhältnisses aus. Je mehr die Umstände auf eine private Veranlassung hindeuten, desto strengere Anforderungen sind jedoch an den Fremdvergleich zu stellen. Ist das Darlehen verzinslich ausgestaltet, unterliegen die von dem Angehörigen eingenommenen Zinsen der Einkommensteuer. Hinsichtlich der tatsächlichen Durchführung ist zu beachten, dass die Zinsen zu den Fälligkeitszeitpunkten entrichtet werden.

Achtung: Wurde ein Darlehensvertrag mit einem Drittanbietenden abgeschlossen und werden die dadurch entstehenden Kosten nicht von der oder dem Studierenden selbst, sondern von den Eltern (als Geschenk) getragen, ist ein Werbungskostenabzug weder für die Studierenden noch für die Eltern möglich: Der oder dem Studierenden sind die Aufwendungen nicht entstanden, und sie belasten ihn oder sie daher nicht; für die Angehörigen sind die Aufwendungen nicht im Rahmen ihrer eigenen Einkünfteerzielung entstanden und daher ebenfalls nicht berücksichtigungsfähig.

Zusammenfassung

Parallel zur Bewerbung sollte auch die Finanzierung des Studienvorhabens geplant und vorbereitet werden. Es gibt eine Vielzahl von Finanzierungsmöglichkeiten, entweder aus Eigenmitteln oder aus Drittmitteln. Hierbei ist zu beachten, dass die Finanzierung aus Drittmitteln in der Regel mit einem größerem Aufwand verbunden ist, weil man Dritten (z. B. Stipendiengebern, Darlehensgeber:innen) gegenüber das Studienvorhaben rechtfertigen muss. Unterlagen aus dem Bewerbungsprozess bei den Universitäten können jedoch hier teilweise eine Zweitverwendung finden.

Nicht zu unterschätzen ist der steuerliche Effekt eines LL.M-Studiums, der sich daraus ergibt, dass man die Kosten für das Studienvorhaben steuermindernd geltend machen kann. Mit geschickter zeitlicher Planung kann sich ein Steuervorteil von mehreren tausend Euro ergeben.

6. Stipendienmöglichkeiten für LL.M.-Studierende

136	Stipendienangebote für das LL.M.-Studium
136	Informationen im Internet
137	Stipendienprogramme von Staat und Stiftungen
137	Förderprogramme der Fulbright-Kommission
139	Förderprogramm des DAAD
140	Stipendienprogramme der Studienstiftung des deutschen Volkes
141	Baden-Württemberg-STIPENDIUM für Studierende
141	Studienstipendien des Kölner Gymnasial- und Stiftungsfonds
142	Stipendien der Ranke-Heinemann Studienstiftung
143	Stipendien von Kanzleien
143	One Step AHEAD – das LL.M.-Stipendium von Gleiss Lutz
143	Walter und Michael Oppenhoff Stipendium von Oppenhoff & Partner
144	e-fellows.net – das Karrierenetzwerk
145	e-fellows.net – das Online-Stipendium

Stipendienangebote für das LL.M.-Studium

Die folgenden Seiten informieren über Stipendienangebote von staatlichen Institutionen, Stiftungen und Kanzleien. Hinweise zu Stipendien finden sich darüber hinaus meist auch auf den Websites der Law Schools selbst.

Informationen im Internet

Begabtenförderung	www.bmbf.de
British Council	www.britishcouncil.de www.britishcouncil.org
Bundesverband Deutscher Stiftungen	www.stiftungen.org
DAAD	www.daad.de
Deutscher Bildungsserver	www.bildungsserver.de
e-fellows.net-Stipendien-Datenbank	www.stipendiendatenbank.de
ELFI Servicestelle für ELektronische ForschungsförderInformationen	www.elfi.ruhr-uni-bochum.de Die Recherche in der ELFI-Datenbank ist kostenpflichtig; ein Überblick über Fördermöglichkeiten für Studierende ist kostenfrei.
Stifterverband für die Deutsche Wissenschaft	www.stifterverband.org
Stipendienübersicht	www.studieren.de
Studienstiftung des deutschen Volkes	www.studienstiftung.de

Stipendienprogramme von Staat und Stiftungen

Förderprogramme der Fulbright-Kommission

Stipendien zu Studien- und Forschungszwecken
- **Förderung:** Die Fulbright-Kommission vergibt Studienstipendien zur Vertiefung und Ergänzung des Studiums an einer amerikanischen Hochschule und zur Begegnung mit den USA. Die Stipendien sind bestimmt für deutsche Studierende/Graduierte, die als Jahresstipendiat:innen ein neunmonatiges bzw. als Semesterstipendiat:innen ein mindestens viermonatiges Vollzeit-Studium im Bereich der „Graduate Studies" an der amerikanischen Gasthochschule absolvieren. Zusätzlich können Stipendien für deutsche Doktorand:innen bereitgestellt werden, wenn diese als „Visiting Student Researchers" ein vier- bis sechsmonatiges Forschungsvorhaben im direkten Zusammenhang mit einer in der Anfangsphase stehenden Promotion an einer U.S.-Gasthochschule durchführen.
- **Förderhöhe/Leistungen:** 1. Die Förderung für die Studienstipendien bezieht sich auf die (anteilige) Finanzierung der Lebenshaltungskosten und Studiengebühren an der Gasthochschule. Dafür werden bis zu 3.833 US-Dollar pro Studienmonat bereitgestellt. Gegebenenfalls ist eine zusätzliche finanzielle Eigenleistung der Stipendiat:innen erforderlich. Die Stipendienleistungen schließen außerdem ein: transatlantische Reisekosten, Nebenkostenpauschale, Kranken-/Unfallversicherung, Teilnahme an einer Vorbereitungstagung, Teilnahme an Fulbright Cultural Enrichment Seminars in den USA.
2. Die Stipendien für Doktorand:innen tragen für die Dauer des Forschungsaufenthalts mit der Zahlung einer monatlichen Pauschale von 1.700 Euro zur Finanzierung der Unterhaltskosten vor Ort bei. Außerdem beinhaltet das Stipendium: Kranken-/Unfallversicherung, in Einzelfällen die Teilnahme an Fulbright Cultural Enrichment Seminars in den USA. Eine Einschreibung der Stipendiatinnen und Stipendiaten in Studienkurse an der Gasthochschule ist im Stipendienprogramm für Doktorand:innen ausdrücklich nicht vorgesehen.
- **Bewerbungsvoraussetzungen:** Kernvoraussetzung in allen Programmen ist die deutsche Staatsangehörigkeit. Bewerber:innen, die die deutsch-amerikanische Doppelstaatsangehörigkeit besitzen, können wegen der visatechnischen Voraussetzungen zur Programmteilnahme nicht für die Förderung berücksichtigt werden. Außerdem: eine gute bis sehr gute fachliche Qualifikation, nachzuweisen durch entsprechende Studienleistungen, Abschlusszeugnisse, zwei Gutachten, sowie gute englische Sprachkenntnisse, nachzuweisen durch den TOEFL.
1. Für die Studienstipendien ist zum Zeitpunkt des Stipendienantritts ein abgeschlossenes Bachelor-Studium (bzw. ein sechssemestriges Fachstudium in den traditionellen Studiengängen) erforderlich. Hochschulabsolvent:innen können sich für die Studienstipendien bewerben, wenn zum Zeitpunkt der Stipendienbewerbung der Hochschulabschluss (Bachelor-Examen bzw. in den Rechtswissenschaften das Erste Juristische Staatsexamen) nicht vor dem 1. April des Vorjahres erlangt wurde. Bewerber:innen aus den Rechtswissenschaften: Das Erste Staatsexamen muss zum Zeitpunkt der Bewerbungsfrist bereits vorliegen (mit mindestens „vollbefriedigend").
2. Bewerber:innen für Doktorand:innenstipendien weisen zusätzlich die Einschreibung im Promotionsstudium sowie die Einladung der U.S.-Gasthochschule und Aufnahme als „Visiting Student Researcher" nach.

- **Bewerbung:** 1. Die Ausschreibung der Jahres- und Semesterstipendien erfolgt jährlich in der Zeit von Anfang April bis Anfang September über das Akademische Auslandsamt der Hochschulen.
2. Die Stipendien für Doktorand:innen werden ganzjährig ausgeschrieben und bieten zwei Bewerbungszyklen mit Bewerbungsfristen jeweils am 1. Juni und 1. November. Die Bewerbung zum 1. Juni gilt für einen Aufenthaltsbeginn in den USA zwischen dem 1. Januar und 30. Juni des folgenden Jahres. Die Ausschreibung beginnt im April, ab diesem Zeitpunkt ist das aktuelle Bewerbungsformular hinterlegt. Für einen Aufenthaltsbeginn in den USA zwischen dem 1. August und 31. Dezember des folgenden Jahres gilt die Frist zum 1. November. Die Ausschreibung dafür beginnt im September.

Reisestipendium für USA-Aufenthalte
- **Förderung:** Gefördert werden deutsche Studierende, die ihren Aufenthalt in den USA über Austauschvereinbarungen ihrer deutschen Hochschule (teil-)finanzieren.
- **Förderhöhe/Leistungen:** Übernahme der transatlantische Reisekosten mit einer Pauschale in Höhe von 2.000 Euro, Vorbereitungstagung, Aufnahme ins Netzwerk von Fulbright Germany.
- **Bewerbungsvoraussetzungen:** deutsche Staatsangehörigkeit. Bewerber, die die deutsch-amerikanische Doppelstaatsangehörigkeit besitzen, können wegen der visatechnischen Voraussetzungen zur Programmteilnahme nicht für die Förderung berücksichtigt werden. Außerdem: gute bis sehr gute fachliche Qualifikation, nachzuweisen durch entsprechende Studienleistungen, Abschlusszeugnisse und zwei Gutachten; gute englische Sprachkenntnisse. Bachelor-Studierende müssen zum Zeitpunkt der Studienaufnahme in den USA mindestens vier abgeschlossene Fachsemester vorweisen; Master-Studierende schließen ihr Studium in Deutschland nach Ende des USA-Aufenthalts ab. Auch Studierende, die das Juristische Staatsexamen anstreben, können sich um die Förderung bewerben.
- **Bewerbung:** Die Ausschreibung der Reisestipendien erfolgt jährlich von November bis Ende Januar. Während der Stipendienausschreibung sind aktuelle Bewerbungsrichtlinien und -formulare auf der Fulbright-Website hinterlegt.

Weitere Informationen zu den Fulbright-Förderprogrammen
- **Kontakt:** germanprograms@fulbright.de
- **Website:** www.fulbright.de

Förderprogramm des DAAD

Stipendien für ein LL.M. (Master of Laws) Aufbaustudium
- **Förderung:** Förderung von graduierten Jurist:innen an einer ausländischen Hochschule (weltweit) zum Erwerb des akademischen Grads LL.M. (Master of Laws)
- **Förderhöhe:** Die Stipendienhöhe richtet sich nach den Richtlinien des DAAD.
- **Bewerbungsvoraussetzungen:** Es gelten die Bewerbungsvoraussetzungen des DAAD für Graduierte. Zusätzlich gelten folgende Bedingungen: Zum Bewerbungstermin sollte bereits die Zulassung der Gasthochschule nachgewiesen werden; diese muss dem DAAD spätestens zum Antritt des Stipendiums vorgelegt werden. Für Bewerber:innen mit Erster Juristischer Prüfung: Zum Bewerbungstermin muss die Erste Juristische Prüfung mit mindestens „vollbefriedigend" nachgewiesen werden. Für Absolvent:innen eines rechtswissenschaftlichen Bachelor- oder Master-Studiengangs: Zum Bewerbungstermin muss dem DAAD das Bachelor-Abschlusszeugnis vorliegen. Ebenso muss dem DAAD zum Bewerbungstermin eine schriftliche Bestätigung des Prüfungsamts der Hochschule über die Notenverteilung in den juristischen Bachelor- und Masterstudiengängen der Hochschule sowie die Bestätigung, dass die Bewerberin oder der Bewerber zu den 20 Prozent der besten Absolvent:innen des rechtswissenschaftlichen Studiengangs zählt, vorliegen. Der Hochschulabschluss bzw. das Examen sollte zum Zeitpunkt der Bewerbung nicht länger als fünf Jahre zurückliegen. Liegen bereits Bachelor- und Masterabschluss vor, ist auf den Zeitpunkt des Erwerbs des Masterabschlusses abzustellen. Liegt bereits das Zweite Juristische Staatsexamen vor, ist auf den Zeitpunkt des Erwerbs der Ersten Juristischen Staatsprüfung abzustellen.
- **Bewerbungsverfahren:** Online-Bewerbung über das DAAD-Portal
- **Bewerbungstermin:** In der Programmausschreibung sind die Bewerbungstermine aufgeführt.

Weitere Informationen zu den DAAD-Förderprogrammen
- **Detaillierte Informationen zu den einzelnen Förderungsmöglichkeiten:** www.auslands-stipendien.de
- **Kontakt:** Deutscher Akademischer Austauschdienst (DAAD), +49 228 882-0, postmaster@daad.de
- **Website:** www.daad.de

Stipendienprogramme der Studienstiftung des deutschen Volkes

ERP-Stipendienprogramm
- **Förderung:** Das Programm fördert Postgraduierte für ein- bis zweijährige Studien- oder Forschungsaufenthalte an amerikanischen Spitzenuniversitäten (ein- oder zweijähriger Master, erstes oder erstes und zweites Ph.D.-Kursjahr, Forschungsjahr). Bei zweijährigen Studienaufenthalten zum Erwerb eines Masterabschlusses wird erwartet, dass zwischen dem ersten und zweiten Studienjahr ein Praktikum im öffentlichen Sektor von zwei- bis dreimonatiger Dauer absolviert wird. Bei einjährigen Vorhaben gilt, dass das Praktikum im Anschluss an den Studien- oder Forschungsaufenthalt im öffentlichen Sektor absolviert werden sollte.
- **Förderhöhe/Leistungen:** Aufnahme in die Studienstiftung, monatliches Stipendium (1.900 US-Dollar), Zuschuss zu den Studiengebühren (maximal 25.000 US-Dollar pro Studienjahr), einmalige Reisekostenpauschale (1.000 US-Dollar), einmaliges Startgeld (500 US-Dollar)
- **Bewerbungsvoraussetzungen:** exzellenter Studienabschluss, bei Jurist:innen mindestens „vollbefriedigend"; mindestens Bachelor-Abschluss zum Bewerbungsschluss; letzter Hochschulabschluss darf nicht länger als fünf Jahre zurückliegen.
- **Bewerbungsschluss:** Die aktuellen Bewerbungstermine sind in der Stipendienausschreibung genannt

Haniel-Stipendienprogramm
- **Förderung:** Das Programm fördert mit bis zu sechs Stipendien jährlich einen mindestens zweisemestrigen Studienaufenthalt mit einem mehrmonatigen Praktikum in einem Wirtschaftsunternehmen im europäischen oder außereuropäischen Ausland.
- **Förderhöhe/Leistungen:** Aufnahme in die Studienstiftung, monatliches Stipendium (in europäischen Ländern 1.200 Euro, in Großbritannien, den USA und den meisten außereuropäischen Ländern 1.500 Euro), Übernahme der Studiengebühren für max. zwei Jahre (in Großbritannien und den USA bis zu 14.000 Euro pro Jahr, in allen übrigen Ländern bis zu 10.000 Euro pro Jahr), einmalige Reisekostenpauschale (1.000 Euro), einmaliges Startgeld (500 Euro)
- **Bewerbungsvoraussetzungen:** abgeschlossenes Hochschul- oder Fachhochschulstudium (mindestens Bachelor) spätestens bei Programmbeginn; exzellenter Studienabschluss, bei Jurist:innen mindestens „vollbefriedigend"; offen für Studierende aller Fachrichtungen; letzter Hochschulabschluss darf nicht länger als fünf Jahre zurückliegen
- **Bewerbungsschluss:** 15. Oktober

Weitere Informationen zu den Förderprogrammen der Studienstiftung
- **Informationen zum Bewerbungsverfahren:**
  www.studienstiftung.de/stipendienprogramme
- **Kontakt:** Studienstiftung des deutschen Volkes, Ahrstraße 41, 53175 Bonn

Baden-Württemberg-STIPENDIUM für Studierende

- **Förderung:** Das *Baden-Württemberg-STIPENDIUM für Studierende* der Baden-Württemberg Stiftung gGmbH unterstützt in Baden-Württemberg immatrikulierte Studierende und Postgraduierte aller Fachrichtungen, die für ein bis zwei Semester einen Studien-/Forschungsaufenthalt im Ausland absolvieren möchten. Im Gegenzug kommen Stipendiat:innen von Partnerhochschulen im Ausland nach Baden-Württemberg.
- **Anzahl der Stipendien:** insgesamt etwa 1.500 pro Jahr
- **Förderhöhe/Leistungen:** u. a. abhängig vom Studienfortschritt, mindestens 600 Euro pro Monat bis maximal 1.400 Euro pro Monat für Studierende an Hochschulen für die Dauer von drei bis maximal elf Monaten
- **Bewerbungsverfahren:** Bewerbungen erfolgen über die Hochschulen in Baden-Württemberg. Die Fristen sind beim International Office der jeweiligen Hochschule zu erfragen
- **Kontakt:** studierende@bw-stipendium.de
- **Website:** www.bw-stipendium.de

Studienstipendien des Kölner Gymnasial- und Stiftungsfonds

- **Förderung:** Die Studienstipendien richten sich an junge Menschen mit wissenschaftlicher Begabung, sozialem Engagement und nachweisbarem finanziellen Förderbedarf. Es werden Stipendien vergeben für: Studien an Hochschulen mit staatlich anerkannten Abschlüssen; ein zeitweiliges, fachspezifisch begründetes Studium im Ausland; Aufbaustudien, die für den angestrebten Beruf von Bedeutung sind; Promotionen.
- **Förderhöhe/Leistungen:** Über die Höhe der Zuschussstipendien wird unter Berücksichtigung der finanziellen und sozialen Situation der Bewerberin oder des Bewerbers entschieden. Ergänzt wird die finanzielle Förderung durch Bildungs- und Mentoringangebote.
- **Bewerbungsvoraussetzungen:** Durchschnittsnote des Reifezeugnisses (Abitur, Feststellungsprüfung) mind. 2,0; Immatrikulationsnachweis (Förderung frühestens ab dem dritten Hochschulsemester); Durchschnittsnoten der Studienleistungen (Scheine, Examenszeugnis) mind. 2,5; Studienabschluss innerhalb der Regelstudienzeit (Überschreitung der Regelstudienzeit in begründeten Fällen bis maximal 30 Prozent der Regelstudienzeit); Studienabschluss bis zum vollendeten 30. Lebensjahr
- **Bewerbungszeiträume:** 1. Februar bis 1. März und 1. August bis 1. September
- **Kontakt:** Andreas Buschmann, +49 221 406331-5, andreas.buschmann@stiftungsfonds.org
- **Website:** www.stiftungsfonds.org/stipendien/fuer-studenten

Stipendien der Ranke-Heinemann Studienstiftung

IRH Studienbeihilfe
- **Förderung:** Studierende, die sich in das Institut Ranke-Heinemann Förderprogramm aufnehmen lassen, um sich bei einer australischen oder neuseeländischen Hochschule zu bewerben, können die garantierte IRH Studienbeihilfe beantragen, die die Studienkosten für ein Semester erheblich reduziert. Fast alle Hochschulen sind dem Förderprogramm angeschlossen.
- **Förderhöhe/Leistungen:** Die IRH Studienbeihilfe beträgt zehn Prozent der Studiengebühren für ein Semester für fast alle Studienprogramme in Australien und Neuseeland, bei denen internationale Studiengebühren erhoben werden.
- **Bewerbungsvoraussetzungen:** Alle, die sich in das IRH Förderprogramm aufnehmen lassen, haben automatisch Zugang zur garantierten Beihilfe. Die Förderung wird nach dem ersten Semester nach Einreichung eines Erfahrungsberichts ausgezahlt.
- **Bewerbungsschluss:** Die Bewerbung für die Studienbeihilfe erfolgt durch das Einsenden eines Erfahrungsberichts und einiger Fotos nach dem ersten Semester.

Vollstipendium
- **Förderung:** Das Institut vergibt ein Vollstipendium und Reisestipendien. Sowohl Undergraduate- als auch Postgraduate-Studiengänge werden gefördert.
- **Förderhöhe/Leistungen:** Das Vollstipendium ist leistungsabhängig und umfasst die kompletten Studiengebühren für ein Semester.
- **Bewerbungsvoraussetzungen:** Aufnahme in das Förderprogramm, Alter nicht über 30 Jahre; Wohnsitz in Deutschland, Österreich oder der Schweiz; Nachweis über ein Studienplatzangebot durch das Institut Ranke-Heinemann und ein Motivationsschreiben. Das Auslandssemester in Australien, Neuseeland oder Kanada soll auf einen deutschen, österreichischen bzw. Schweizer Studiengang aufbauen oder ihn ergänzen.
- **Bewerbungsschluss:** 31. Januar für das erste Semester im Jahr, 30. Juni für das zweite Semester im Jahr. Kanada: 31. Juli für das Herbstsemester, 1. Dezember für das Wintersemester.

Weitere Informationen zu den Förderprogrammen
- **Kontakt:** Informationszentrum Essen, +49 201 252552, info@ranke-heinemann.de
- **Website:** www.ranke-heinemann.de/stipendien-foerderprogramm

Stipendien von Kanzleien

One Step AHEAD – das LL.M.-Stipendium von Gleiss Lutz

- **Förderung:** Die Sozietät Gleiss Lutz vergibt vier Teilstipendien à 10.000 Euro für ein englischsprachiges Master-Programm im Ausland. Ziel der Kanzlei ist die Förderung von Auslandsstudien ihrer Nachwuchsjurist:innen, um so einen wichtigen Beitrag zum Verständnis ausländischer Rechtsordnungen und zum internationalen Austausch zu leisten.
- **Anzahl der Stipendien:** vier Stipendien pro Jahr
- **Förderhöhe/Leistungen:** Teilstipendium in Höhe von je 10.000 Euro
- **Bewerbungsverfahren:** Bewerben können sich alle (ehemaligen) Praktikant:innen, Referendar:innen und wissenschaftlichen Mitarbeiter:innen von Gleiss Lutz. Es müssen aussagekräftige Bewerbungsunterlagen und ein ausführliches Motivationsschreiben eingereicht werden. Am Bewerbertag können die eingeladenen zukünftigen LL.M.-Student:innen dann in Gesprächen und einer Präsentation zeigen, dass sie die Richtigen für die Stipendien sind.
- **Bewerbungsschluss:** 31. Januar für ein Programm ab April desselben bis einschließlich März des darauffolgenden Jahres
- **Kontakt:** Mara Johanna Czaja, Recruiting Legal, +49 40 460017-228, mara.czaja@gleisslutz.com

Walter und Michael Oppenhoff Stipendium von Oppenhoff & Partner

- **Förderung:** Ziel der Walter und Michael Oppenhoff Stiftung ist die Förderung deutscher Jurist:innen, die nach Abschluss ihres Ersten oder Zweiten Staatsexamens ein LL.M.-Studium an einer Hochschule in den Vereinigten Staaten aufnehmen wollen.
- **Anzahl der Stipendien:** jährlich bis zu drei Teilstipendien
- **Bewerbungsverfahren:** Bewerbung (gerne auch per E-Mail) mit aussagefähigen Bewerbungsunterlagen (Lebenslauf, Zeugnissen, Referenzen, Gutachten, Beschreibung des Studienvorhabens, Zusage(n) der Law School(s))
- **Bewerbungsschluss:** 30. April für das im Herbst beginnende akademische Jahr
- **Kontakt:** Dr. Stephan König, +49 221 2091-487, stephan.koenig@oppenhoff.eu
- **Website:** www.oppenhoff.eu

Wie du als Mitglied von e-fellows.net deine Karriere voranbringst

Einladung zu exklusiven Karriere-Events

Info-Veranstaltungen mit den besten Law Schools und Kanzleien:
- LL.M. Day für Student:innen, Referendar:innen und Volljurist:innen
- Perspektive Wirtschaftskanzlei für Absolvent:innen
- Karrieretag Jura für Student:innen

www.e-fellows.net/Events

Große Stipendien-Datenbank von e-fellows.net

Stipendium finden leicht gemacht:
- über 1.100 Einträge von rund 680 Stiftungen, Hochschulen, Universitäten und anderen Institutionen
- Jura-Stipendium: 600 Euro zur freien Verfügung und Mentor:in aus der Praxis

www.e-fellows.net/Stipendiensuche

Karriereratgeber als E-Book

Kostenlose Karriereratgeber der Reihe e-fellows.net wissen zum Download:
- *Perspektive Unternehmensberatung*
- *Perspektive Jura*
- *Der LL.M.*

Aktuelle Jobs und Praktika in Kanzleien und Unternehmen

- 3.000 Stellen für Student:innen, Absolvent:innen und Young Professionals
- passende Praktikums- und Jobangebote zu Ihrem Profil per E-Mail, z. B. von Freshfields oder BMW

Bist du ein kluger Kopf?
Von noch mehr Leistungen profitierst du, wenn du dich erfolgreich für das e-fellows.net-Stipendium bewirbst.

Kostenlos als Mitglied anmelden

Du bist noch nicht bei e-fellows.net? Dann wird es aber Zeit! Als Teil unseres großen Studien- und Karrierenetzwerks profitieren unsere Mitglieder von zahlreichen Vorteilen, die die Karriere in Schwung bringen.

www.e-fellows.net/e-fellows.net-Mitglied

Wie du als e-fellows.net-Stipendiat:in deinen Kommiliton:innen voraus bist

50 geldwerte Leistungen für Studium und Berufseinstieg
- kostenloser Zugriff auf beck-online und juris
- Kurse des Online-Repetitoriums Juracademy
- 14 Abos führender Zeitungen, z. B. *DIE ZEIT, WirtschaftsWoche, Handelsblatt* und *F.A.Z. Einspruch*
- Fernbus-Gutscheine

Vernetzung mit mehr als 60.000 Stipendiat:innen und Alumni/Alumnae
- fachlicher und privater Austausch mit anderen Student:innen und Young Professionals, darunter 16.000 Jurist:innen
- Netzwerken mit e-fellows.net-Stipendiat:innen und -Alumni bzw. -Alumnae bei City-Group-Treffen in vielen Unistädten

Persönlicher Kontakt zu Freshfields, Hengeler Mueller, Clifford Chance und Co.
- Online-Expertenforen zu Praktika, Referendariat und Berufseinstieg
- Coaching durch mehr als 200 berufserfahrene Mentor:innen
- beste Verbindungen in die Personalabteilungen von 170 Unternehmen – auch außerhalb der Kanzlei

Karriereratgeber und Fachbücher per Post nach Hause
- kostenlose Lieferung aller Karriereratgeber aus der Reihe e-fellows.net wissen, z. B. *Perspektive Jura*
- monatliche Verlosung von mehr als 200 Fachbüchern von 13 Verlagen

Mit e-fellows.net geht noch mehr! Werde e-fellows.net-Stipendiat:in und sicher dir noch mehr Leistungen. Es warten kostenlose Zeitungsabos, Bücher, Events und noch viel mehr.

Für das Stipendium bewerben

www.e-fellows.net/e-fellows.net-Stipendium

7. Erfahrungsberichte von LL.M.-Absolvent:innen

148 Edinburgh: Modern, historisch und lebenswert
150 Back to the roots – welcome to Miami
152 Einen LL.M. vor dem ersten Examen – geht das?!
154 LL.M. in Edinburgh – ein Jahr in der Welt von Harry Potter
156 Studium zwischen Strand, Surfing und Pasteis de Nata
158 Wie der LL.M. Down Under mein Leben veränderte
160 GW Law – eine charmante Law School in Downtown Washington
162 Der LL.M. in der „Hauptstadt der Welt" – Washington, D.C.
164 LL.M. (oec.) made in Halle (Saale)
166 Möglichkeiten in einer „Nische": LL.M. in China
168 Nicht nur Leprechaun, St. Patrick und Bloomsday …
170 Ein Jahr im Paradies
172 Von der Idee bis zum Studienplatz: Mein Weg nach Glasgow
174 Der Traum von Berkeley
176 Englische Eliteuniversität – hohes Niveau, aber doch nur Menschen

Edinburgh: Modern, historisch und lebenswert

Dr. jur. Julius
Alexander Remmers

LL.M. (Edinburgh)

Rechtsanwalt

Taylor Wessing

Wenn mich heute jemand fragen würde, ob ich wieder einen LL.M. an der University of Edinburgh (UoE) machen würde, dann wäre meine Antwort ganz klar: ja! Warum? Es gibt viele Gründe: die gute Reputation der Uni, der einzigartige Charme der Stadt, das wunderschöne Schottland und Assoziationen mit Hogwarts.

Vorbereitungsphase

Am Ende meines ersten Staatsexamens im Jahr 2017 entschied ich mich, vor dem Referendariat einen einjährigen LL.M. zu absolvieren. Wichtig war mir ein LL.M. in einem englischsprachigen Land, um mein Englisch zu verbessern. Freundinnen und Freunde empfahlen mir die UoE. Nachdem ich auf der Website der UoE das für mich perfekte Masterprogramm mit der Bezeichnung „LL.M. in Innovation, Technology and the Law" gefunden hatte, bewarb ich mich. Die Studiengebühren lagen bei ca. 11.500 GBP und sind seitdem deutlich angestiegen. Für die Bewerbung musste ich verschiedene Dokumente einreichen: Nachweis des ersten Staatsexamens, Sprachzertifikat, Referenzschreiben von zwei Dozierenden, Motivationsschreiben und Transcript of Records. Zwischen meinem ersten Staatsexamen und dem Beginn des LL.M. lagen etwa vier Monate. Diese Zeit nutzte ich für ein Praktikum bei der deutschen Landesbank Nord/LB in London. Neben dem Praktikum absolvierte ich einen IELTS-Kurs und nahm an der Prüfung für das IELTS-Zertifikat teil.

Die Wohnungssuche kann sich schwierig gestalten, wenn man nicht im Rahmen eines Stipendiums eine Wohnung gestellt bekommt, z. B. vom DAAD oder von der Studienstiftung des deutschen Volkes. Am besten ist es, vor Ort nach einer Wohnung zu suchen und sich für diese Zeit ein AirBnB-Zimmer zu mieten. Hierfür empfehle ich, ein paar Tage vor Studienbeginn anzureisen und sich mit Kommilitoninnen und Kommilitonen vor Ort auszutauschen. Über Mund-zu-Mund-Propaganda kommt man sehr weit. So habe ich es gemacht. Zunächst wohnte ich für eine Woche in einer renovierten Wohnung in Uni-Nähe. Danach bin ich in eine WG an die „Meadows" gezogen (traumhafte Lage, ebenfalls Uni-Nähe) und wohnte mit einem Briten, einer Irin und einer Deutschen zusammen.

Welcome to Edinburgh!

Dann begann die Einführungsphase. Am Anfang wurde man überall rumgeführt und machte sich mit den Angeboten der UoE vertraut. Die Mensa ist im Teviot-House untergebracht, das an Hogwarts erinnert. Dort speist man zu fairen Preisen für Studierende und ist von Bücherregalen umgeben. Very cosy! Edinburgh gleicht einer mittelalterlichen Stadt, die allerdings hochmodern ist: Kartenzahlung geht fast überall, WLAN gibt es an fast jedem Fleck und die Infrastruktur funktioniert einwandfrei.

Ein verwandeltes und fröhliches Edinburgh erlebt man jedes Jahr im August, wenn das traditionelle Fringe Festival ansteht. Aber auch eine Wanderung auf den Berg Arthur's Seat lohnt sich. Der klassische Wanderweg beginnt am schottischen Parlament, das man unbedingt besichtigen sollte (Geheimtipp: Teilnahme an First Minister's Questions). Und wenn man dies tut, sollte man die Royal Mile hoch zum Edinburgh Castle gehen. Auch wenn die Schotten eine andere Kultur als die Engländer haben, ist in UK eine Sache einheitlich: die Kneipenkultur. In Edinburgh sind sehr fröhliche Kneipentouren möglich. Dafür finden sich immer Kommilitoninnen und Kommilitonen.

Ein Highlight sind die studienbegleitenden Aktivitäten. So kann man sich bei dem Model United Nations-Team der UoE anmelden oder Mitglied der „Water of Life" (= Whisky) Society werden. Zudem werden diverse Englischkurse auf verschiedenen Sprachniveaus angeboten.

Mein Masterstudiengang „Innovation, Technology and the Law" bestand aus Modulen, die man anfangs wählen kann. Ich wählte u. a. folgende Kurse: Robotics, IP und AI risks and the law. Geprüft wurde man nur anhand von Essays und mündlichen Prüfungen. Mir gefiel dieses System sehr gut. Am Ende des Jahres schreibt man eine Masterarbeit, deren Thema man üblicherweise frei wählen kann.

Die Ausstattung der UoE ist sehr gut: modern, praktisch und ästhetisch. Es gibt mehrere Bibliotheken, in die man sich setzen kann. Das verschafft eine sehr gute Abwechslung. (Geheimtipp: New College Library, eine ehemalige Kirche, in der nun die Bibliothek der theologischen Fakultät steht.) Spätestens dort kommt das Hogwarts-Gefühl auf.

Reisen durch Schottland
Wer in Edinburgh studiert, sollte durch Schottland reisen! Ich war ungefähr jedes zweite Wochenende unterwegs. Der interessanteste Ausflug war eine privat organisierte einwöchige Wanderung auf den äußeren Hebriden. Auch eine Studentenorganisation der UoE bot viele Tagesausflüge an, wie zum Beispiel zum Stirling Castle. Schottland ist riesig und man kann nicht genug Natur erleben – ein Vorteil gegenüber anderen Ländern in Europa.

Fazit
Kann ich ein LL.M.-Studium an der UoE empfehlen? Ja. Ich empfehle es vor allem denjenigen, die gerne in einem englischsprachigen Land studieren wollen, sich für schottische Geschichte begeistern und an einer renommierten und sehr gut ausgestatteten Universität studieren möchten. Für solche Ansprüche ist Edinburgh überragend. Das Masterprogramm „LL.M. in Innovation, Technology and the Law" kann ich sehr empfehlen, nicht zuletzt, weil viele aktuelle und interessante Themen der Digitalisierung, KI und Robotik behandelt werden. Allerdings sollte man wissen, dass an vielen Stellen nur an der Oberfläche gekratzt wird, was deutsche LL.M.-Studierende aus dem juristischen Studium nicht gewohnt sind. Aber langweilig wird es dadurch nicht.

Hohe Temperaturen darf man nicht erwarten, aber auch keinen Dauerregen.

Wer seinen LL.M. in einer anderen Stadt in UK absolviert, der sollte auf jeden Fall einen Wochenendausflug nach Edinburgh planen – am besten im August zum Fringe Festival.

Cheers!

Der Autor steht bei Fragen gerne zur Verfügung: j.remmers@taylorwessing.com

Tamara Rudinac
LL.M. (Miami)
Rechtsanwältin (Associate)
WilmerHale

Back to the roots – welcome to Miami

Im Sommer 2018 bin ich ganz nach dem Motto „back to the roots" für mein LL.M.-Studium an die University of Miami School of Law in Florida zurückgekehrt, nachdem ich dort bereits im Jahr 2014 ein Auslandssemester verbracht hatte. Sowohl persönlich als auch akademisch (und zugegebenermaßen auch wettertechnisch) war das die beste Entscheidung, die ich hätte treffen können.

First things first: Finanzierung der Studiengebühren

Wegen des vorherigen Auslandssemesters musste ich mich für das LL.M.-Studium gar nicht erst richtig bewerben. Mir wurden sogar die damals erworbenen Credits angerechnet. Dadurch konnte ich den LL.M.-Abschluss nach nur einem weiteren Semester erwerben.

Dies hatte auch nicht unerhebliche finanzielle Auswirkungen: Mir wurden von vornherein die Hälfte der Studiengebühren erlassen – so standen zunächst etwa 27.500 US-Dollar (statt 55.000 US-Dollar) im Raum. Dabei ist es jedoch nicht geblieben. Gerade weil die überwiegende Anzahl der anderen Studentinnen und Studenten aus Mittel- und Südamerika stammt und die Law School auch andere Nationalitäten repräsentieren haben möchte, hatte ich als Europäerin eine gute Verhandlungsbasis. Wir haben uns letztlich auf 17.500 US-Dollar geeinigt.

Zudem habe ich mich bei etlichen kleineren Stipendien beworben und zwei davon tatsächlich erhalten – zum einen das Clifford Chance LL.M.-Reisestipendium in Höhe von damals 5.000 Euro und zum anderen ein Stipendium der Konrad-Adenauer-Stiftung in derselben Höhe. So konnte ich das LL.M.-Studium finanziell mehr als passabel stemmen.

Miami – „the Capital of Latin America"

Es ist eine tolle Erfahrung, in Miami zu wohnen – einem lebendigen Ort voller kultureller und ethnischer Vielfalt. Der aufgrund der geographischen Lage immense mittel- und südamerikanische Einfluss ist überall zu spüren – Spanisch ist die dominante Sprache. Aus meinem LL.M.-Jahrgang kamen geschätzt mehr als 80 Prozent der Studierenden aus Mittel- oder Südamerika und nur wenige aus Europa. Es war jedoch sehr bereichernd, mal eine Exotin zu sein und mehr über die Kultur der anderen Länder zu erfahren.

Grundsätzlich ist der Ruf Floridas als „Sunshine State" mehr als gerechtfertigt – fast jeder Tag beginnt mit strahlendem Sonnenschein und wohligen Temperaturen. An die extreme Schwüle gewöhnt man sich schnell. Allerdings sollte man stets einen Regenschirm parat haben. Aufgrund des tropischen Klimas ziehen selbst an den scheinbar schönsten Tagen innerhalb von Minuten riesige dunkle Wolkenfelder auf, aus denen es kurz wie aus Eimern schüttet. Wenige Minuten danach scheint es so, als wäre nie etwas geschehen.

Die Lebenshaltungskosten in Miami sind sehr hoch. Für drei Zimmer in einem Standard-Wohnkomplex betrug die Miete 3.200 US-Dollar. Auch Lebensmittel sind sehr teuer. Hier haben wir uns gut dadurch beholfen, an den täglich stattfindenden Lunchveranstaltungen der Law School teilzunehmen, bei denen es immer – sogar relativ abwechslungsreiches – free food gibt.

Amerikanisches Campusleben

„It's great to be a Miami Hurricane!" Dieser Slogan ertönt bei jeglichen Events – und er fasst sehr gut den Uni Spirit zusammen, der auf dem ganzen Campus zu spüren ist: Viele Studentinnen und Studenten sind in orange und grün gekleidet und präsentieren so mit Stolz die Universitätsfarben. Die Universität selbst gibt sich dabei größte Mühe, den Spirit durch verschiedenste Veranstaltungen zu fördern. Dazu zählen etwa das Zusammentrommeln aller Studentinnen und Studenten samt Cheerleader, Blaskapelle, Maskottchen und Ansprache der Uni-Leitung vor wichtigen Footballspielen (sogenannte „Pep Rally") und das gemeinsame Besuchen der Footballspiele selbst (Stichwort „tailgating"). Auch die Homecoming-Woche, in der Ehemalige auf den Campus zurückkehren, wird mit mehreren Events ausgiebig gefeiert.

Der Campus der juristischen Fakultät befindet sich im Norden des Uni-Campus und wird auch „The Bricks" genannt. An der Lage besonders hervorzuheben ist, dass die Law School nicht wie oftmals üblich separiert ist, sondern auf dem Main Campus liegt. Dadurch waren wir viel mehr in das soeben beschriebene amerikanische College-Leben integriert. An vielen anderen Law Schools in den USA kann man das in der Form nicht erleben.

Akademische Weisheiten

Das Studium an einer amerikanischen Law School unterscheidet sich aufgrund der „sokratischen Methode" bekanntermaßen stark von dem an einer deutschen juristischen Fakultät: Der amerikanische Ansatz basiert darauf, dass man den Stoff vorbereitet und es während der Einheit nur noch darum geht, den Inhalt im Kurs zu diskutieren. Die Masse an Lesestoff ist dabei sehr hoch: Im Durchschnitt musste ich 60–80 Lehrbuchseiten pro Kurs und Tag vorbereiten. Letztlich kommt es jedoch (wie in Deutschland) in Klausuren nicht darauf an, jedes Detail zu kennen, sondern das Wesentliche zu verinnerlichen. Daher sollte sich niemand vor der zuerst erdrückend scheinenden Lesemenge fürchten.

Die Wahl des „General LL.M. in US & Transnational Law for Foreign-Trained Lawyers" fiel mehr sehr leicht, da es mir wichtig war, meine Kurse frei wählen zu können. Mir kam es dabei insbesondere darauf an, eine breite Palette an Rechtsgebieten abzudecken und mich auf Themen zu fokussieren, die inhaltlich oder in der speziell im Kurs gelehrten Form US-spezifische Besonderheiten aufweisen – wie etwa Introduction to US Litigation oder Substantive Criminal Law (Strafrecht in Florida ist tatsächlich etwas ganz besonderes). Alle Kurse haben mir ganz neue Perspektiven vermittelt, die für meinen juristischen Werdegang sehr wertvoll geworden sind und auch zukünftig sein werden.

It's great to be a Miami Hurricane!

Ich habe insgesamt zwei grandiose Semester an der University of Miami School of Law verbracht und kann diese Universität nur empfehlen: traumhafte Umgebung, US-typisches Campusleben, sehr gute Bildung. Gekrönt wurde der Abschluss durch die überwältigende Graduation Ceremony. Hiervon kann man in Deutschland nur träumen. Ich blicke dankbar auf die Zeit zurück und werde mich der University of Miami immer verbunden fühlen.

Lynn Böttcher

LL.M. (UC Law SF)

Studentin
Freie Universität Berlin

Einen LL.M. vor dem ersten Examen – geht das?!

Im August 2022 habe ich ein ganz besonderes Kapitel meines Lebens begonnen, rückblickend vielleicht das bisher schönste meines Lebens: meinen einjährigen Auslandsaufenthalt in San Francisco. In dieser Zeit habe ich neben meinem Schwerpunktstudium auch gleichzeitig meinen LL.M. in Legal Studies absolvieren können. Spezialisiert habe ich mich auf „International Law and Human Rights." Meine Zeit in Kalifornien wurde geprägt von neuen Bekanntschaften, erlebnisreichen Wochenend-Trips, den zahlreichen universitären Lunch-Events und letztlich einer festlichen Graduation-Zeremonie.

Existiert der „perfekte Zeitpunkt" überhaupt?

Schon bevor ich mein Jura-Studium begonnen hatte, stand für mich fest, dass ich während des Studiums ins Ausland gehen möchte. Im Studium der Rechtswissenschaften ist ein Auslandsaufenthalt, anders als bei anderen Studiengängen, in der Regel nicht vorgesehen oder Pflicht. Ich empfehle Studieninteressierten deshalb schon bei der Wahl ihrer Universität auf das Angebot der Auslandsprogramme und die ausländischen Partneruniversitäten einen Blick zu werfen. Für wen ein Auslandsaufenthalt während der universitären Studienzeit nicht in Betracht kommt, hat natürlich die Möglichkeit auch nach dem ersten Staatsexamen und vor dem Referendariat oder während des Referendariats zur Wahlstation ins Ausland zu gehen.

Wie viele andere deutsche Universitäten hat meine Universität beziehungsweise mein Fachbereich eine Vielzahl von Partneruniversitäten und diverse Erasmusprogramme, auf welche sich interessierte Studierende bewerben können. Für einen einjährigen Auslandsaufenthalt eignet sich das dritte Studienjahr, insbesondere wenn die Möglichkeit seitens der Universität besteht, sich die im Ausland besuchten Kurse als Schwerpunktbereichsstudium anrechnen zu lassen. Alternativ bietet sich auch das 7. und/oder 8. Semester (nach dem Schwerpunkt) an, bevor die Examensvorbereitung beginnt. In diesem Fall verlängert sich aber üblicherweise die Studienzeit.

Ich persönlich wollte eine Studienzeitverlängerung vermeiden und deshalb während des dritten Studienjahrs meinen Schwerpunkt im Ausland absolvieren. Hier war mir wichtig, in ein englischsprachiges Land zu gehen, um insbesondere die rechtswissenschaftlichen Sprachkenntnisse auszubauen. Bedenken hatte ich lediglich dahingehend, dass ich durch diese „Unterbrechung" das bereits im deutschen Studium Erlernte nach dem Auslandsjahr vergessen haben könnte. Rückblickend würde ich sagen, dass ich mich zwar in das ein oder andere Thema wieder reinlesen musste, aber darauf vertraue, ohnehin im Repetitorium alle Fächer zu wiederholen.

Der Zeitpunkt meines Auslandsaufenthalts stand aber auch mit der Wahl meines Auslandsprogramms in Zusammenhang. So gibt es Programme, bei denen zusätzlich ein Zertifikat oder wie in meinem Fall, ein LL.M. an ausgewählten amerikanischen Partneruniversitäten erworben werden kann. Normalerweise müssen Studierende in Deutschland bereits das erste Examen (oder einen gleichwertigen Abschluss) bestanden haben, bevor sie einen LL.M. absolvieren können. Meine Universität hatte zuvor den LL.B. eingeführt und mit einigen Partneruniversitäten vertragliche Vereinbarungen abgeschlossen, die es ermöglichen, bereits im dritten Studienjahr parallel zu dem ausgewählten Schwerpunkt auch den LL.M. abzuschließen. Dadurch war allerdings die Auswahl an ausländischen Universitäten begrenzt und es gab eine Vielzahl an

Auflagen sowohl von der ausländischen Partneruniversität als auch meiner Heimuniversität, die ich bei der Kurswahl zu berücksichtigen hatte. Die Auswahl der Bewerbenden erfolgte aufgrund der wenigen Studienplätze nach Studienleistung, sodass ich von Beginn meines Studiums an großen Wert auf meine Leistung legen musste.

Zuerst einen LL.M. und dann das Examen – oder doch andersherum?
Die Sinnfrage, das LL.M.-Programm bereits vor dem ersten Staatsexamen abzuschließen und einem späteren reguläres Auslandsprogramm vorzuziehen, muss jede:r Studierende für sich selbst beantworten. Zwar gibt es insbesondere in den USA viele Stipendien für LL.M.-Studierende, es kann aber durchaus sinnvoll sein, das Studium in Deutschland zu beenden, da immer mehr Arbeitgeber (vorwiegend Kanzleien) das LL.M.-Studium im späteren Berufsleben finanziell unterstützen. Ausschlaggebend für meine Entscheidung, mich auf das Programm zu bewerben, war maßgeblich, dass einem Auslandsstudium damals nichts im Weg stand und ich nicht vorhersehen konnte, wie sich meine persönlichen Lebensumstände (z. B. eigene Wohnung, Job, Beziehung etc.) und meine finanzielle Situation später, also nach dem Examen, darstellen würden. Aber auch im Nachhinein bin ich mit dem Zeitpunkt meines LL.M. sehr zufrieden, auch wenn ich mit 22 Jahren zu den jüngsten Studierenden im LL.M.-Programm meiner Gastuniversität gehörte.

Die Qual der Wahl?
Zwischen den US-amerikanischen Universitäten, auf welche ich mich bei meiner Heimuniversität bewerben konnte, fiel meine erste Wahl relativ schnell auf die UC Law SF (University of California College of the Law San Francisco). Die Wahl einer Universität kann unter anderen Umständen sehr schwierig sein kann, insbesondere wenn die Studierenden eine große Auswahl an Universitäten (also „die Qual der Wahl") haben. Ausschlaggebend für die Auswahl können Faktoren sowohl finanzieller als auch persönlicher Natur sein. Bei mir war das ähnlich: Zum einen wollte ich an einem Ort leben, wo das Klima meiner Vorliebe entspricht (möglichst sonnig) und zum anderen hatte ich über meine Universität ein Stipendium, durch welches mir ein großer Teil der ausländischen Studienkosten erlassen wurden. Schließlich muss aber auch die Universität durch das Lehrangebot überzeugen. Natürlich können Studierende dafür die Rankings in Betracht ziehen, aber ich rate dennoch sich darüber hinaus einen Überblick über die Kurse und Kursgrößen der Gastuniversität zu verschaffen.

Die umfangreiche Auswahl an rechtswissenschaftlichen Kursen und der Mix zwischen größeren Vorlesungen und kleineren Veranstaltungen, hatten mich bei der UC Law SF besonders angesprochen. Zusätzlich bestand die bereits erwähnte Möglichkeit eine „LL.M. Spezialisierung" zu machen, also grob gesagt: eine bestimmte Anzahl an Veranstaltungen zu einem Rechtsgebiet zu besuchen und sich dies bescheinigen zu lassen. Ich persönlich habe insbesondere die Kurse mit einer geringeren Teilnehmerzahl als sehr angenehm empfunden, weil mir so nicht nur das Kennenlernen anderer Studierender, sondern auch der Austausch mit den Dozierenden deutlich leichter gefallen ist.

Ich bin mir bewusst, dass viele Studierende ihre Entscheidung von dem Ruf der Universität beziehungsweise der Position in Rankings abhängig machen. Inwiefern Arbeitgeber tatsächlich darauf achten, kann ich bisher nicht sagen. Meines Erachtens hat mein LL.M. Abschluss aber bereits einen positiven Einfluss auf meine Praktikabewerbungen gehabt.

Jessica Flint

Dr. jur., LL.M.
(Edinburgh)

Rechtsreferendarin
OLG München

LL.M. in Edinburgh – ein Jahr in der Welt von Harry Potter

Die Entscheidung, einen LL.M. zu machen, habe ich Mitte 2019 getroffen – etwa ein Jahr später sollte es losgehen. Den entscheidenden Denkanstoß hat mir der LL.M. Day von e-fellows.net gegeben. Zu der Zeit arbeitete ich an meiner Dissertation an der Uni Würzburg und war dort als Wissenschaftliche Mitarbeiterin tätig, nachdem ich 2016 mein Erstes Staatsexamen abgelegt hatte. Während des Studiums hatte ich es nicht ins Ausland geschafft und ich hatte das Gefühl, irgendeine Frist zu brauchen, auf die ich mit der Fertigstellung der Dissertation hinarbeiten könnte.

Wohin soll die Reise gehen?

Relativ schnell war für mich klar, dass ich den LL.M. im Vereinigten Königreich machen wollte. Ich habe immer wieder den Rat bekommen, dass ein LL.M. später die Jobchancen steigert, weil er gute Englischkenntnisse bescheinigt – allerdings nur, wenn er in einem englischsprachigen Land absolviert wurde. Die USA als Alternative waren für mich schlicht und einfach nicht finanzierbar.

Um die verschiedenen Unis zu sortieren und die Bewerbungsvoraussetzungen und -fristen im Blick behalten zu können, erstellte ich mir eine Excel-Liste, in die ich auch Vor- und Nachteile der verschiedenen LL.M.-Programme eintrug. Für den ersten Überblick habe ich mich an e-fellows.net orientiert, die bereits viele Informationen zu den verfügbaren Unis bereitstellen. Eine Entscheidung, die man hier immer wieder treffen muss, ist, ob man sich bei den Top-Unis bewirbt, obwohl viele davon schon für die Bewerbung eine Gebühr von bis zu 100 Pfund (ca. 116 Euro) erheben.

Ich hatte, abhängig von meinen Präferenzen und den Bewerbungsfristen, verschiedene „Bewerbungsrunden" vorgesehen. Das heißt, ich habe mich zuerst bei den Universitäten beworben, die mir besonders gut gefielen (konkret waren das Cambridge, Oxford und Edinburgh). Für den Fall, dass es in dieser ersten Runde nicht geklappt hätte, hatte ich mir bereits weitere Unis für eine zweite Bewerbungsrunde ausgesucht. Die Fristen der kleineren Unis sind großzügig genug, sodass man die Entscheidung der größeren Unis abwarten kann.

Wichtige Bewerbungsunterlagen

Möglichst früh sollte man sich vor allem um die Unterlagen kümmern, bei denen man auf andere Personen oder Institutionen angewiesen ist. Dazu gehört beispielsweise das Sprachzertifikat. Hierfür muss man die recht speziellen Anforderungen des Tests vorher kennenlernen, damit man ihn möglichst auf Anhieb mit der nötigen Punktzahl besteht. Achtung: Manche Unis machen nicht nur Vorgaben zur Gesamtpunktzahl, sondern erwarten auch eine Mindestpunktzahl in den einzelnen Testkategorien. Falls es nicht klappen sollte, kann man diese Tests zwar unbegrenzt oft wiederholen, allerdings wird das schnell teuer. Ich hatte noch dazu das Pech, dass ich bei meinem ersten Testtermin krank war und diesen absagen musste – dafür habe ich nur einen Teil der Testgebühr erstattet bekommen. Im zweiten Versuch lag ich dann in einer Kategorie knapp unter der geforderten Punktzahl (obwohl ich zweisprachig aufgewachsen bin und Englisch praktisch meine Muttersprache ist). Hier hatte ich jedoch das Glück, dass ich eine Nachkorrektur beantragen konnte und so doch noch das nötige Ergebnis erzielen konnte.

Weitere Dokumente, bei denen man auf die Mithilfe anderer Menschen angewiesen ist, sind die Empfehlungsschreiben. Den meisten Unis genügt ein Empfehlungsschreiben, teilweise wollen sie aber auch zwei. Diese müssen zudem auf Englisch sein, was die Suche nach einer willigen Person nicht unbedingt erleichtert. Wenn man schon einmal näher mit einer Professorin oder einem Professor zu tun hatte, bieten sich diese als Ansprechpersonen an. Ich hatte das Glück, von meinem Doktorvater unterstützt zu werden, welcher bei den Professorinnen und Professoren, die ich angefragt habe, ein gutes Wort für mich einlegte. Um den Befragten das Ja-Sagen zu erleichtern, habe ich auch immer angeboten, meinen Lebenslauf zu schicken, eine Liste mit Veranstaltungen zu erstellen, an denen ich teilgenommen hatte, und einen Entwurf des Empfehlungsschreibens vorzubereiten. Das wurde sehr dankbar angenommen, sollte jedoch vorsichtig formuliert werden, damit sich niemand vor den Kopf gestoßen fühlt. Den Entwurf und die Änderungen der Professorinnen und Professoren haben wir dann in einem persönlichen Treffen besprochen.

Eine letzte Hürde im Bewerbungsprozess
Nachdem ich die Zusage der Uni Edinburgh erhalten habe, stellte sich noch eine Hürde, die vorher nicht abzusehen war. Die Regeln der Uni Edinburgh besagen, dass man während des LL.M. nicht gleichzeitig an einer anderen Uni studieren darf. Das Problem war, dass diese ein sehr weites Verständnis davon hatte, was alles darunterfällt, an einer deutschen Uni zu studieren. Ich durfte nicht nur nicht in Deutschland eingeschrieben sein (die Uni Würzburg erlaubt es auch, zu promovieren, ohne eingeschrieben zu sein), sondern auch nicht dort promovieren. Hier hat es geholfen, direkt mit der dortigen Ansprechpartnerin zu sprechen. Schließlich einigten wir uns darauf, dass ich meine Dissertation innerhalb einer gewissen Frist vor Beginn des LL.M. abgeben musste, um meinen Platz an der Uni Edinburgh antreten zu dürfen.

Endlich in Edinburgh
Der Druck, den ich mir gewünscht hatte, war also plötzlich sehr real – zum Glück hat es innerhalb der Frist geklappt und ich konnte im August 2020 in Edinburgh loslegen. Die Professorinnen und Professoren waren sehr engagiert und hatten für jedes Problem, zum Beispiel bei der Wahl der Kurse, ein offenes Ohr. In die Stadt habe ich mich sofort verliebt (sie ist auf jeden Fall mindestens eine Reise wert!) und bin noch heute häufig zu Besuch. Man fühlt sich dort, als wäre man in ein Harry-Potter-Buch hineingefallen: Von der wunderschönen Architektur über Märchenwälder bis hin zum Schloss, das auf die Stadt herabschaut. Inhaltlich fand ich den LL.M. vor allem deshalb spannend, weil ich dazu angeregt wurde, Dinge zu hinterfragen, die ich nach dem Jura-Studium für selbstverständlich hielt. Manche Konzepte, die wir im deutschen Recht kennen, gibt es so in anderen Rechtssystemen gar nicht und es ist faszinierend zu sehen, dass diese die gleichen Probleme ganz anders lösen als wir.

Fazit
Insgesamt war es eine tolle Erfahrung, durch die ich Einblick in andere Kulturen bekommen und viel über mich selbst gelernt habe. Wenn mich Leute fragen, ob ich es empfehle, einen LL.M. zu machen, dann lautet die Antwort eindeutig: Ja!

Studium zwischen Strand, Surfing und Pasteis de Nata

Chiara Borsi

LL.M. (Catolica Global School of Law), Maitre en droit (Paris II Panthéon Assas)

Referendarin

Die perfekte Belohnung nach dem ersten Examen

Nach der intensiven Vorbereitung und dem Druck des ersten Staatsexamens war Portugal mit Strand, Sonne und einer entspannten Atmosphäre in einer lebendigen, aber überschaubaren Stadt die perfekte Kulisse für meinen LL.M. Lissabon ist günstig in Bezug auf Lebenshaltungskosten und Wohnraum, hat ein großes kulturelles Angebot und liegt vor allem direkt am Meer. Selbst im Winter kann man noch an den Strand gehen und auch die Surfszene in Portugal ist groß. Die Wahl des Zeitpunkts und des Orts hat sich als goldrichtig erwiesen – die entspannte Umgebung war genau das, was ich nach dem ersten Staatsexamen brauchte. Mit 25 Jahren liegt man durchaus im Altersdurchschnitt, wobei es natürlich auch jüngere Teilnehmende gibt, die den LL.M. nach ihrem LL.B. absolvieren oder ältere, die bereits das zweite Staatsexamen abgelegt haben.

Vorbereitung leicht gemacht

Die Bewerbungsphase für das LL.M.-Programm war dank des einfachen Verfahrens auch neben der Vorbereitung auf das erste Examen gut zu bewältigen. Die Möglichkeit eines Early Bird Rabatts und die Verhandlungsmöglichkeiten mit der Universität haben die Planung sehr erleichtert. Außerdem sprechen fast alle Portugiesinnen und Portugiesen fabelhaft Englisch und alle LL.M.-Tracks sind komplett auf Englisch, was die Vorbereitung und das Leben vor Ort vereinfacht.

Persönliche Betreuung in kleiner Runde

Mit insgesamt 60 bis 80 Studierenden verteilt auf die verschiedenen LL.M.-Tracks herrscht eine sehr persönliche Atmosphäre. Es gibt drei LL.M.-Tracks: Law in a European and Global Context, International Business Law und Law in a Digital Economy und man ist frei, auch Kurse aus anderen Tracks zu wählen. Die Kursgröße variiert dementsprechend, aber in der Regel nehmen nicht mehr als 30 Personen an einem Kurs teil – und das ist schon eine Seltenheit.

Die individuelle Betreuung durch die Administration, die uns alle mit Namen kannte, war ein erfrischender Kontrast zur Anonymität des ersten Examens. Die Möglichkeit, konstruktive Kritik zu äußern, die dann auch umgesetzt wurde, habe ich sehr geschätzt. Natürlich ist auch hier nicht immer alles perfekt, aber zumindest weiß man, an wen man sich wenden kann und kennt die verantwortlichen Personen mit Namen.

Balance dank Blockseminaren

Das Studium ist in Trimester gegliedert und in Blockseminaren organisiert, d. h. es werden viele verschiedene Kurse (bis zu 20 pro Trimester) gewählt, die dann am Stück stattfinden. Je nach Kurswahl hat man arbeitsintensivere Phasen, aber auch Phasen in denen man gar nichts oder nur sehr wenig zu tun hat und hervorragend Portugal erkunden kann. Die Blockseminare bieten einem die Möglichkeit, viele verschiedene Themen zu wählen und werden (u. a. auch) von verschiedenen Professorinnen und Professoren renommierter auswärtiger Universitäten unterrichtet. Besonders spannend war, dass diese die gleichen Kurse geben wie an ihren Heimatuniversitäten wie NYU, Kings und Harvard. Außerdem ermöglichten die Blockseminare einen Einblick in viele verschiedene Themenbereiche, insbesondere auch aus anderen LL.M.-Tracks. Es gab aber auch Nachteile: Einige Kurse waren weniger ansprechend und die kurze

Dauer der Kurse von maximal zwei Wochen erlaubte nur eine oberflächliche Auseinandersetzung mit den Themen. Die Bewertung am Ende jedes Kurses war meist ein Essay, was viel Freiheit in der Zeiteinteilung und der Themenwahl bot, aber manchmal auch zu einer Vernachlässigung der Kursinhalte führt. Die Benotung kann zudem stark von Professor:in zu Professor:in variieren, was manchmal zu Unklarheiten führte.

Am Zahn der Zeit
Der LL.M.-Track in Digital Economy war eindeutig am Puls der Zeit. Kurse wie Law of Google, Law of AI, Startup Law, Law of Blockchain und Intellectual Property in a Digital Economy behandeln genau die Themen, über die gerade diskutiert wird. Das Thema ist im Gegensatz zu anderen eben noch nicht zu Ende erforscht, es passiert sehr viel und das merkt man im LL.M. Mit Dozierenden wie dem Executive Director of Guarini Global Law & Tech an der NYU Law und dem Head of Copyright bei Google waren die Kurse hochkarätig besetzt. Die Möglichkeit, ein Semester an der Cornell University zu verbringen, welche momentan die Nummer eins in TechLaw ist, ist ein zusätzliches Highlight. Das Programm befindet sich in einer dynamischen Entwicklung, getragen von engagierten und renommierten Professorinnen und Professoren sowie Professionals, die gerne nach Lissabon kamen, um zu lehren. Im professionellen Kontext erwies sich die Expertise im Bereich Digital Economy als sehr wertvoll, unterstützt durch das wachsende Prestige der Universität und die neuen Partnerschaften, die der Executive Dean initiierte.

Skill-Seminare: ein Highlight
Die Skills Seminare wie „Negotiation" und „Strategic Decision Making" waren eine erfrischende Abwechslung und haben sehr viel Spaß gemacht. Sie vermittelten wertvolle, praxisnahe Fähigkeiten, die über die traditionelle juristische Ausbildung hinausgingen.

Kein klassischer Ivy League LL.M., aber die richtige Wahl
Obwohl der LL.M. in Lissabon nicht mit den Programmen in Harvard oder Kings vergleichbar ist, bot er eine unvergleichliche persönliche Erfahrung. Die familiäre Atmosphäre, die individuelle Betreuung und die Events wie der „Welcome Day" oder die „Summer Cocktail Party", wenn auch in kleinerem Rahmen, machten den LL.M. besonders. Der finanzielle Aspekt war ebenfalls positiv, da die Kosten deutlich niedriger waren als bei anderen Programmen. Das warme Klima und die lebendige Kultur in Lissabon rundeten diese einzigartige LL.M.-Erfahrung ab.

Wie der LL.M. Down Under mein Leben veränderte

Mein Name ist Judith Erren und ich lebe und arbeite international im deutschen Arbeits- und Gesellschaftsrecht in Christchurch, Neuseeland.

Meine juristische Laufbahn begann ganz klassisch mit Freischuss, Doppelprädikat und promotionsbegleitendem Berufseinstieg in einer Großkanzlei, bis das LL.M.-Studium in Sydney, Australien mein Leben veränderte. So lebe ich nun – 13 Jahre später – dauerhaft am anderen Ende der Welt und verfüge über eine deutsche und eine neuseeländische Anwaltszulassung.

Judith Erren
Dr. jur., LL.M. (UNSW)
Rechtsanwältin (selbstständig)

Der beste Zeitpunkt

Ich hatte mir schon während des Studiums vorgenommen, irgendwann ins Ausland zu gehen. Allerdings wollte ich das deutsche Studium (eigentlich inklusive Promotion, aber das hat nicht geklappt) in einem Rutsch durchziehen, bevor ich ins Ausland gehe. Das kann ich auch im Nachhinein empfehlen, denn für das Zweite Staatsexamen muss man den gesamten Stoff des Ersten Staatsexamens noch oder wieder können, und das geht ohne Pause im deutschen Recht viel leichter. Erst einmal richtig Geld zu verdienen war auch gut, denn ich habe mich entschieden, den LL.M. selbst zu finanzieren. Ich würde aber auch nicht zu lange nach dem Berufseinstieg warten, denn irgendwann wird es zu „bequem" im Job. So haben es einige meiner Kolleg:innen, die eigentlich auch noch ins Ausland wollten, leider nie geschafft.

Renommee- vs. Spaß-LL.M.

Ich habe mich dafür entschieden, den LL.M. in einem Land zu machen, das mich faszinierte und das ich gerne kennenlernen und in meiner Freizeit bereisen wollte. In meinem Fall war das Australien, auch wenn es damals von einigen als „Spaß-LL.M." bezeichnet wurde. England oder die USA hätten diesen Anspruch für mich nicht erfüllt und die Kosten wären zudem um einiges höher gewesen (Stichwort: selbstfinanzierter LL.M.).

Auf die University of New South Wales (UNSW) bin ich relativ spät aufmerksam geworden und als das Angebot kam, habe ich mich dafür entschieden, weil ich dort einen Master in Medienrecht machen konnte, was mich damals sehr interessiert hat, auch weil es nicht mein bisheriger Schwerpunkt im Arbeitsrecht war.

An der UNSW gab es unter anderem Blockkurse, die intensiv nur über wenige Tage oder Wochen gingen und damit die Semester- und Reiseplanung sehr erleichterten.

Planen, planen, planen?

Meine Empfehlung ist, möglichst entspannt an die Planung heranzugehen, sich nicht verrückt machen zu lassen. Es gibt immer Dinge, die man nicht im Voraus planen kann, auch wenn wir Deutschen dies gerne tun. Wohnungssuche, Bankkonto eröffnen, SIM-Karte kaufen etc. würde ich in der ersten Woche vor Ort erledigen.

e-fellows.net hat auf der Website zahlreiche Informationen zum LL.M., die mir sehr geholfen haben. Natürlich ist alles sehr aufregend, aber der Aufenthalt wird garantiert super werden.

Meine Highlights
So hatte das Jahr, das ich für mein LL.M.-Studium in Sydney verbracht habe, viele berufliche und private Highlights, auf die ich immer wieder gerne zurückblicke. Wenn ich es kurz zusammenfassen soll, sind es für mich folgende Momente:
- Im Studium: Das Kennenlernen von Kolleg:innen vom ganzen Erdball im einzigen für alle internationalen Studierenden verpflichtenden Kurs „Australian Legal System", mit denen ich zum Teil bis heute in Kontakt stehe.
- Privat: Im zweiten Semester in Manly zu wohnen und mit der Fähre über den Sydney Harbour zur Uni und zurück zu fahren.

Was mir der LL.M. gebracht hat
Der LL.M. war für mich der Auslöser und gleichzeitig das Sprungbrett ins Ausland. Er hat meine Prioritäten zunächst komplett verschoben, von einer steilen Karriere in Deutschland hin zu einem nicht ganz so geraden Karriereweg, der mich schließlich nach Neuseeland geführt hat.

Mit einem LL.M. allein kann man in Australien keine Anwaltszulassung beantragen. Man muss zurück an die Uni und einen Degree machen, bei dem zwar Kurse des LL.M. anerkannt werden, der aber wiederum sehr teuer ist und ca. drei Jahre dauert. In Neuseeland war es etwas einfacher und damit auch günstiger, ich musste ein Jahr an der Uni verbringen und vier Kernkurse (Contract, Torts, Land und Equity Law) bestehen, gefolgt von einer Prüfung in den beiden anderen Kernfächern (Criminal und Public Law). Das hat einen Kleinwagen gekostet, aber es hat sich gelohnt: Ich bin Rechtsanwältin und gleichzeitig Barrister and Solicitor of the High Court of New Zealand. Ich habe über sechs Jahre inhouse in einem Unternehmen in Auckland gearbeitet und bin jetzt als „digital nomad" und Of Counsel im deutschen Recht selbstständig. Ohne den LL.M. hätte ich das nie geschafft.

Die Autorin steht bei Fragen gerne zur Verfügung: judith.erren@gmail.com

Hermann Hoffmann

Dr. jur., LL.M. (GWU)

Ausbildungsrichter

Hanseatisches Oberlandesgericht in Bremen

GW Law – eine charmante Law School in Downtown Washington

The George Washington University Law School – kurz GW Law – ist die älteste, 1865 gegründete, Law School in Washington (DC). Die Law School befindet sich neben dem Weltwährungsfonds und der Weltbank, etwa vier Blocks vom White House entfernt und damit im Herzen der amerikanischen Hauptstadt. Am LL.M.-Programm nahmen rund 130 Studenten aus 47 Staaten und weitere 100 US-amerikanische Studierende teil. Die Law School hat zudem einen überdurchschnittlich hohen Anteil an Teilzeitstudierenden, so dass die Anzahl der Studierenden nie abschreckend groß auf mich wirkte

Es gibt derzeit elf Spezialisierungen im LL.M.-Programm, wobei zwei Programme in verschiedenen Rankings Spitzenpositionen einnehmen: Intellectual Property Law und International and Comparative Law. Letzteres Programm habe ich absolviert. Die Lehrenden der Law School waren zumeist alle lange in der Praxis tätig, was einerseits die Vorlesungen spannender macht, andererseits auch zu vielen interessanten Verbindungen für die Studierenden führt. So konnte einer meiner Mitstudierenden mithilfe eines Völkerrechtsprofessors direkt im Anschluss an das Studium eine Stelle als Clerk am Internationalen Gerichtshof in Den Haag antreten. Durch die Lage der Law School und die Praxisnähe der Professoren gab es jede Woche praxisnahe Veranstaltungen, wobei die Mehrzahl der Konferenzen und Vorträge sich mit dem Völkerrecht, Menschenrechten oder IP Law befassten.

Leben in DC & Finanzierung des LL.M.-Studiums

Washington hat leider sehr hohe Mietpreise. Rund um den Campus muss man mit mindestens 1.500 bis 2.000 US-Dollar für die Miete rechnen, außerhalb des Campus mit 1.000 bis 1.500 US-Dollar. Die höheren Kosten für eine Innenstadtlage lohnen sich dann, wenn man konsequent die Vorteile nutzt. Veranstaltungen von Botschaften, der Weltbank oder der Washington Foreign Law Society haben mir die Möglichkeit gegeben, eine Vielzahl interessanter Persönlichkeiten kennenlernen zu dürfen. Hinzu kommt, dass die Stadt immer wieder Referendar:innen, Anwält:innen, Praktikant:innen oder Politiker:innen aus Deutschland und der ganzen Welt anzieht.

Die deutschen Stipendienprogramme zum LL.M. sind eher begrenzt, so dass es wichtig ist, auch nach Förderungsmöglichkeiten von amerikanischer Seite zu schauen. GW Law vergibt jedes Jahr mehrere Stipendien an ausländische Studierende. Diese Stipendien ermöglichen einen teilweisen oder sogar vollständigen Erlass der Studiengebühr. In der Vergangenheit und auch in meinem Jahr sind oft deutsche Studierende als Stipendiat:innen ausgewählt worden. Mir hat das Stipendium die Finanzierung meines Aufenthalts an der GW erst ermöglicht. Einige Mitstudierende in meinem Jahrgang, die zunächst nur ein niedriges Stipendium hatten, konnten sich mit ihren Noten aus dem ersten Halbjahr erfolgreich für eine nachträgliche Erhöhung des Stipendiums bewerben. Die Law School versucht letztlich jedem angenommenen Studierenden so entgegenzukommen, dass das Studium finanzierbar wird. Wichtig ist, dass man bereits bei der Bewerbung darauf hinweist, dass man an ein Stipendium benötigt.

Der optimale Zeitpunkt für ein LL.M.-Studium
Der optimale Zeitpunkt für ein LL.M.-Studium ist schwer allgemein zu benennen und hängt letztlich stark von eigenen Zielen bzw. Strategien ab. Eine wesentliche Motivation war für mich der Glaube, dass die Bedeutung von grenzüberschreitenden Rechtsproblemen und Fremdsprachenkenntnisse für Jurist:innen im Zeitalter der Globalisierung weiter zunehmen werden. Ich habe im Anschluss an das Zweite Staatsexamen noch ein Jahr lang an der Uni gearbeitet, um mit einem wissenschaftlich geprägten Hintergrund die Bewerbungen für LL.M.-Stipendien anzugehen. So habe ich ein Abstract eines Research Papers ausgearbeitet und dieses meinen Stipendienbewerbungen beigefügt. Einige Law Schools fanden das interessant und andere jedoch auch nicht. Keinesfalls ist ein solches Abstract eine Voraussetzung für ein Stipendium.

Beabsichtigt man, im Anschluss an den LL.M. das amerikanische Anwaltsexamen, Bar Exam, zu absolvieren und dann damit auf dem amerikanischen Arbeitsmarkt Fuß zu fassen, so sollte man sich so aufstellen, dass man im Anschluss an das Bar Exam in Amerika verbleiben kann. Viele Networkingveranstaltungen helfen beim Aufbau von Kontakten, die man, wenn man nach Ende des Programms nach Deutschland zurückkehrt, nicht so nutzen kann als wenn man vor Ort verbleibt. Ansonsten dürfte so ziemlich jeder Zeitpunkt empfehlenswert sein. Will man das LL.M.-Programm für eine bestimmte Spezialisierung nutzen, so kann man diese sowohl im Referendariat durch eine geschickte Wahl der Stationen oder in einer Promotion weiterverfolgen oder aber gleich damit den Berufseinstieg anstreben. Und natürlich kann man seinen Interessenschwerpunkt auch gerade im LL.M. herausfinden, da das Kursangebot durch eine enorme Vielfalt besticht und viele Einblicke in neue, bisher unbekannte Rechtsgebiete ermöglicht.

Mein Fazit
Die zwei Mal vier Monate (August–Dezember und Januar–Mai) waren im Rückblick ein unvergleichliches Erlebnis. Gerade die vielen Gespräche über aktuelles Zeitgeschehen und Recht mit Menschen aus der ganzen Welt sind mir in hervorragender Erinnerung geblieben, so dass sich die zeitlichen und finanziellen Mühen zur Vorbereitung eines solchen Studienaufenthaltes letztlich voll und ganz ausgezahlt haben.

Noch heute habe ich dank des LL.M.-Studiums an der GW Law Kontakte zu Jurist:innen aus der ganzen Welt. Diese Kontakte habe ich sowohl beruflich für einen Erfahrungsaustausch als auch privat für unvergessliche Reisen nutzen können.

Der Autor steht bei Fragen gerne zur Verfügung: hhoffmann@gwu.edu

Der LL.M. in der „Hauptstadt der Welt" – Washington, D.C.

Joshua Kriesmann

LL.M. (Georgetown)

Doktorand

Universität Tübingen

Im akademischen Jahr 2022/2023 absolvierte ich meinen LL.M. an der Georgetown University in Washington, D.C. Kurz zuvor, im Frühjahr 2022, habe ich mein Erstes Staatsexamen in Berlin abgeschlossen. Das wirkt zunächst unorthodox, da ich noch während des Prüfungszeitraums Bewerbungen absenden musste und noch keine Noten aus der Staatsprüfung hatte. Dennoch war es genau die richtige Entscheidung für mich – und alles hat geklappt. Bereits während des Studiums hat es mich gleich zwei Mal ins Ausland gezogen: einmal an das Georgetown University Center for Transnational Legal Studies (CTLS) in London und einmal an das Washington College of Law (WCL) der American University in Washington, D.C. Die Wahl der Georgetown University war für mich daher keine zufällige Entscheidung. Die Tatsache, dass die Georgetown University im Bereich „International Law" einen besonders guten Ruf genießt, und meine Passion für das Völkerrecht waren die Hauptgründe, warum ich mich für einen LL.M. mit Spezialisierung in „International Legal Studies" entschieden habe. Die Universität bietet zudem sog. „Certificate Programs" an, die eine weitere Spezialisierung ermöglichen. Ich entschied mich für ein „Certificate in International Arbitration and Dispute Resolution".

Finanzieren konnte ich das Studium mit einem Stipendium der Universität i. H. v. 37.000 US-Dollar und Auslandszuschüssen von der Studienstiftung des deutschen Volkes i. H. v. etwa 32.000 Euro. Die zusätzlichen Kosten, inklusive der Unterkunfts- und Verpflegungskosten, konnte ich decken mit angespartem Geld aus der Studienzeit und aus einer Tätigkeit als wissenschaftlicher Mitarbeiter in einer Großkanzlei, sowie mit einem Teil des Stipendiums der Studienstiftung und dem Studienkredit der KfW. Die Studiengebühren beliefen sich auf ca. 74.000 US-Dollar und man musste mit weiteren 2.000 US-Dollar pro Monat an Lebenshaltungskosten in D.C. rechnen. Auch aufgrund des Stipendiums der Universität habe ich mich für die Georgetown University entschieden und gegen andere Programme mit starken völkerrechtlichen Profilen wie bspw. der NYU oder LSE.

Kurse, die begeistern

Da ich keine Karriere in den USA anstrebe und eine New York State Bar Qualifizierung für meine Lebensplanung keinen persönlichen oder wirtschaftlichen Sinn ergab, konnte ich mich bei der Wahl meiner Kurse frei entfalten. Das hat meine Studienerfahrung besonders bereichert. Neben Kursen im Investitionsschutzrecht und Handelsschiedsrecht habe ich Kurse im allgemeinen Völkerrecht belegt sowie im Bereich der Menschenrechte.

Die Kurse im Schiedsrecht haben eine sehr solide Grundlage für ein an den LL.M. anschließendes Praktikum in einer internationalen Wirtschafts- bzw. Großkanzlei in London gelegt, die sich an diesem Standort auf Schiedsrecht spezialisiert hat. Die Kurse im Völkerrecht wurden von Professorinnen und Professoren unterrichtet, die bereits Jahrzehnte gelehrt haben und u. a. für die Vereinten Nationen und die US-Regierung tätig waren. Besonders herausragend war jedoch der Menschenrechtskurs, den ich belegt habe: das „Human Rights Advocacy in Action Practicum". Bei dem einjährigen Kurs haben wir – zwölf Studierende – die NGO von Nadia Murad, einer Friedensnobelpreisträgerin, unterstützt. Ich habe mich dabei mit der Frage auseinandergesetzt, inwiefern ein Verfahren vor dem Internationalen Strafgerichtshof gegen ehemalige IS-Kämpfer eingeleitet werden könnte. Nicht nur die inhaltliche Auseinandersetzung mit dem Thema war spannend, sondern auch der von der Universität finanzierte „Field Trip" nach Den Haag und Berlin war ein Highlight. In beiden Städten sprachen wir mit Mitarbeitenden internationaler Gerichte, diskutierten mit NGOs und analysierten gemeinsam mit Akademiker:innen und international tätigen Anwält:innen die Herausforderungen der internationalen Strafverfolgung. Die Tatsache, dass der Kurs von drei Professor:innen unterrichtet wurde, war der abschließende Beweis dafür, dass die finanziell gut ausgestatteten amerikanischen Law Schools eine ganz andere Betreuung der Studierenden und damit eine andere Lernerfahrung bieten können als deutsche Universitäten. Selbstverständlich ist das System höherer Bildung in Deutschland insgesamt dennoch besser, insbesondere wegen seines grundsätzlich egalitäreren Ansatzes ohne Studiengebühren.

Freundschaften fürs Leben
Eigentlich ist es noch zu früh, ein Urteil über die Langfristigkeit der während des LL.M.s geschlossenen Freundschaften zu treffen. Und dennoch kann ich mit Optimismus sagen, dass die Menschen, die ich dort kennengelernt habe, mich wohl ein Leben lang begleiten werden. Bereits einige Monate nach dem LL.M. haben mein Freundeskreis und ich unsere erste Reunion in London gefeiert. Die nächste Reunion ist bereits geplant. Natürlich schweißt die gemeinsame Zeit in einem anderen Land, das viele von uns auch kritisch gesehen haben, zusammen. Es ist schön, dass wir uns schon nach einer Woche als „Sunday Group" gefunden haben. Obwohl wir uns anfangs primär an Sonntagen getroffen haben (daher der Name), haben wir den Lerntag im Laufe des Jahrs immer öfter auch während der Woche ausklingen lassen. Bei tollen Ausflügen nach Boston und Philadelphia hat sich unsere Freundschaft zudem weiter gefestigt.

Gute Noten – oder gute Zeit?
Bevor mein Bericht zu einem Ende kommt, möchte ich noch meine Meinung zur Kurswahl, akademischen Studienorientierung und Freizeit während des LL.M.s äußern. Es gibt Menschen mit den unterschiedlichsten Erfahrungen und Erwartungen, die ein LL.M.-Studium aufnehmen. Wichtig ist es bei der Kurswahl und Gestaltung seiner Zeit im Ausland, sich genau bewusst zu werden, was man aus der Erfahrung mitnehmen möchte. Dabei muss man nicht denken, dass man sich entscheiden muss zwischen „viel Arbeiten" und „straight A's" vs. „Freizeit, Reisen und Freunde". Zwischen diesen zwei Polen kann man sich flexibel einordnen und die richtige Balance finden. Dennoch sollte man nicht vergessen, dass der Tag nur 24h hat und man manchmal auch mit guter Zeitplanung nicht alles unter einen Hut bringen kann, weshalb ein Handlungskompass stets helfen kann.

Mein Fazit
Die Georgetown University eignet sich besonders für Studierende mit völkerrechtlicher Orientierung. Insbesondere dann, wenn man sich gegen das NY Bar entscheidet, kann man eine akademisch und persönlich bereichernde Erfahrung in einer tollen Stadt haben. Wichtig ist immer, dass man sich bei Wahl der Kurse zunächst bewusst macht, was man von der Studienzeit erwartet, und dass man nach dieser individuellen Maxime handelt.

Der Autor steht bei Fragen gerne zur Verfügung: jk2111@georgetown.edu

LL.M. (oec.) made in Halle (Saale)

Katharina Hunold
LL.M. oec.
Anwältin
Kanzlei Hunold,
Haldensleben

Am Ende wurde es dann doch noch emotional, obwohl das Wirtschaftsrecht eigentlich keinen Raum für Emotionen bietet: Die Kommilitoninnen und Kommilitonen in wadenlangen schwarzen Talaren, dunkelroten Schärpen, die anerkennenden und wertschätzenden Worte bei der Verleihung der Masterurkunden – und dann fliegen auf Kommando von Prof. Dr. Christian Tietje, LL.M., die Barette beim „traditionellen Hütewerfen" hoch in den blauen Sommerhimmel.

Wirtschaftsrecht/Business Law and Economic Law

Hinter mir liegen bei der großen, sommerlichen Abschlussfeier des Studiengangs Wirtschaftsrecht an der Martin-Luther-Universität (MLU) Halle-Wittenberg nicht nur juristische Vorlesungen wie Wirtschaftsstrafrecht, Steuerrecht und Insolvenzrecht, sondern auch solche ganz ohne Gesetzbuch, mit echten Zahlen, Taschenrechner und Formeln wie Investition und Finanzierung, Buchführung und Bilanzierung. Neben den Top-Juristinnen und Top-Juristen namhafter Wirtschaftskanzleien bei den obligatorischen Praxisseminaren in Kleingruppen, z. B. zu Unternehmenskauf und Markenrecht, war ich auch mitten unter den Wirtschaftswissenschaftler:innen des Instituts für Betriebswirtschaftslehre wie Prof. Dr. Jörg Laitenberger (Finanzierung und Banken) und Prof. Dr. Dr. h.c. Ralf Michael Ebeling (Externes Rechnungswesen und Wirtschaftsprüfung). Rechtliches Fachwissen konnte ich so mit betriebswirtschaftlicher Kompetenz kombinieren. Dies ist es, was den Studiengang für mich so besonders gemacht hat, in kleinen, interdisziplinären Gruppen Studierender verschiedener Fachbereiche von den ganz großen und leidenschaftlichen Dozierenden die Basics zu lernen.

Professor:innen mit Promistatus

So las die Vorlesung im Insolvenzrecht beispielsweise kein geringerer als der Air-Berlin-Insolvenzverwalter Prof. Dr. Lucas F. Flöther und meine Masterarbeit zur Abwicklung der betrieblichen Altersversorgung in der Insolvenz des Arbeitgebers betreute Prof. Dr. Stephan Madaus, Lehrstuhlinhaber für Bürgerliches Recht, Zivilprozessrecht- und Insolvenzrecht an der MLU Halle-Wittenberg, Mitherausgeber, der NZI und beim NOMOS Verlag.

Ein Vierteljahrhundert Wirtschaftsrecht in Halle

Der Studiengang Wirtschaftsrecht wird mittlerweile seit einem Vierteljahrhundert vom Institut für Wirtschaftsrecht der MLU Halle-Wittenberg organisiert. Es handelt sich um einen postgraduellen Masterstudiengang mit 60 Leistungspunkten, der nicht nur von Studierenden parallel zum grundständigen Studium, sondern wie von mir auch berufsbegleitend absolviert werden kann. Die Anzahl der Studienplätze ist auf 25 pro Semester begrenzt. Es gibt eine Zulassungsbeschränkung durch den Uni-NC.

Hoher Praxisbezug

Der Studiengang zeichnet sich durch ein ausgesprochen hohes Maß an Praxisbezug aus. Es war beeindruckend, wie viel ich aus der Lehre mit in meinen Berufsalltag als Rechtsanwältin nehmen konnte. Als dann sogar noch meine Seminararbeit in der NZI als Aufsatz veröffentlich wurde, war mir klar, dass die von den Lehrenden vorgegeben Themen aus den Seminaren, mehr Reichweite besaßen, als das Auditorium der Studierenden.

Individuelle Betreuung

Besonders geschätzt habe ich während des Studiums die individuelle Betreuung durch das Team des Instituts für Wirtschaftsrecht, ob bei der Auswahl der Module, der Anmeldung zum passenden Praxisseminar oder bei persönlichen Fragestellungen. Die Fachstudienberatung, mit Frau Dr. Katja Rath hat immer ermutigt und inspiriert statt zu entmutigen.

Interdisziplinäres Lernen

Viel Mut zu Neuem brauchte die Teilnahme an den Brückenmodulen, bei denen die Studierenden quasi die Rollen tauschen mussten. So sind die Brückenmodule für Studierende mit rechtswissenschaftlichem Background im wirtschaftswissenschaftlichen Bereich verpflichtend und umgekehrt für die WiWis im juristischen Bereich. Besonders in Erinnerung geblieben ist mir dabei die Vorlesung Buchführung, welche ich eigentlich „nur" zur Vorbereitung auf die Klausur in Bilanzierung belegt hatte. Buchführung erwies sich nicht nur bei mir – ich paukte Buchungssätze nun sogar im Zug – sondern auch bei den übrigen Vollblutjuristinnen und -juristen als sehr beliebt. Denn der Dozent hat es verstanden, auch Fachfremde Schritt für Schritt mit seinen Skripten und eigens entworfenen Übungsmaterialien durch die gesamte Buchhaltung zu führen und am Ende stand neben einem passablen Klausurergebnis, die Erkenntnis, dass Buchhalter:innen für den Unternehmenserfolg eine zentrale Rolle einnehmen.

Tieftauchen

Bei den Wahlmodulen ging es dagegen um die individuelle Vertiefung und die fachliche Spezialisierung. Hier haben Studierende die Möglichkeit, sich entsprechend ihren Neigungen mit ihrem Interessengebiet vertieft auseinanderzusetzen. Diese Möglichkeit habe ich aufgrund meiner beruflichen Erfahrung für das Insolvenzrecht nutzen können.

… und weit schwimmen

Auch wenn der Studiengang internationale Austauschprogramme anbietet, brauchte ich nicht über den „großen Teich" schwimmen. Denn internationale Vernetzung gibt es auch an der Saale in Halle. Ein großer Teil der Kommilitoninnen und Kommilitonen kam aus dem Ausland. Zahlreiche Veranstaltungen wurden auf Englisch angeboten. Und wenn ich einmal den „Formelkönig:innen" im Tutorium in Investition und Finanzierung wieder nicht folgen konnte, habe ich an der englischsprachigen Parallelveranstaltung teilgenommen.

Familienfreundlich

Da ich nicht nur berufsbegleitend, sondern auch „familienbegleitend" als Mama studiert habe, schätzte ich besonders das Familienbüro der MLU, welches in den Ferien Kinderbetreuung und tolle Angebote wie Skaterpark, Schwimmbadbesuch und Uni-Kinder-Kino im Hörsaal mit Popcorn und Coca-Cola veranstaltet und damit nicht nur mir wertvollen Freiraum verschafft hat, sondern den Nachwuchs für das Studierendenleben begeistert hat.

Mein Fazit

Klein, fein, praxisnah und ein breites Angebot an rechts- und wirtschaftswissenschaftlichen Modulen mit der Möglichkeit sich individuell zu spezialisieren.

Die Autorin steht bei Fragen gerne zur Verfügung: info@ra-hunold.de

Johannes Rossi
LL.M.

Möglichkeiten in einer „Nische": LL.M. in China

Viele Studierende reizt es, im Ausland zu studieren und später mit internationalem Bezug zu arbeiten. Ein Auslandsaufenthalt in New York, London oder anderen Weltstädten ist hochbegehrt, und Shanghai kann sich nicht nur in diese Aufzählung einreihen, sondern sticht – durch seine Größe, seine Besonderheiten, seine Möglichkeiten – aus der Reihe anderer Zentren der Weltwirtschaft hervor. Wahrscheinlich an kaum einem anderen Ort hat sich in den vergangenen Jahren so viel verändert, und verändert sich noch so schnell, dass man wie kaum irgendwo sonst sich am Puls der Zeit fühlen kann, mit all seinen Widersprüchlichkeiten. Auch wirtschaftlich und medial kommt man an China kaum vorbei, und doch haben nur wenige Zeit vor Ort verbracht. Wer einmal aus der „westlichen Komfortzone" heraus und China aus nächster Nähe erleben will, der ist an der Tongji Universität (Tongji Daxue 同济大学) inmitten der 26-Millionen-Metropole bestens aufgehoben. Der Doppelmasterstudiengang „Rechtsvergleichende Studien zum Deutschen, Europäischen und Chinesischen Recht" in Kooperation mit der Humboldt-Universität zu Berlin und der Universität Konstanz bietet eine ideale Grundlage dafür, sich mit dem chinesischen Recht und China in all seinen Facetten zu befassen.

Administrative Hürden und angenehmer Alltag

Zunächst müssen für das Auslandsjahr zwar gewisse administrative Hürden (Visum, Gesundheitstest, Anmeldung, Bankkonto etc.) überwunden werden, auch unter Pandemiebedingungen war dies jedoch gut zu meistern. Vor Ort lassen sich aufgrund der Förderung aus Mitteln des DAAD, der regelmäßig die Studierenden des Doppelmasterprogramms mit Stipendien unterstützt, die Lebenshaltungskosten gut decken.

Unverzichtbar sind im Alltag chinesische Apps (u. a. WeChat, Alipay, Taobao, Pinduoduo, Meituan, GaoDe, Dianping), die das Leben vor allem „convenient" machen. Online-Shopping, Lieferdienste, Taxis, Züge, Hotels, der Ticket-QR-Code für die U-Bahn, Leihräder – alles lässt sich einfach auf dem Smartphone buchen und verwalten. Insbesondere die Leihrad-Infrastruktur und das U-Bahn-Netz sind gut ausgebaut und angenehm zu nutzen.

Ein vielfältiger Austausch

Shanghai ist nicht nur wegen seiner Größe etwas Besonderes, sondern als „Tor zu China" auch dessen internationalste Metropole, in der das Ankommen nicht schwer fällt – gibt es doch quasi alles: Wolkenkratzer und traditionellere Viertel, chinesische Küche aller Regionen und Restaurants aus aller Welt. Das Leben in Shanghai ist vor allem das, was man daraus macht – schnell, bequem, vielfältig, abwechslungsreich, schlaflos – alles außer langweilig. Es gibt immer etwas zu tun und zu sehen – Kunstgalerien, „Live House"-Konzerte, Parks, „Square Dance" (广场舞) an öffentlichen Plätzen und vieles mehr. Besondere Highlights waren sicherlich das Essen, das Uni-Leben und das Reisen in China.

Die vielfältige chinesische Küche, von scharfem Hotpot bis zu eher süßen „shanghaier" Gerichten, führt dazu, dass man kaum selbst kochen muss und will. Falls einen das Heimweh doch überwältigen sollte, kann man aber inzwischen sogar bei Aldi einkaufen gehen. Neben einer sehr guten Mensa hat die Tongji einen sehr schönen und grünen Campus. Auf dem Campus werden außerdem viele Aktivitäten angeboten

– bestenfalls tritt man dafür den vielen WeChat-Gruppen bei. Als Höhepunkte hervorzuheben sind die durch die Professorinnen und Professoren organisierten Exkursionen, etwa die Besichtigung des Supreme Court in Peking, eine Führung durch das Nationale Richterkolleg und ein Besuch beim Pekinger „Internet Gericht" bei denen es viel Gelegenheit zu Fragen, etwa hinsichtlich der Digitalisierung der chinesischen Justiz, gab. Daneben wurde ein Ausflug zum Internet-Konzern Alibaba in Hangzhou ermöglicht und etwa der Campus der Zhejiang Universität besichtigt. Auch der Besuch einer „Grassroots Legislative Station" stand auf dem Plan. Die Lehrenden tragen so ganz grundlegend zum erfolgreichen Austausch und vielschichtigen Einblicken und Eindrücken bei. Außerdem ermöglicht die Universität immer wieder Besuche bei Unternehmen und Organisationen (CIETAC, Porsche, BVB), zu denen sich die Studierenden anmelden können. Shanghai ist vor allem eines: eine Stadt der Möglichkeiten, fachlich wie persönlich. Die Vorlesungen geben unter anderem einen Überblick über Chinas Entwicklung und das chinesische Rechtssystem, führen in das chinesische Zivil- und Strafrecht ein und legen ansonsten einen Fokus auf das Recht des geistigen Eigentums und (internationale) Wirtschaftsrecht. Gerade an der Tongji gibt es einige Studierende, die Deutsch lernen und die sich über jede Gelegenheit freuen auch auf Deutsch zu kommunizieren. Nicht zuletzt durch die deutsche Geschichte der Uni besteht natürlich viel Interesse an Deutschland und viele Gelegenheiten in Kontakt zu kommen, wodurch man wiederum viel über die chinesische Kultur lernen und erfahren kann. Letztlich sind es, trotz auch einer fachlich spannenden Zeit, die Menschen, die den Aufenthalt besonders und lohnenswert machen. Schließlich sollte man, trotz all der Dinge, die Shanghai zu bieten hat, auf jeden Fall die Möglichkeit nutzen, auch innerhalb Chinas zu reisen. Shanghai ist zwar ein guter Anfang, aber China ist mehr – und auch anders – als Shanghai. Wer mehr von China sehen will, der hat in Shanghai eine perfekte Basis für das Reisen, sowohl für Kurztrips in die nähere Umgebung (Suzhou, Hangzhou etc.) als auch zu weiter entfernten Zielen. Neben Flügen sind die Hochgeschwindigkeitszüge empfehlenswert, mit denen man zum Beispiel in nur viereinhalb Stunden in Peking sein kann. Wer mehr Zeit mitbringt, kann auch Nachtzüge nehmen, wodurch sich komfortabel, pünktlich und verlässlich durch China reisen lässt.

Insgesamt bietet ein Studium in diesem LL.M.-Programm neben dem Einblick in eine – zwar wichtige, aber immer noch – fachliche Nische, die außergewöhnliche Möglichkeit den Alltag in China und dessen Besonderheiten zu erfahren. Vor allem aber ist es die Möglichkeit viele Menschen „vor Ort" kennenzulernen. Für alle, die sich für eine Arbeit in und „mit China" (und man wird auch in Zukunft ab einem gewissen Punkt kaum daran vorbeikommen) interessieren, öffnet ein solches Studium viele Perspektiven. „China-Kompetenz" wird wohl auch in den nächsten Jahren rar bleiben, aber für verschiedene Bereiche eine zentrale Rolle spielen. Das LL.M.-Programm ist ein wichtiger und fruchtbarer Teil des deutsch-chinesischen Austauschs, nicht zuletzt, wenn auch die chinesischen Kommilitoninnen und Kommilitonen die Reise nach Deutschland antreten. Für deutsche LL.M.-Studierende bietet der Aufenthalt in China und das Studium in Shanghai eine einzigartige, an Fülle, Breite und Vielfalt der Möglichkeiten, Eindrücke und Erfahrungen kaum zu übertreffende „Nische".

Der Autor steht bei Fragen gerne zur Verfügung: johannes.rossi@gmx.de

Sebastian J. Kasper

LL.M.

Wissenschaftlicher Mitarbeiter

Universität Passau

Nicht nur Leprechaun, St. Patrick und Bloomsday …

Leprechaun (/ˈlep.rə.kɔːn/). Wer dieses Wort problemlos „entziffern" oder gar vollständig richtig aussprechen kann, ist bereits mit der irischen Kultur vertraut und kann in etwa erahnen, worauf man sich – neben dem akademischen Fortschritt (dazu weiter unten) – während eines LL.M.-Aufenthalts in Irland bzw. Dublin freuen kann. Ich habe während meines LL.M.-Jahres am Trinity College Dublin unheimlich viel über die irische Kultur dazugelernt und bin weiterhin von ihr fasziniert. Aber von vorn …

Eine Insel der Spannung

Als ich mich mit dem Kapitel „LL.M." in meinem Leben beschäftigt habe, war ich ebenfalls auf der Suche nach Erfahrungsberichten, Tipps, Tricks und „dem richtigen" Weg. Dabei halfen mir Kolleginnen und Kollegen, Freundinnen und Freunde, aber auch der e-fellows LL.M. Guide. Nicht zu unterschätzen sind der Zeitaufwand und insbesondere zeitliche Vorlauf, den die LL.M.-Bewerbung(en), Bewerbungen für Stipendien, IELTS-/TOEFL-Test(s), Wohnungssuche und übrige Vorbereitungen benötigen. Ein Jahr Vorlauf ist daher wahrlich nicht übertrieben. Was die Finanzierung angeht, sollte man sich zudem nicht davor scheuen, abseits der üblichen Förderer zu suchen und kreative Idee z. B. in Kooperation mit Arbeitgebern in Betracht zu ziehen. Ein längerer Atem kann besonders dann nicht schaden, wenn etwaige Förderzusagen erst in letzter Sekunde getroffen werden (können). Es heißt daher: Durchhalten und nicht verzagen.

Irland und insbesondere das Trinity College Dublin ist mit seinen vielfältigen LL.M.-Angeboten – General, International and Comparative Law, International and European Business Law, Intellectual Property and Information Technology Law sowie Law and Finance (M.Sc.) – breit aufgestellt und erlaubt es, in einem internationalen Umfeld mit erfahrenen Expertinnen und Experten zu forschen und von ihnen zu lernen.

Aufgrund seiner Geschichte, die von vielen Krisen und Konflikten geprägt ist und weiterhin beeinflusst wird, ist Irland für diejenigen, die sich für Aussöhnungsprozesse, das Internationale Recht, die realen Folgen des Brexit oder gesellschaftliche Veränderungsprozesse der letzten zwanzig bis dreißig Jahre interessieren (darunter der Einflussverlust der römisch-katholischen Kirche, die Finanz- und Wirtschaftskrise oder der Wandel von einem Emigrations- zu einem Immigrationsstaat), eine Destination, die über den akademischen (Lern-)Alltag hinaus rechtliche Regelungen erfahrbar werden lässt. Für mich war die Wahl des Studienortes und der Spezialisierung auf International and Comparative Law mit Schwerpunkten im Völker- und Europarecht, der Rechtsvergleichung und Einblicken in verschiedene nicht-europäische Rechtsordnungen eine sehr gute und passende Entscheidung.

Akademisch wertvoll

Als ich mich für meinen LL.M. bewarb war ich fest davon überzeugt, meine Dissertation bis zum Studienbeginn abgeschlossen zu haben. Dies ist sich nicht ganz ausgegangen und war – im Nachhinein – m. E. auch eher förderlich. Der Schritt aus meiner deutsch-juristischen Bubble hinaus in ein internationales Umfeld, das auf Recht nochmals gänzlich anders blickt, hat mich darin bestärkt, ein paar Aspekte meines europarechtlich geprägten Dissertationsthemas deutlicher herauszuarbeiten.

Kleine Gruppengrößen in meinen gewählten LL.M.-Modulen haben zudem viel Raum für Diskussionen und aktive Mitarbeit gelassen. Folglich hatte ich stets die Möglichkeit, über ggf. bereits rudimentär vorhandenes Wissen hinaus, neue Blickwinkel, Fragestellungen und Forschungsansätze kennen- und verfolgen zu lernen. Mein Eindruck ist, dass mich diese Erfahrungen auch hinsichtlich meiner derzeitigen Tätigkeit in einem vom Bayerisches Forschungsinstitut für Digitale Transformation (bidt) geförderten Forschungsprojekt beeinflusst haben.

Für alle künftigen LL.M.-Studentinnen und Studenten könnte es zudem interessant sein, sich die Prüfungsformen der angebotenen Kurse genauer anzusehen. Mir kam es entgegen, in beinahe jedem meiner Kurse – unterschiedlich lange – wissenschaftliche Artikel zu teils frei gewählten Themen verfassen zu können. Dass sich das Auffinden möglicher Forschungslücken nicht immer einfach gestaltet, ist jedoch allgemein bekannt. Dem wurde mit zumeist ausreichender Hilfestellung der Kursleitungen entgegengewirkt, sodass – soweit ich weiß – jede und jeder in meinem Jahrgang Forschungsthemen gefunden hat

120 Societies und vieles mehr

Was nicht zu kurz kommen sollte ist der soziale Austausch. Gleich zu Beginn hatte ich den Eindruck, mit meinem gesamten Jahrgang in eine Art verlängerten Schullandheim-Aufenthalt aufgebrochen zu sein, in dem sich in kürzester Zeit neue Freundschaften und Bekanntschaften bilden und gleichzeitig jede und jeder weiß, dass in etwa zehn Monaten (fast) alle dieses „Schullandheim" wieder verlassen und ihre individuellen Wege gehen werden.

Am Trinity erleichtern einem über 120 sogenannte Societies (in etwa Studiengruppen) ausreichend Ablenkung vom Unialltag: Sei es in verschiedenen Chören, (einer) der weltweit ältesten Debattiergesellschaften, im unieigenen Sportzentrum samt Schwimmbad, beim Hurling, Gaelic Football oder auch in der Schach- oder Theatergruppe. Zwar sind die meisten Societies auf mehrjährige Teilnahmen ausgelegt, aber letztlich gilt auch das freiheitliche Motto: Es wird, was du draus machst.

Und natürlich bietet die „grüne Insel" ausreichend Raum für Kultur-, Landschafts- und weitere Erkundungen. Als „Pflichttermine" sollte man sich das irische Halloween, den St. Patricks Day, den Bloomsday und viele andere Festivals im ganzen Land nicht entgehen lassen. Wer zudem festeres Schuhwerk einpackt, kann wohlmöglich auch den irischen Feen, Leprechaun und Naturgeistern begegnen – und sei es nur nach einem Pint, Whiskey oder einfach lustigem Abend mit aller Welt in irischen Pubs.

Und zu guter Letzt …

Leider habe ich nur sehr wenige gälische Wörter mit nach Hause gebracht, sodass es bei mir auf keinen Fall für den Übersetzungsdienst der EU mit der Qualifikation „Gälisch" reicht. Umso mehr einzigartige Bekanntschaften, neue Freunde, spannende Erfahrungen, vielfältige Ansichten, ausschweifende Diskussionsabende, den ein oder anderen Schafswollpullover … und natürlich einen „LL.M." hinter dem Namen hatte ich dafür im Rückreisegepäck. Missen möchte ich das Jahr auf keinen Fall und ein Wiederkommen ist bereits in Planung. In diesem Sinne: slán leat.

Der Autor steht bei Fragen gerne zur Verfügung: skasper@tcd.ie

Ein Jahr im Paradies

Felix Kiefner

LL.M. (Cambridge), Maitre en droit (Paris I)

Referendar

OLG Karlsruhe

Wer nach dem deutschen Jurastudium nach einer völlig anderen Erfahrung sucht, sollte für den LL.M. nach England gehen. Am besten nach Cambridge. Ich hatte das Glück, dort das Studienjahr 2019/2020 verbringen zu dürfen. Der Zeitpunkt meines Aufenthaltes war etwas ungewöhnlich: Ich verbrachte den LL.M. als Auslandsjahr im Rahmen meines laufenden Dissertationsprojekts, um mit den Engländern zu meinem Dissertationsthema ins Gespräch zu kommen.

Studienort und Vorbereitung

Warum Cambridge? Die Ortswahl erschien mir für meine Situation besonders passend. Cambridge ist renommiert für seine rechtshistorische und rechtstheoretische Grundlagenforschung. Außerdem kann man dort im Rahmen des LL.M.-Programms aus einem breiten Kursangebot frei wählen; so konnte ich Kurse zu Themen besuchen, die für meine Dissertation besonders relevant waren. Ein besonderer Pluspunkt war für mich auch, dass die University of Cambridge nach dem College-System strukturiert ist (dazu unten mehr).

Für die Vorbereitung eines LL.M in Cambridge generell wichtig zu wissen: Die Bewerbung ist aufwändig und die Bewerbungsfristen sind im Vergleich zu vielen anderen Universitäten früh (das Studienjahr in Cambridge beginnt im Oktober, die Bewerbungsfristen enden im Dezember des Vorjahres). Man sollte den Zeitaufwand der Bewerbung nicht unterschätzen (diverse Formulare, Motivationsschreiben, drei Referenzschreiben, übersetzte Dokumente aus dem deutschen Studium, aktueller Sprachtest – IELTS oder TOEFL). Es lohnt sich aber! Eine wesentliche Hürde sind allerdings die Kosten: Seit dem Brexit zahlen Studierende aus dem Ausland für das Jahresprogramm den vollen Auslandsbetrag von rund 39.400 Britischen Pfund. Hier muss man die Finanzierungsmöglichkeiten ausloten. Beliebte Anlaufstellen sind Stipendien von Kanzleien oder spezielle LL.M.-Förderprogramme wie der Deutsche Akademische Auslandsdienst (DAAD) und das Bucerius-Law-Programm der Studienstiftung (beachte hier ebenfalls die frühen Bewerbungsschlüsse). Um die Finanzierung sollte man sich unbedingt frühzeitig kümmern. Anders als in den USA kann man in England grundsätzlich nicht damit rechnen, von den Universitäten bei den Studiengebühren einen „Rabatt" zu erhalten. Es gibt Stipendien für Studierende mit speziellem Hintergrund, die aber nach meiner Erfahrung für LL.M.-Studierende schwer zu bekommen sind.

Studium

Aus dem sehr breiten Kursangebot (eine Übersicht findet sich auf der Internetseite des LL.M. Cambridge) wählte ich die Kurse Advanced Private Law (zivilrechtliches Haftungsrecht), English Legal History, Restitution (Bereicherungsrecht) und Jurisprudence (Rechtstheorie). Jeder Kurs besteht aus wöchentlichen Vorlesungen und vorlesungsbegleitenden Seminaren, die der Wiederholung und Vertiefung des Vorlesungsstoffs dienen. Der Fokus in den Lehrveranstaltungen ist ganz anders als im deutschen Jurastudium. Es geht kaum um die Lösung praktischer Rechtsfälle; im Vordergrund steht die theoretische Stoffdurchdringung, insbesondere im Rahmen von Diskussionen und Seminararbeiten. Besonders toll fand ich am Studium in Cambridge, dass Lehrveranstaltungen in kleineren Gruppen stattfinden, sodass man mit den Dozent:innen gut ins Gespräch kommt. Auch besteht regelmäßig die Möglichkeit, kleinere Essays und Arbeiten einzureichen und hierfür ausführliche Rückmeldungen zu bekommen.

Die Arbeitsbelastung ist insgesamt eher hoch. Das liegt unter anderem an der schieren Textmasse, die man für jeden Kurs bewältigen muss. Die Leselisten für Seminare und Vorlesungssitzungen sind so lang, dass man fast immer eine Auswahl treffen muss. Ein Teil des „Drucks" entsteht aber durch die eher kompetitive Grundstimmung im Semester. Daran sollte man sich regelmäßig selbst erinnern und zwischendurch einen Gang runterschalten, damit genug Zeit für das außeruniversitäre Angebot bleibt.

Am Ende des LL.M.-Jahres werden in jedem Kurs Klausuren geschrieben; wahlweise kann man in einem Fach eine Klausur durch eine Masterarbeit ersetzen. Ich schrieb eine Masterarbeit im Fach Legal History zu einem sachenrechtlichen Thema; hierdurch ergab sich das ganze Jahr über ein persönlicher und interessanter Austausch mit einem der Professoren.

College & Co.
Cambridge lohnt sich nicht nur wegen des einmaligen universitären Veranstaltungsangebots, es ist zugleich eine der schönsten Städte des Landes. Historische Bausubstanz, soweit das Auge reicht! Das Stadtbild wird vor allem geprägt von Kirchen und den spätmittelalterlichen Colleges der Universität. Jede und jeder wird zu Beginn des Studiums einem solchen College zugewiesen (in meinem Fall: Sidney Sussex College). Das College ist zuständig für Unterkunft, Verpflegung und soziale Aktivitäten wie Musik und Sport (es erinnert ein bisschen an Harry Potter). Das tolle am College-System ist, dass man in der Freizeit nicht nur in seiner eigenen „bubble" (Jura) kocht, sondern mit ganz unterschiedlichen Leuten und Disziplinen in Berührung kommt. Neue Freundschaften und tolle Gespräche ergeben sich dann ganz automatisch.

Zu meinen schönsten Erfahrungen in Cambridge zählen das Rudern im Collegeteam und das Chorsingen. Fast jedes der Colleges hat eine eigene Kapelle und einen dazugehörigen Chor. Viele der Chöre sind sehr ambitioniert, manche sogar professionell. Die mehrfach pro Woche stattfindende Probenarbeit ist auf die musikalisch gestalteten Abendgottesdienste (*evensongs*) ausgerichtet. Eine wunderbare Gemeinschaft! Wer Chormusik mag, wird in Cambridge besonders glücklich werden. Menschen, die gern draußen unterwegs sind, werden auch die Natur in und rund um Cambridge sehr zu schätzen wissen. In jeder Himmelsrichtung finden sich lohnende Ausflugsziele. Auch London ist mit etwa eineinhalb Stunden Zugfahrt gut zu erreichen.

Das und vieles mehr hat Cambridge zu einer der besten Erfahrungen in meinem Studium gemacht. Der einzige Haken an der Sache: Man wird wohl nie wieder in einer so tollen Stadt leben. Der Cambridge Blues bleibt am Ende für immer.

Der Autor steht bei Fragen gerne zur Verfügung: felix.kiefner@uni-koeln.de

Von der Idee bis zum Studienplatz: Mein Weg nach Glasgow

Michael Wittlinger

Dr. jur., LL.M. (Glasgow)

Rechtsanwalt

HARTE-BAVENDAMM Rechtsanwälte

„Der LL.M." steht nicht nur für einen akademischen Grad, sondern für eine Lebenserfahrung. In den meisten Fällen bedeutet er, ein spannendes Jahr im Ausland zu verbringen, geprägt von vielen neuen Erfahrungen, Eindrücken und Erlebnissen. In diesem Beitrag möchte ich meine persönliche Reise durch die Planungs- und Vorbereitungsphase schildern, die mich im Studienjahr 2019/2020 für das Programm „International Competition Law & Policy" an die University of Glasgow geführt hat.

Vor dem Referendariat noch einmal ins Ausland

Eine der häufigsten Fragen im Zusammenhang mit dem LL.M. ist die nach dem richtigen Zeitpunkt. Ebenso wie für Promotionsvorhaben kommen im Grunde zwei Zeiträume in Betracht: vor Beginn des Referendariats oder nach dem Zweiten Staatsexamen. Für beide Alternativen lassen sich Argumente finden. Am Ende des Tages gibt es aber weder eine pauschale noch eine „richtige" Antwort, da immer viele und individuelle Umstände eine entscheidende Rolle spielen.

Dementsprechend habe ich meine Entscheidung, den LL.M. noch vor dem Beginn meines Referendariats zu absolvieren, teilweise bewusst, teilweise aus der Situation heraus getroffen. Da ich nach dem Ersten Staatsexamen mit der Promotion begonnen hatte, kam ein LL.M. gleich nach dem Examen gar nicht in Betracht. Die Entscheidung, noch vor dem Referendariat ins Ausland zu gehen, traf ich vor allem, weil ich mir nur sehr schwer vorstellen konnte, nach dem eigentlichen Abschluss der Ausbildung noch einmal in den Universitäts- und Lernalltag zurückzukehren, statt ins Arbeitsleben zu starten. Dieses Gefühl war auch rückblickend völlig richtig.

Die dadurch recht lange Zeitspanne zwischen den beiden Staatsexamina – bei mir waren es fast genau fünf Jahre – empfand ich nicht als hinderlich. Ein möglicher Nachteil kann aber darin liegen, dass man je nach Examenstermin einige Monate überbrücken muss, bis das Studienjahr an der Zieluniversität beginnt. Diese Zeit ist aber nicht verloren, sondern kann produktiv gestaltet werden, etwa für ein Promotionsvorhaben, mit einer Nebentätigkeit in einer Kanzlei oder natürlich auch mit der Vorbereitung auf einen Verbesserungsversuch. Kann oder möchte man aber keine Wartezeit überbrücken, stellt sich die Situation natürlich anders dar und man mag zuerst das Referendariat absolvieren – es gibt keine falsche, sondern nur eine eigene Entscheidung.

Wo anfangen?

Mit der konkreten Planung für den Studienbeginn im September habe ich bereits im Winter begonnen. Eine so frühe Vorbereitung ist keineswegs zwingend und man kann sich auch im Sommer noch „spontan" für einen LL.M. entscheiden. Wer aber beispielsweise gerne in die USA möchte, muss damit rechnen, dass die Bewerbungsfristen insbesondere an den „großen" Universitäten bereits im Dezember des Vorjahres enden. Geht man das Thema frühzeitig an, hält man sich daher alle Optionen offen und erspart sich Zeitdruck. Ich selbst hatte so außerdem die Möglichkeit, mich frühzeitig bei meiner ersten Wahl zu bewerben und weitere Bewerbungen erst danach zu verfolgen. So lässt sich die unbefriedigende Situation vermeiden, einen Studienplatz annehmen zu müssen, bevor man eine Antwort von einer bevorzugten Universität erhalten hat.

Um einen Überblick über die Vielzahl der Universitäten und Programme zu erhalten, hat mir die Webseite llm-guide.com als erste Anlaufstelle sehr geholfen. Dort findet man gebündelt eine Vielzahl an Informationen und Suchoptionen, mit denen sich eine erste Vorauswahl treffen lässt, z. B. nach Ländergruppen oder spezialisierten Programmen. So wollte ich meinen LL.M. im Kartellrecht und in einem Land absolvieren, in dem Englisch Amtssprache ist, was die Auswahl schon deutlich einschränkte. Über die Webseiten der dann in Betracht kommenden Universitäten habe ich weitere Informationen zusammengetragen, etwa zu den Bewerbungsfristen und -anforderungen, zur Verfügbarkeit von Wohnheimen oder zum Curriculum. Die meisten Universitäten haben außerdem konkrete Notenanforderungen, die zwar häufig nur auf das heimische Notensystem bezogen und deshalb nicht auf deutsche Examensnoten übertragbar sind, aber bei den in der Regel sehr hilfsbereiten Ansprechpersonen erfragt werden können.

Meine Entscheidung für Glasgow
Auf dieser Grundlage konnte ich meine Optionen abwägen, z. B. nach Attraktivität des Programms, der Universität, der Stadt und des Umlandes sowie finanziellem Aufwand. Hier kann und sollte man eigene Schwerpunkte setzen und sich auch nicht davor scheuen, vermeintlich zweitrangige Faktoren wie Wetter, Freizeitwert und Bauchgefühl einzubeziehen. Ausschlaggebend für Glasgow als meine erste Wahl waren das spannende Programm, das Leben in einer alten britischen Industriestadt sowie die verlockende Aussicht auf lange Sommernächte und Wanderungen in den Highlands. Damals waren die Studiengebühren in Schottland für Unionsbürger:innen noch reduziert, mittlerweile sind sie aber auch dort – wie in sehr vielen anglo-amerikanischen Ländern – schon fast prohibitiv hoch.

Folgerichtig bewarb ich mich in Glasgow als erstes und erhielt bereits im Februar eine Zusage, sodass sich weitere Bewerbungen erübrigten. Das gab mir genügend Zeit, mich um eine Unterkunft zu kümmern. Zur Wahl stehen der private Wohnungsmarkt, aber jedenfalls in anglo-amerikanischen Universitätsstädten gibt es auch ein sehr großes Angebot gut ausgestatteter und moderner Wohnheime sowohl der der Universitäten als auch von privaten Trägern. Dort hat man die Möglichkeit, schnell Anschluss zu finden und viele „Internationals" außerhalb des eigenen Studienprogramms kennenzulernen.

Im September ging es dann voller Erwartungen und Vorfreude nach Glasgow. Den LL.M. dort erlebte ich als das, was er ist: eine fachliche Weiterbildung, aber vor allem auch eine persönliche Erfahrung. Alle, die dazu die Möglichkeit haben, kann ich nur von Herzen motivieren, diese Erfahrung zu machen und sich bei den oben angerissenen Entscheidungen von den eigenen Vorlieben und Umständen leiten zu lassen, um das Bestmögliche aus dieser tollen Zeit herauszuholen.

Der Autor steht bei Fragen gerne zur Verfügung: michael.wittlinger@posteo.de

Der Traum von Berkeley

Christopher Schletter

Dr. jur., LL.M. (Berkley), Attorney at Law California

Anwalt

Weil, Gotshal & Manges LLP

Alles begann mit einem Traum. Nicht einem konkreten Bild, wie sich manche Sporttreibende ein Siegerfoto mit sich selbst vorstellen – hier das Treppchen, dort der Blumenstrauß – sondern ein diffuses Fernweh nach einer Universität, die so weit weg von meinem Leben zu sein schien. Schon seit dem Beginn des Studiums übte der Mythos Berkeley eine immense Anziehungskraft auf mich aus – der „perfekte" Master an der besten öffentlichen Universität der Welt direkt am Rande des innovativen Silicon Valley.

Von Berkeley trennte mich jedoch ein tiefer Graben aus den höchsten akademischen und finanziellen Ansprüchen, die ein solcher Abschluss an einer US-Eliteuniversität mit sich bringt. Einen Hoffnungsschimmer brachten der Abschluss meines ersten Staatsexamens und eine spannende Promotionsstelle im Bereich Kapitalmarkt-Compliance, mit denen ich ein starkes akademisches Profil aufbauen konnte. Dadurch motiviert fing ich an, mich näher mit dem Thema LL.M. auseinanderzusetzen. Die besten Ressourcen waren für mich Erfahrungsberichte aus dem Expertenbuch von e-fellows sowie der LL.M. Day, den ich allen Interessierten wärmstens empfehlen kann. Hinzu kamen persönliche Gespräche mit Alumni der Universitäten meiner engeren Auswahl, die ich initiativ kontaktiert hatte. Zwei Dinge wurden hierbei deutlich: Zum einen würde meine Qualifikation auch für eine US-Eliteuniversität genügen, zum anderen bestünden gute Chancen auf einen erheblichen „Tuition Waver" bei den Studiengebühren – nur eben nicht in Berkeley. Als öffentliche Universität fehlt ihr für die Subvention internationaler Studierender schlicht das Geld. Mein Traum drohte also, an der Finanzierung zu scheitern.

Finanzierung als individuelle Herausforderung

Den „einen Weg" zur Finanzierung gibt es nicht. Die Vielzahl an angebotenen Stipendien täuscht darüber hinweg, dass diese nur einem Bruchteil aller Studierenden planbar zur Verfügung stehen – zumal oft derselben Person mehrere Stipendien gewährt werden. Angesichts des hohen Zeitaufwands für Recherche und Bewerbungen war mir bewusst, dass ich mich nicht auf die diffuse Hoffnung einer Zusage zum Ende meines Bewerbungsprozesses stützen würde. Stattdessen arbeitete ich zunächst in einer Kanzlei. Neben meiner Promotion hätte ich jedoch niemals den vollen Betrag erarbeiten können, sodass ich zusätzlich Angebote für Darlehen speziell für ein Studium in den USA einholte. Leider waren die Konditionen so beschaffen, dass am Ende Zinsen an der Höchstgrenze zum Wucher drohten. Darauf würde ich mich keinesfalls einlassen! Stattdessen folgten viele Gespräche mit den Bankberatern meiner örtlichen Hausbanken im ländlichen Raum. Ich hatte Glück und konnte mit der Hilfe meiner Eltern eine Bankfiliale überzeugen, den Großteil der Studiengebühren zu finanzieren. Zusammen mit dem gesparten Eigenkapital und einem zugänglichen kleineren KfW-Kredit wurde endlich der Weg nach Berkeley frei.

Der Prozess hat mir das Privileg des Besuches einer solchen Universität verdeutlicht. Mir war klar, dass ich schon im Referendariat eine Nebentätigkeit für die Rückzahlung benötigen würde – womit aber wiederum substantielle Steuervorteile wegen meines „Zweitstudiums" verbunden waren. Am Ende half auch die Disziplin bei der Lebenshaltung, denn ich fand ein günstiges Zimmer bei einer Fraternity mit ganz besonderem Charme.

Irrfahrten der Bürokratie

Ich hatte Deutschland immer für ein bürokratisches Land gehalten. Nichts hatte mich jedoch auf den dysfunktionalen Bewerbungsprozess in den USA vorbereitet. Dieser ist über die Organisation LSAC gebündelt. Nicht nur ist jeder Schritt der Bewerbung kostenpflichtig, sondern auch mit einer Vielzahl an Hürden gespickt. So müssen Unterlagen von der deutschen Universität nach bestimmten Vorgaben verschickt werden, wobei man für deren Zugang gerne vier Wochen einkalkulieren kann. Dies setzt voraus, dass die eigene Universität Ressourcen bereitstellt, um die Anforderungen umzusetzen – gerade bei kleineren Universitäten keine Selbstverständlichkeit. Trotz der Hürden ist man in den USA gehalten, sich nach Möglichkeit auf mehrere Programme mit einem hohen Ranking zu bewerben, um so über die Zusage und Nachlässe bei Studiengebühren an der Wunschuniversität zu verhandeln. Aufgrund von bekannten Erfolgen kaufmännischer veranlagter Studierender würde ich dies rückblickend ebenfalls tun.

Die Bürokratie bei der Visa-Vergabe hatte mich eher positiv überrascht. Anders hingegen stellte sich die Registrierung für das berüchtigte California Bar Exam dar. Auch hier verkompliziert die verpflichtende Arbeit mit externen Dienstleistern den Prozess immens. Weiteres Frustrationspotential bietet jeder Versuch, Rückfragen an das Personal des Califonia Bar selbst zu stellen. Damit verglichen war das eigentliche Examen gut zwei Monate nach dem Ende meines LL.M. ein „walk in the park".

Der Traum wird wahr

Die Monate vor dem LL.M. vergingen wie im Flug. Im wärmsten Jahr seit Beginn der Aufzeichnung verbrachte ich den Jahrhundertsommer 2018 vor allem mit der fiebrigen Fertigstellung des Erstentwurfs meiner Doktorarbeit. Der Beginn des LL.M. diente als meine künstliche Deadline, um die bekannte Gefahr einer Endlospromotion abzuwenden. Mitte August fand ich mich dann in einem ganz anderen Leben wieder. Es war faszinierend: Egal wie alt man ist, jeder wird zum Beginn des LL.M. wieder zu einem Erstsemester. Mit allem was dazu gehört – der Euphorie, dem Neuanfang, und der Gemeinschaft. Einen besseren Ort als Berkeley kann ich mir dafür nicht vorstellen. Der große Campus bietet das volle Spektrum studentischer Aktivitäten (Geheimtipp „Cal Sailing Club" zum Windsurfen in der Bay), wunderschöne Nationalparks sind relativ schnell zu erreichen und mit San Francisco liegt eine pulsierende Großstadt direkt vor der Tür. An der Law School habe ich den Schwerpunkt auf Venture Capital gesetzt und konnte auch an der Haas Business School Kurse belegen – ein echtes Highlight. Trotz scheinbar unbegrenzter Möglichkeiten empfiehlt es sich, lieber etwas weniger Kurse zu belegen und diese voll auszuschöpfen. Die Professoren sind bestens vernetzt, und so manchen herausragenden Studierenden wurden über dieses Netzwerk außergewöhnliche Job-Angebote vermittelt. Auch wenn man langfristig gerne in Deutschland bleibt, sollte man nicht vergessen, dass mit dem Studienabschluss ein einjähriges Arbeitsvisum in den USA einhergeht. Gerade mit Abschluss des Bar-Exams und etwas Berufserfahrung bestehen gute Chancen für einen praktischen Einblick in die amerikanische Berufswelt. Ich selbst hatte noch einen weiteren Traum verwirklicht und mein eigenes Startup gegründet. Doch das ist eine Geschichte für einen anderen Tag. Ich blicke gerne auf dieses einmalige Jahr zurück, in dem sich die Strapazen voll ausgezahlt haben und mein Traum von Berkeley endlich wahr wurde.

Der Autor steht bei Fragen gerne zur Verfügung: christopher.schletter@weil.com

Englische Eliteuniversität – hohes Niveau, aber doch nur Menschen

Maxim Hohmann
LL.M. (Exeter)
Manager International Tax – Transfer Pricing
Autodoc SE

Einen LL.M. im Ausland, braucht man das überhaupt? Diese Frage stellte ich mir, als ich das erste Mal im Studium auf einen im Ausland erworbenen Master von einem Professor aufmerksam wurde. Die erste Ausgabe von „Der LL.M." von e-fellows.net habe ich dann im Jahr 2011 an der Universität erhalten. Ich habe es mit Markierungen und Klebezetteln versehen. Die Erfahrungsberichte halfen mir besser zu verstehen, dass man beim Studium im Ausland ein anderes Rechtssystem kennenlernen und so ein breiteres Rechtsverständnis gewinnen kann. So habe ich im Studium die Lust auf Auslandserfahrung gewonnen.

Ein LL.M. im Ausland will gut vorbereitet sein. Über die Anforderungen zum Studium sollte man sich mit ausreichend Vorlauf informieren. Zunächst lag mein Fokus auf der Auswahl einer Universität. In die engere Auswahl kamen Institutionen in den USA und im Vereinigten Königreich. Bei der Durchsicht der Anforderungen für die Bewerbung wurde mir klarer was genau noch vorzubereiten war. Neben der Anforderung für gute Noten im deutschen Abschluss setzte ich neue Schwerpunkte auf englische Sprachkenntnisse und die Finanzierung der Studiengebühren (Tuition Fee). Meine Sprachkenntnisse konnte ich durch Praktika in London und ein Auslandssemester in den Niederlanden schärfen. Gleichwohl arbeitete ich neben dem Studium, um die späteren Studiengebühren für den LL.M. zahlen zu können und recherchierte zu möglichen Stipendien. Erst später wurde mir bewusst, dass neben den Studiengebühren auch die Lebenshaltungskosten vor Ort einen erheblichen Anteil der für einen LL.M. im Ausland zu finanzierenden Gesamtkosten ausmacht. Darauf aufmerksam machte mich ein Erfahrungsbericht von e-fellows.net.

Exeter: Alles Top Notch – kein Vergleich zu Deutschland
Das Studium in England unterschied sich erheblich vom deutschen Universitätsleben. Zu meiner Überraschung nahmen sich die Professorinnen und Professoren von Anfang an Zeit für die Studierenden. Am ersten Abend ging es zusammen in den englischen Pub und man war gleich per du. Dennoch verlief die Kommunikation respektvoll und professionell. Die Lehrenden waren für die Studierenden erreichbar und nahmen sich Zeit. Diese für mich damals neue Mentalität wurde auch durch die kleinen Gruppen in den Vorlesungen gefördert. Je nach Modul waren zehn bis 25 Studierende in der Vorlesung. Während meines einjährigen Aufenthalts in Exeter organisierten die Lehrenden zahlreiche Veranstaltungen außerhalb des Curriculums für die Studierenden, von der Teilnahme an Konferenzen zu Fachthemen in London, Job-Messen bis zum Kaffee zu zweit auf dem Campus.

Extrem positiv war auch die Ausstattung der University of Exeter. Der Campus liegt idyllisch auf einem Hügel. Somit war morgens das Sportprogramm auf dem Weg zur Vorlesung gesichert. Insgesamt ist der Campus sehr abwechslungsreich und modern. Gleichwohl ist er sehr grün mit vielen Bäumen und Pflanzen. Anders als in Deutschland, wo ich teils den Eindruck hatte die Möblierung der Vorlesungsräume wurde schon von Studierenden vor 30 Jahren verwendet, sind die Vorlesungsräume in Exeter sehr modern und auf dem neusten Stand der Technik. Neue Raumkonzepte wurden umgesetzt, jeder Vorlesungsraum verfügte über moderne Monitore die interaktiv genutzt werden konnten und an jedem Platz gab es ein Mikrophon, um die eigenen

Redebeiträge für alle gut verständlich zu machen. Letztere wurden intensiv in den Diskussionen über den vor der Vorlesung durchzuarbeitenden Lernstoff genutzt. Anders als in Deutschland wurden in Exeter nicht PowerPoint Folien abgearbeitet. Der Lernstoff war durch die Studierenden vor der Vorlesung durchzuarbeiten. Pro Kurs und Woche galt es 500–600 Seiten Lesestoff vorzubereiten. In der Vorlesung wurde der Lesestoff durch interaktiven Austausch zwischen Professor:in und Studierenden vertieft. Die Vorbereitung erfolgte flexibel, entweder von Daheim oder in der Bibliothek auf dem Campus. In Exeter waren schon damals alle Bücher und Fachzeitschriftartikel Online verfügbar. Über die universitätseigene Lernplattform konnte ich mir die Literatur herunterladen, markieren und Notizen machen. Die Bibliothek war 24/7 geöffnet und mein absoluter Lieblingsort zum Lernen. Sie bot sehr viele freundlich gestaltete Lernflächen, die abwechslungsreich waren. Neben Orten zum Lernen in absoluter Ruhe gab es auch Räume für Gruppenarbeit und Präsentationen, je in verschiedenen Größen, Areale für einen entspannten Austausch und zum Essen. Der gesamte Campus in Exeter lädt zum Studieren ein und bietet etwas für jeden Geschmack. Die sehr gute Ausstattung der Universität resultiert vermutlich aus den im Vergleich zu Deutschland hohen Studiengebühren.

Südengland – Strand und Palmen
Exeter liegt im Süd-Westen von England und ist mit dem Zug von London in etwa drei Stunden zu erreichen. Die englische Kleinstadt bietet alles was man braucht. Der Strand samt Palmen ist nicht weit entfernt. Leider lädt das englische Wetter nicht oft zum Baden ein. Die Studentenwohnheime liegen direkt auf dem Campus. Für ausländische Studierende war es nicht schwer einen Platz im Wohnheim zu bekommen. Für die Unterkunft im Wohnheim gab es verschiedene Kategorien, vom eigenen Studio bis hin zum geteilten Zimmer. Ich hatte mein eigenes Zimmer und durfte mir die Küche und Bäder mit vier weiteren Studierenden teilen. Insgesamt sind die Lebenshaltungskosten in Südengland recht hoch und sind ein nicht zu unterschätzender Kostenfaktor für das Studium.

Auf dem Campus in Exeter konnten fast alle Sportarten praktiziert werden. Studierende konnten sich zum Beispiel einen Tennisplatz oder ein Basketballfeld für einen angemessenen Preis buchen. Natürlich gab es auch ein Gym. Darüber hinaus konnten sich Wohnheimbewohner:innen eine Küche zum gemeinsamen Kochen kostenlos zu mieten. Die Küche war modern und mit allem ausgestattet, was man zum Kochen braucht (zwei Backöfen, Herd, Töpfe, Kochutensilien). Gemeinsam mit Freunden nutzte ich diese Küche regelmäßig zum gemeinsamen Kochen und Essen. Es gab Gerichte aus aller Welt. Das internationale Umfeld in Exeter war für mich ein weiterer Pluspunkt.

Fazit
Die Zeit in Exeter möchte ich nicht missen und ich erinnere mich noch immer gern an die Zeit in der Bibliothek, die hitzigen Diskussionen in den Vorlesungen sowie die Kochabende mit Freunden. Exeter hat ein ausgezeichnetes Programm für Alumnae und Alumni. Regelmäßig werde ich zu Veranstaltungen auf der ganzen Welt und auch in Deutschland eingeladen, bei denen die Universität teilweise Abendessen und Getränke in chicen Locations zum Netzwerken mit anderen Alumnae und Alumni sponsort.

8. Porträts von Hochschulen und Kanzleien

- 180 George Washington University
- 181 IE Law School
- 182 Institute for Law and Finance, Frankfurt
- 183 Northeastern University
- 184 Texas A&M University
- 185 University of California – Los Angeles (UCLA)
- 186 University of California Law San Francisco
- 187 University of Colorado Law School
- 188 University of Miami
- 189 University of Minnesota
- 190 University of Southern California
- 192 ARQIS Rechtsanwälte Partnerschaftsgesellschaft mbB
- 196 CMS Deutschland
- 200 Gibson, Dunn & Crutcher LLP
- 204 Gleiss Lutz
- 208 Kirkland & Ellis International LLP
- 212 Linklaters LLP
- 216 Milbank LLP
- 220 Noerr
- 224 Sidley Austin (CE) LLP
- 228 Taylor Wessing Partnerschaftsgesellschaft mbB

George Washington University

As the oldest law school in Washington D.C., The George Washington University Law School has a stellar record of educating leaders in the field of law. The LL.M. programs at GW Law allow students to combine traditionally taught courses with in-depth seminars, internships, and skills training for a complete approach to legal education. Because of its location in Washington D.C., the law school offers unparalleled opportunities for the study and observation of law in action.

Faculty
Our faculty of well-respected scholars and practitioners engages students with a stimulating curriculum that teaches legal skills through extensive practice, academic coursework, and scholarly research. In addition, our adjunct faculty is drawn from legal practitioners in D.C.

Programs of Study
Students can choose from a general LL.M. degree or from one of eleven specialized degrees. With a broad curriculum featuring more than 275 elective courses, along with strong academic and personal support, the law school offers an exceptional academic environment.

Hands-on Experience
Students gain practical experience in externships at nearby institutions, including major international organizations, nonprofits, courts, federal government agencies, and international dispute settlement bodies.

Our Alumni
Our graduates become leaders around the world in business, international organizations, the judiciary, government, and private legal practice. Notable recent appointments for our LL.M. graduates include: Ambassador from Tanzania to the United States, Ambassador from Romania to the United Kingdom, High Court Judge of the Eastern Caribbean Supreme Court, Director of the Climate and Energy Program at the Center for International Environmental Law, President of the Andean Community Court of Justice, and Prime Minister of Mongolia.

Online LL.M. available

LL.M. programs: Business and Finance Law, Energy and Environmental Law, Environmental Law, General LL.M., Government Procurement Law, Government Procurement and Environmental Law, Intellectual Property Law, International and Comparative Law, International Environmental Law, Litigation and Dispute Resolution, National Security and Cybersecurity Law, National Security and U.S. Foreign Relations Law

Number of students per year: 150

Start and length of programs: fall or spring semester, 1 year

Closing date for applications: March 15 and November 1

TOEFL/IELTS score required: 100 (TOEFL iBT)/7.0 IELTS

Contact details:
Shehernaz Joshi, +1 202 994-7242
llmadmissions@law.gwu.edu
www.law.gwu.edu

IE Law School

IE Law School sets a global standard of contemporary legal education and experience. Through our unique blend of comparative approach to law, the use of cutting-edge teaching methodologies and the impact of our research, we prepare our students to practice excellence in the field and play a significant role in society's pursuit of Justice and the Rule of Law. We're active in the study of all the fields related to social normativity and binding rules, including law, jurisprudence, compliance, deontology, and ethics. We believe the best way to generate and sustain meaningful social impact is through readying exceptional legal professionals for the future of the sector, educating them on the solid foundation of IE University's principles, making them flourish as internationally minded and impactful jurists.

Master of Laws (LL.M.)

Defined by its comparative methodology and international orientation, the Master of Laws (LL.M.) gives students hands-on experience in skills such as cross-border transactions and transnational law. Students can either specialize in one of four major legal fields – see *Special focus areas*. Being able to choose their specialization gives students the definitive training for continued success in the area of law they're passionate about.

Master in International Legal Studies

This LL.M. is the definitive program for aspiring international lawyers. Its multidisciplinary, comparative approach and particular emphasis on international economic law and human rights are specifically designed to address our complex and changing international legal systems. Covering everything from emerging tech to the application of law under differing economic and political contexts, including elective concentrations, mentoring and immersive experiences abroad.

LL.M. program: Master of Laws in International Legal Studies, Executive LL.M.

Special focus areas: International Business Law, International Dispute Resolution, Intellectual Property & Technology Law, International taxation

Start and length of programs: September; 10 months

Closing date for applications: rolling admissions process

Number of students per year: 56

TOEFL/IELTS score required: 95 (iBT)/7.0 (IELTS)

Tuition fees: EUR 33,000 (LL.M.), EUR 42,000 (Executive LL.M.)

Contact details:
José Ignacio Fernández-Salvador
Paseo de la Castellana 159 E
28646 Madrid
+34 91 5689600
LaIR.Recruitment@ie.edu
www.ie.edu/law-school

Online LL.M. available

Institute for Law and Finance, Frankfurt

The LL.M. Finance Program: International, Interdisciplinary and Practice-Oriented

The ILF offers a unique interdisciplinary Master of Laws in Finance (LL.M. Finance) program to well-qualified law, business, or economics graduates. Courses in this highly specialized program are conducted entirely in English. ILF students are fully-enrolled members of Goethe University in Frankfurt which confers the LL.M. Finance degree.

About 50 highly qualified international graduates from more than 20 countries are admitted to the program. The excellent faculty-student ratio of 65 to 50 ensures small classes and thus academic excellence and direct personal contact between students and the faculty. This program is aimed at those who have an interest in combining theoretical knowledge with practical training in law and international finance. The curriculum is interdisciplinary and overcomes the traditional separation of the academic disciplines of law and business/economics. The faculty consists of both prominent academics as well as experienced practitioners from Europe's financial world, e.g. leading international law firms, major banks, the European Central Bank, the German central bank and BaFin (German Federal Financial Supervisory Authority).

The LL.M. Finance program also incorporates a special two-month internship with public and private institutions which support the ILF. The ILF is extremely proud of its strong and supportive network of alumni coming from more than 88 nations all over the world. The ILF, located in Frankfurt am Main, Germany, the major financial center in Europe, provides the ideal location to train young professionals to deal with current and future legal and financial challenges.

INSTITUTE FOR LAW AND FINANCE
Goethe-Universität Frankfurt am Main

LL.M. program: Master of Laws in Finance

Special focus areas: Law and Finance

Length of program: 1 year (full-time), 2 years (part-time)

Start of program: October, rolling admissions process

Number of students per year: about 50

TOEFL score required: 100 (iBT)

Tuition fees: EUR 20,000 (full-time), EUR 24,000 (part-time)

Contact details:
Institute for Law and Finance
Goethe-Universität Frankfurt
Campus Westend, House of Finance
Theodor-W.-Adorno-Platz 3
60323 Frankfurt am Main
+49 69 798-33624
LLM@ilf.uni-frankfurt.de, www.ilf-frankfurt.de

Northeastern University

Northeastern's On-Campus LL.M. offerings allow students to customize the curriculum to meet their particular needs. Students can pursue the General LL.M. or choose from a variety of concentrations. All LL.M. students participate in nine months of classroom instruction; an additional three-month co-op is available to qualified students.

"Co-op", Northeastern's signature approach to experience-based education, gives students the opportunity to complete 15 weeks of full-time legal practice experience as part of the LL.M. program.

International Business Law
Tackle the complexities of cross-border practice with legal academics who are themselves experienced transnational practitioners.

Intellectual Property and Innovation
Dive into the ever-changing fields of technology and creativity with courses such as Information Security, Intellectual Property, and Entertainment Law.

Health Policy and Law
Take full advantage of studying and working in Boston, a community rich in hospitals, research centers, and biotech start-ups. It's the ideal setting for expanding your knowledge and honing your skills.

Human Rights and Economic Development
Join us in our long-standing commitment to promoting social, cultural, political, and economic rights, all while preparing for a legal career working with NGOs, government offices, advocacy firms, or community service agencies.

Special focus areas: General U.S. Law; concentrations: International Business Law, Intellectual Property & Innovation, Health Policy & Law, Human Rights & Economic Development

Start and length of program: fall; 9 months, 12 months with co-op

Closing date for applications: April 1 (priority deadline for admission in fall)

Number of students per year: approximately 30–35

TOEFL/IELTS score required: 85 (iBT)/ 6.5 (IELTS); 79–84 iBT will be considered with interview

Tuition fees: USD 60,408 (2023–24)

Contact details:
Northeastern University School of Law
+1 617 373-6970
llminfo@northeastern.edu
law.northeastern.edu/academics/programs/llm-programs/

Texas A&M University

If you've ever considered earning your Master of Laws, there is no better time than now, and no better place than Texas A&M University School of Law. Located in the Dallas/Fort Worth Metroplex, the School of Law provides you rigorous classroom and online instruction, experiential learning, practical drafting skills, and a wide range of professional development and networking opportunities in the economic and cultural hub of North Texas to prepare you for global success.

Texas A&M LL.M. Program

Texas A&M's LL.M. program gives you a competitive edge by offering a personalized course of study at one of the most prestigious schools in the United States. The program is an advanced law degree for students who have already earned a J.D. or its equivalent from a law school outside the United States. The 24-credit hour one-year LL.M. program is intended for domestic and international students who wish to develop a specialization in a particular area of law and/or seek an understanding of U.S. law and procedure, including those who may wish to sit for the Texas Bar Examination.

Concentrations

Students in the LL.M. program have the option focus on a particular area of study. You can build your own curriculum online, including International Tax, Risk Management, and Wealth Management, or in residence, including General Practice and Intellectual Property.

A Global Network

Texas A&M University is a globally recognized Tier-1 research institution and is famous for its instantly recognizable brand and rich, time-honoured traditions. Here you will have the opportunity to learn from a world-class faculty, including professors from China, Germany, India, Israel, Italy, Mexico, and Spain. Upon graduation, you will join a strong and supportive Aggie Network of over 500,000 alumni scattered across the globe!

Special focus areas: Intellectual Property, Technology & Innovation; Energy & Environmental Law; Arbitration & Mediation; Cybersecurity & Privacy; Business Law, and Criminal Law

Start and length of program:
January or August, 9–12 months

Closing date for applications:
July 1 for August, December 1 for January

Number of students per year: 35

TOEFL/IELTS score required:
80 (iBT)/6.0 (IELTS)

Tuition fees: USD 37,348

Contact details:
Heather Miller
+1 817 212-4193
heather.miller@law.tamu.edu
www.law.tamu.edu

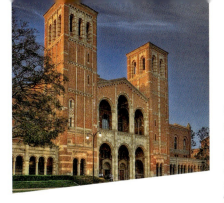

University of California – Los Angeles (UCLA)

Consistently recognized as one of the top law schools in the nation and the premier law school in southern California, UCLA School of Law stands at the forefront of innovation and institutional excellence. With renowned faculty, centers, and institutes that pave the way in scholarship and legal thought worldwide, UCLA law students can look forward to a rigorous yet collegial academic environment that will prepare them for outstanding careers in whatever path they choose, from transactional and litigation practice to government services and academia.

Curricular Offerings

The law school offers an interdisciplinary approach to legal studies and boasts a dynamic, flexible curriculum that appeals to a broad range of interests. LL.M. students may pursue general or specialized studies, or they can create an individualized specialization in an area of their choosing. Students seeking to bolster their legal education with expertise from non-law disciplines may supplement their studies with courses from other departments across campus, such as the Anderson School of Management or the School of Theater, Film and Television.

Community

UCLA law students are among the best and brightest in the world, and compose a robust, diverse, close-knit community. Our LL.M. students represent 30–40 different countries each year and together comprise a vast wealth of professional experience and expertise from a wide array of disciplines.

Location

Los Angeles is a thriving, cosmopolitan cultural center featuring arts and entertainment offerings that rival any in the world. Our lush, sprawling campus is ideally situated in one of the most desirable neighborhoods of the city, just 15 minutes from the beach. The region's beautiful landscapes and microclimates allow students to enjoy a wide range of recreational activities – from surfing to hiking to skiing – all year long. Outside of UCLA, there are limitless opportunities to explore Los Angeles' vibrant, bustling communities, leafy parks, mountainous trails, and coastal enclaves.

UCLA School of Law

Special focus areas: Business Law (including Business, Tax, Securities Regulation, and Bankruptcy Tracks); Media, Entertainment, Technology, and Sports Law and Policy; International and Comparative Law; Environmental Law; Human Rights; Public Interest Law and Policy; Law and Sexuality; Critical Race Studies; Law and Philosophy

Start and length of program:
August, 9 months

Closing date for applications: February 1

TOEFL/IELTS score required:
100 (iBT)/7.5 (IELTS)

Tuition fees: USD 70,610
(excluding mandatory health fees)

Contact details:
Sidney Matthews
+1 310 794-5016
llm@law.ucla.edu, www.law.ucla.edu/llm

University of California Law San Francisco

The University of California Law San Francisco (formerly UC Hastings) was established in 1878 as the first law school of the University of California system.

The UC Law SF LL.M. program offers an engaging intellectual community committed to the pursuit of justice and the highest professional standards. UC Law SF LL.M. students and alumni are a diverse group of professionals from around the world with a wide variety of experience.

The LL.M. class is a close-knit group who find social and academic support within their cohort. Our LL.M.s also take all but two of their classes with American J.D. students, and participate in student organizations and campus events with J.D. students.

LL.M. candidates may elect to specialize in one of eight areas, receiving both an LL.M. degree and a Certificate of Specialization upon graduation. LL.M. students may also participate in clinics and other hands-on learning opportunities. UC Law SF is home to several nationally acclaimed centers including the Center for Negotiation & Dispute Resolution, the Center for Gender & Refugee Studies, and the Center for Innovation – all of which are open to LL.M. participation.

Our Location

UC Law SF is located in the heart of San Francisco, one of the most beautiful and innovative cities in the nation. UC Law SF is just steps away from City Hall and courthouses and is also the gateway to Silicon Valley. This proximity gives UC Law SF students the opportunity to experience the law in the forums where it is practiced and determined.

On-Campus Housing

UC Law SF offers brand-new fully-furnished apartments. With private kitchens and bathrooms and community amenities, our on-campus apartments offer everything our students need to study and live among their fellow students.

UC Law SAN FRANCISCO

LL.M. programs: LL.M. in U.S. Legal Studies

Special focus area: Science, Technology & Intellectual Property, International Business & Trade, International Law & Human Rights, Dispute Resolution & Legal Process, Health Law & Policy, Criminal Law, Taxation, Environmental Law

Start and length of program: August of each year, 9 months

Closing date for applications: June 15

Number of students per year: 30–40

TOEFL/IELTS score required: 90 (iBT)/7.0 (IELTS)

Tuition fees: USD 47,500 (guaranteed USD 20,000 scholarship for e-fellows.net candidates)

Contact details:
Claudine Lema
200 McAllister Street, San Francisco, CA 94121
+1 415 565-4817
llm@uclawsf.edu
www.uclawsf.edu/llm

University of Colorado Law School

The University of Colorado Law School is a vibrant community of students and scholars dedicated to the vigorous pursuit of ideas, critical analysis, and civic engagement. Located in Boulder, Colorado and on the CU Boulder main campus, our law school is home to 550 law students while CU Boulder maintains an enrolment of 34,000 students from around the world.

Optimal LL.M. Experience

Due to the quick, 1-year nature of the LL.M. program, Colorado Law maintains an intentionally small LL.M. class size of 25–30 students to optimize the LL.M. experience. This includes guaranteeing access to all courses, mitigating LL.M. competition for professional networking and post-grad opportunity, and ensuring that our faculty have the time needed to develop meaningful relationships with all LL.M. students.

In terms of quality of life, Colorado Law students have the best of both worlds, including, easy access to both the greater Denver area and our iconic Rocky Mountains, where students enjoy quick access to a plethora of outdoor activities including hiking, climbing, camping, cycling, skiing/snowboarding, and more. Boulder is an ideal place to live, study, work, and play.

LL.M. Programs

Colorado Law offers the following LL.M. Programs:
- Entrepreneurship and Business Law,
- Intellectual Property, Technology, and Telecommunications Law,
- Natural Resources, Energy, and Environmental Law,
- International Law and Human Rights,
- US Law for Foreign Lawyers (general program)

Affordability

Colorado Law offers one of the most affordable LL.M. tuition rates in the US. Despite our comparatively low tuition, 100 percent of our LL.M. students receive a Colorado Law scholarship and all admitted e-fellows.net applicants automatically qualify for a minimum scholarship of USD 10,000.

Special focus area: Intellectual Property, Technology, and Telecommunications Law LLM; Entrepreneurship and Business Law LLM; US Law for Foreign Lawyers (general) LLM; Natural Resources, Energy, and Environmental Law LLM; International Law and Human Rights LLM; Indigenous Peoples Law and Policy LLM

Contact details:
Jimmy Ilseng
2450 Kittredge Loop Rd,
Wolf Law Building, 401 UCB, Boulder, CO 80309
+1 303 735-7056
LLM@colorado.edu
colorado.edu/law/llm

University of Miami

The University of Miami is strongly committed to its graduate LL.M. programs and we welcome applicants from around the world. In a typical year, our graduate law programs include about 130 students from 30 or more different countries around the globe. From its first graduating class in 1929 until today, over 23,500 alumni have graduated from the University of Miami School of Law. Miami Law also offers a special Half Tuition Scholarship (currently USD 30,550) for participants of the e-fellows.net LL.M. Fairs.

Mentoring and Career Development

All LL.M. programs offer one-on-one guidance on course selection to match each student's academic and professional goals. Students in the program are fully integrated into the Miami Law community, participate in the school's academic, networking, and social events, and interact with other students through shared classroom experiences and professionally orientated student activities. A career advisor with special training assists international LL.M. students. Lastly, LL.M. students have the opportunity to take the U.S. Bar Exam in many states, including Florida and New York.

Location

The School of Law is located on the 260-acre main campus of the University of Miami, one of the largest private research universities in the United States. Greater Miami is an international center for trade and finance, the nation's gateway to Latin America and the Caribbean and one of the most dynamic legal communities in the country. Miami Law is at the forefront in training legal professionals of a rapidly changing world. Many international corporations have their Latin American regional headquarters in Miami.

Online and Specialized Programs

Intensive Legal English + LL.M., LL.M./J.D. Joint Degree, Online-option for Real Property Development and Taxation of Cross-Border Investment LL.M. programs.

UNIVERSITY OF MIAMI
SCHOOL of LAW

Online LL.M. available

Special focus areas: Entertainment, Arts and Sports Law, International Arbitration, International Law, Maritime Law, Real Property Development, Tax Law, Taxation of Cross-Border Investment, U.S. & Transnational Law for Foreign-Trained Lawyers, Intensive Legal English + LL.M. Program

Start and length of program:
Fall (August) or Spring (January), 9 months

Closing date for applications:
rolling admissions

Number of students per year: 140

TOEFL/IELTS score required:
92 (iBT)/7.0 (IELTS)

Tuition fees: USD 61,100

Contact details:
Alexandria Sellers
+1 305 284-5402
intl-llm@law.miami.edu
www.law.miami.edu/llm

University of Minnesota

The University of Minnesota Law School is consistently ranked one of the top 25 law schools in the U.S. by U.S. News and World Report. LL.M. students may earn one of two LL.M. degrees: the Business Law LL.M. or the general LL.M. Students pursuing the general LL.M. degree have the option to earn one of 11 concentrations. Students are encouraged to participate in LEAD, an intensive pre-LL.M. summer program focusing on legal English and U.S. legal skills.

LL.M. Program

Minnesota Law offers several optional courses and practical experiences specifically for LL.M. students, including Legal Writing & Legal Skills, Trial Practice, and Judicial Observation. During the academic year, LL.M. students are integrated with upper-level J.D. students in almost all courses. Outside the classroom, Minnesota Law's more than 30 active student organizations are open to all students, including a pro bono volunteering program for interested LL.M. students each year.

All admitted students are considered for a scholarship, with no extra application required.

Life in Minneapolis

With seven major professional sports teams, one of the best city park systems in the U.S., and a thriving food, recreation, and cultural scene, the Minneapolis-St. Paul metro area (known as the Twin Cities) ranks high in such areas as cleanliness, ethnic diversity, safety, accessibility, and beauty. The area is home to 15 Fortune 500 companies, including Target Corporation, 3M, General Mills, Medtronic, and Cargill, the world's largest privately held corporation. The University of Minnesota is currently ranked 20th in the U.S. among doctorate granting-institutions hosting international students and is a Big 10 athletic university. Minnesota Law's location and close proximity to light rail allows easy access to state and federal government offices, hundreds of human rights organizations, the Minneapolis-Saint Paul International Airport, and the Mall of America.

LL.M. programs: LL.M. (general), Business Law LL.M.

Special focus areas: Business Law, Civil Litigation, Criminal Justice, Environmental and Energy Law, Family Law, Health Law and Bioethics, Human Rights Law, Immigration Law, Intellectual Property and Technology Law, International Law, Labor and Employment Law

Start and length of program: August 2024; 10 months

Closing date for applications: May 1

TOEFL/IELTS score required: 80+ (iBT)/6.5+ (IELTS)

Tuition: USD 59,200 estimated

Contact details:
Kara Galvin, Director
llmadm@umn.edu, law.umn.edu/llm

University of Southern California

Study law in Los Angeles

The Master of Laws (LL.M.) degree at the University of Southern California Gould School of Law focuses on the U.S. legal system, providing students with foundational skills and essential knowledge that are immediately applicable to real-world legal practice from a top-ranked law school. Available full-time on-campus or with flexible scheduling online, USC Gould's LL.M. is designed for international attorneys, government officials, corporate legal counsel, and recent law graduates.

Specialized Degrees

Students may choose to specialize their LL.M. studies in a particular field.

USC Gould's LL.M. offerings include:
- One-year General LL.M.
- Two-year Extended LL.M.
- LL.M. in International Business and Economic Law (LL.M. in IBEL)
- LL.M. in Alternative Dispute Resolution (LL.M. in ADR)
- LL.M. in Privacy Law & Cybersecurity (LL.M. in PLCS)
- Online LL.M.

USC also offers a four-week on-campus Summer Law & English program that builds skills in law and legal English before starting an LL.M.

Bar Exam and Certificates

LL.M. students may generalize their studies in courses of interest or pursue a "bar exam track" and/or "certificate track."

Students who choose a "bar exam track" will take courses required to sit for the California, New York, or Washington D.C. bar exam after graduation. Students who choose a "certificate track" will earn an industry-specific certificate in addition to their degree at no additional cost.

Online LL.M. available

Specialized LL.M.: Alternative Dispute Resolution, International Business & Economic Law, Privacy Law & Cybersecurity

Optional Certificate Specializations: Alternative Dispute Resolution, Business Law, Compliance, Media & Entertainment Law, Financial Compliance, Health Care Compliance, Human Resources Law & Compliance, Law & Government, Privacy Law & Cybersecurity, Social Work Administration, Technology & Entrepreneurship, and Transnational Law & Business

Start and length of program: August, 9 months, extended options

Closing date for applications: May 1; priority deadline of February 1

TOEFL/IELTS score required: no required minimum score

Tuition fees: USD 76,438 plus fees

Contact details:
Misa Shimotsu, Associate Dean
Graduate & International Programs
+1 213 821-5916
gipadmissions@law.usc.edu, gould.law/LLM

ARQIS

Standorte in Deutschland: Düsseldorf, München, Talent Hub Berlin

Standorte weltweit: Tokio

Tätigkeitsschwerpunkte: Arbeitsrecht, Corporate/M&A, Compliance, Datenschutz, Immobilienrecht, IP/IT-Recht, Insolvenzrecht, Japan Desk, Litigation, Öffentliches Wirtschaftsrecht, Private Equity, Steuerrecht, Venture Capital, Versicherungsrecht

Geplante Neueinstellungen 2024: 8–10

Mitarbeitende weltweit: 150, davon rund 80 Anwält:innen und Legal Specialists

Ein Gedanke mehr, eine Perspektive anders, einen Schritt weiter: Bei ARQIS gehen wir unseren eigenen Weg und präsentieren Lösungen, die nicht nur die Erwartungen unserer Mandanten übertreffen, sondern häufig auch unsere eigenen. Als einzigartige „Big Law Boutique" besitzt ARQIS zum einen den Spezialisierungsgrad und das Qualitätsniveau einer Großkanzlei, zum anderen prägen bewusst schlanke Strukturen und flache Hierarchien den Aufbau und die Arbeitsabläufe unserer Kanzlei. So bieten wir hochkompetenten und motivierten Anwält:innen und Legal Specialists ein optimales Umfeld für ihre Karriere.

Breite Straße 28
40213 Düsseldorf
karriere.arqis.com

Heike Drepper
Human Recources
+49 211 13069-000
heike.drepper@arqis.com

Unsere Unternehmenskultur: The ARQIS Way steht für das Selbstverständnis unserer Kanzlei. Wir gehen eigene Wege, denn nur so können wir eigene Vorstellungen und Handlungsweisen formen, unsere Positionen und Visionen vertreten und Ideen und Lösungen entwickeln, die genau auf die Bedürfnisse unserer Mandanten zugeschnitten sind. In diesen drei Worten spiegeln sich unsere Kompetenzen, unsere Ansprüche, aber auch unsere Werte wider. Im Umgang mit unseren Mitarbeiter:innen achten wir auf absolute Gleichberechtigung. Unsere Mitarbeiter:innen sind sehr heterogen, sehr unterschiedlich, ja divers im eigentlichen Sinne des Wortes. Bei uns kann jede:r selbstverständlich seine Individualität behalten. Denn das macht ARQIS zu ARQIS. Dabei können wir auf verschiedene Lebensmodelle eingehen: Die Vereinbarkeit von Familie, Freizeit und Beruf ist ein wesentlicher Bestandteil unserer Kanzleikultur.

Unser Angebot an Absolvent:innen: Als Berufseinsteiger:in sind Sie von Anfang an ins Team eingebunden und arbeiten Seite an Seite mit unseren Partner:innen und erfahrenen Kolleg:innen an den Mandaten. Sie lernen „on the Job" und erhalten durch das Weiterbildungsangebot der ARQIS Academy sowie auf den individuellen Bedarf abgestimmte externe Weiterbildungen die Möglichkeit, Ihre fachliche und persönliche Entwicklung weiter voranzutreiben. Ergänzend stellen wir Ihnen eine:n Mentor:in für den individuellen Austausch, z. B. zur Karriereentwicklung, zur Seite. Regelmäßige Feedbackgespräche liefern wertvolle Anregungen für den weiteren ARQIS Weg.

Unser Angebot an Studierende: Als Referendar:in, wissenschaftliche:r Mitarbeiter:in, Praktikant:in und studentische Hilfskraft sind Sie Teil unseres ARQIS Juniors Nachwuchsprogramms. Die Arbeit in im Vergleich zu Großkanzleien kleineren Teams ist sehr viel persönlicher und die Möglichkeit, sich aktiv in Projekte einzubringen, ist ein echtes Plus für die persönliche Entwicklung. Das Nachwuchsprogramm vereint „Learning on the Job" mit einer fundierten fachlich-inhaltlichen Ausbildung. Neben der gemeinsamen Arbeit mit den Anwält:innen und Legal Specialists an den Mandaten nehmen Sie an den Weiterbildungsangeboten der ARQIS Academy und speziellen ARQIS Juniors Angeboten teil.

Ihre Entwicklung: Die ARQIS Academy – unser eigenes Aus- und Fortbildungsprogramm – umfasst die Bausteine Recht, Wirtschaft und Persönlichkeit. Mit externen und internen Referierenden bieten wir Seminare und Workshops in digitalem Format und in Präsenz an. Das Angebot wird durch externe Fachseminare und Konferenzen ergänzt. Der individuelle Schulungs- und Entwicklungsbedarf wird in regelmäßigen Feedbackgesprächen besprochen. Für berufserfahrene Anwält:innen besteht die Möglichkeit, zur Unterstützung der individuellen Karriereentwicklung ein Coaching mit erfahrenen externen Business Coaches in Anspruch zu nehmen. Zudem unterstützt ARQIS den Erwerb eines Fachanwaltstitels oder LL.M.

Work-Life-Balance: Wir sind fest davon überzeugt, dass eine ausgewogene „Work-Life-Balance" und der exzellente Service den Mandanten gegenüber kein Widerspruch sein muss. Jede:r von uns möchte sich selbstverständlich auch neben der Tätigkeit in der Kanzlei verwirklichen und muss privaten Verpflichtungen nachkommen. Dem wollen wir nach Möglichkeit gerecht werden und bieten daher Vereinbarungen über persönliche Arbeitszeitmodelle sowie Auszeiten in allen Senioritätsstufen an. Unser HybridWork@ARQIS-Konzept bietet Ihnen weitere individuelle Möglichkeiten: Mit Ihrem:r Fokusgruppenleiter:in und dem Team besprechen Sie die Wahl Ihres Arbeitsortes.

ARQIS

Laura Ally Rizzi

LL.M. (Stellenbosch University)

Jahrgang 1991

Associate

Master of Laws in Südafrika

Sonne, Küste, Kultur und Jura: Den Master of Laws an der Stellenbosch University in Südafrika zu absolvieren, war eine Entscheidung, die ich nicht besser hätte treffen können. Nach meinem Jurastudium an der Heinrich-Heine-Universität in Düsseldorf, dem ersten Staatsexamen und einer wissenschaftlichen Mitarbeit in einer internationalen Wirtschaftskanzlei war mein Fernweh groß. Der einjährige Master an der Stellenbosch University war eine ideale Option.

Beliebtes Ziel internationaler Studierender

Stellenbosch ist eine inmitten von Weinbergen gelegene Universitätsstadt im Westkap Südafrikas, die Studierende aus aller Welt anzieht. Die Küste, die Weinberge und die Nähe zu den Nationalparks und zu Kapstadt bieten faszinierende Kultur- und Freizeitmöglichkeiten während der vorlesungsfreien Zeit.

Fachliche und kulturelle Bereicherung

Neben fachspezifischen Programmen gibt es einen fachübergreifenden LL.M. Wer noch kein konkretes Rechtsgebiet für sich entdeckt hat, kann hier Einblicke in neue Rechtsgebiete gewinnen. Ich belegte Kurse in Internationalem Strafrecht, Gerichtsmedizin, öffentlichem Vergaberecht und internationalem Handelsrecht. Das Studium auf Englisch und elf Amtssprachen in Südafrika bietet die Möglichkeit, seine Sprachkenntnisse enorm auszubauen. Neben der fachlichen Bereicherung des internationalen Studiums hat mich die einzigartige Geschichte Südafrikas fasziniert und stark geprägt.

Daniel Schlemann

LL.M. (Berkeley)

Jahrgang 1992

Associate

LL.M. an der University of California, Berkeley

Während meines Jurastudiums in Köln hatte ich aufgrund meiner ehrenamtlichen Tätigkeiten neben dem Studium keine Zeit für einen Auslandsaufenthalt. Nach dem ersten Examen war es deshalb für mich der absolute Traum, einen LL.M. im Ausland zu absolvieren. Das komplexe Bewerbungsverfahren und die hohen Kosten sind zwar große Herausforderungen, die sich für mich jedoch mehr als gelohnt haben.

Internationale Freundschaften rund um den Globus

Sprachprüfung, gute Noten, Empfehlungsschreiben, aufwendige Beglaubigungen und Motivationsschreiben – die Bewerbung für mein Studium in den USA war definitiv aufwändig, aber zugleich über die zentrale Online-Plattform landesweit und an mehreren Universitäten gleichzeitig möglich. Mein Wunsch war von Anfang an Berkeley. Durch die Nähe zum Silikon Valley bietet die Universität unglaublich gute Kurse von Praktikern und Praktikerinnen an. So habe ich Kurse in Venture Capital, Video Games Law oder auch zusammen mit Informatik- und Wirtschaftsstudierenden einen Kurs zur Blockchain-Technologie belegt. Daneben waren das aktive Studierendenleben an der Universität, die fantastische Umgebung (Bay Area), die zu Ausflügen einlädt, und mein Zimmer im „International House" eine Bereicherung – persönlich sowie professionell. Menschen aus der ganzen Welt zu begegnen und sich auch fachlich international austauschen zu können, ist für den weiteren Berufsweg absolut gewinnbringend.

ARQIS

Du hast dein Ziel.
Wir den Weg dorthin.

Es waren anstrengende, es waren spannende Jahre. Du hast dein Ding durchgezogen, hast an dich geglaubt und mit dem zweiten Staatsexamen ein wichtiges Etappenziel erreicht. Aber jetzt musst du weiter gehen und wir wollen, dass du diesen Weg mit uns gehst. Wir werden dich fördern und ganz sicher auch fordern. Damit du dir immer sagen kannst:

GESTERN WAR ICH GUT. HEUTE BIN ICH BESSER.
THE ARQIS WAY.

ARQIS sucht
Berufseinsteiger/Rechtsanwälte (m/w/d)

Bereit für neue Herausforderungen?
karriere.arqis.com

Wir freuen uns auch über Bewerbungen von Referendaren und Wissenschaftlichen Mitarbeitern (m/w/d).

Düsseldorf • München • Tokio • Talent Hub Berlin | arqis.com

COURAGEOUS MINDS

CMS Deutschland

Standorte in Deutschland: Berlin, Düsseldorf, Frankfurt am Main, Hamburg, Köln, Leipzig, München, Stuttgart

Standorte weltweit: Brüssel, Hongkong, Peking und Schanghai sowie über 70 internationale Büros innerhalb des CMS-Netzwerks

Tätigkeitsschwerpunkte: CMS in Deutschland berät mittelständische Unternehmen ebenso wie Großunternehmen in allen Fragen des nationalen und internationalen Wirtschaftsrechts – von Arbeitsrecht über Banking & Finance, Corporate/M&A, Dispute Resolution, Gewerblichen Rechtsschutz bis hin zu Antitrust, Competition & Trade, Real Estate & Public, Steuerrecht, TMC – Technology, Media & Communications und vieles mehr.

Berufsträger:innen in Deutschland: ca. 700
davon mit LL.M.: 160
davon mit Promotion: 354

Berufsträger:innen weltweit: > 5.000

Geplante Neueinstellungen 2024: 90–100

Die Rechtswelt stellt sich einem tiefgreifenden Wandel – sie wird immer komplexer, umfassender, muss schneller reagieren. Wir glauben: Wer diese Welt gestalten will, muss etwas wagen. Um neue Lösungen zu entwickeln für unerwartete Fragestellungen. Um weiter zu gehen als jemals zuvor. Die neuen Herausforderungen verlangen mutige, unabhängig denkende Persönlichkeiten, die in der Gemeinschaft so vielfältig sind wie die Problemstellungen unserer Mandanten. Während sich die Welt neu erfindet, bringen wir uns ein. Wir formen sie mit – gemeinsam mit Ihnen.

Lennéstraße 7
10785 Berlin
career.cms-hs.com

Recruiting-Team
+49 30 20360-1262
karriere@cms-hs.com

Was zeichnet Ihre Unternehmenskultur aus? Bei CMS in Deutschland profitieren Sie von Anfang an vom direkten Kontakt zu Mandanten und vom Mentoring erfahrener Anwält:innen. Ob im Referendariat, im Praktikum oder nach dem Berufseinstieg: Sie werden von Beginn an umfassend in die anwaltliche Tätigkeit einbezogen. Dabei stehen Ihnen alle unsere Geschäftsbereiche offen. Uns ist wichtig, dass Sie in unserer starken Gemeinschaft Ihre individuellen Stärken einbringen können. Unsere Unternehmenskultur zeichnet sich dadurch aus, dass wir im Team gemeinsam Spitzenleistungen für unsere spannenden Mandate erbringen wollen.

Welche Meinung vertritt Ihre Kanzlei zum LL.M.? Gerade durch einen im Ausland erworbenen Master-Titel können Anwält:innen ihre Fremdsprachenkenntnisse und Einsichten in andere Rechtssysteme unter Beweis stellen. Viele unserer Teams arbeiten mit Unternehmen aus dem Ausland zusammen, sodass diese Erfahrungen wertvoll sein können. Insbesondere gute Englischkenntnisse sind in diesem Zusammenhang gefragt. Somit ist ein im Ausland erworbener LL.M. eine willkommene Zusatzqualifikation, aber keine zwingende Voraussetzung, um bei CMS einzusteigen.

Welche Möglichkeiten zur Weiterqualifizierung bieten Sie? Die Trainings und Weiterbildungsangebote der CMS Academy ermöglichen allen Mitarbeitenden und Führungskräften von CMS - sowohl aus dem juristischen Bereich als auch aus den Bereichen Assistenz und Business Support - ihre fachlichen, persönlichen und digitalen Kompetenzen weiterzuentwickeln. Die bedarfsgerechten Angebote der CMS Academy werden individuell oder in kleinen Gruppen, online oder im Rahmen von Präsenzveranstaltungen und sowohl von internen Trainer:innen als auch von externen Coaches durchgeführt. So können alle Sozietätsangehörigen ihre Stärken ausbauen und Entwicklungspotentiale entfalten. Diese Lernkultur trägt dazu bei, unserem Anspruch gerecht zu werden, mit starken, interdisziplinären Teams unsere Mandanten optimal zu begleiten.

Welche internationalen Einsatzmöglichkeiten bieten Sie? CMS ist eine internationale Wirtschaftskanzlei, dementsprechend werden Sie in Ihrer täglichen Arbeit auch mit Mandaten oder Kolleg:innen aus ausländischen Büros Kontakt haben. Längerfristig können Sie als Counsel, also nach etwa fünf Jahren Zugehörigkeit zu CMS, im Rahmen eines Secondments mehrere Monate im Ausland arbeiten. Dies ist in einem Büro von CMS oder bei Mandant:innen möglich.

Kann man bei Ihnen auch schon während des Studiums Erfahrungen sammeln? Wir legen Wert darauf, dass Sie auch schon während Ihres Studiums die Möglichkeit haben, CMS kennenzulernen. Sie können an unseren Standorten ein Praktikum absolvieren, um unsere Sozietät und damit auch die Arbeit als Anwältin oder Anwalt kennenzulernen. Meist ist es auch möglich, im Rahmen einer wissenschaftlichen Mitarbeit in unseren Teams Erfahrung zu sammeln. Dabei stehen Ihnen alle Geschäftsbereiche offen. Zusätzlich können Sie CMS durch die angebotenen Workshops, Vorträge und auf Messen kennenlernen, um unverbindlich mit uns ins Gespräch zu kommen.

Vera Flamme
LL.M. (King's College)
Jahrgang 1989
Senior Associate

LL.M. am King's College in London im Rahmen der European Law School

Schnell nach Beginn meines Jurastudiums an der Humboldt Universität zu Berlin hat das Studienprogramm „European Law School" (ELS) meine Begeisterung geweckt. Die ELS bietet die einzigartige Möglichkeit, im Rahmen des sonst stark auf das deutsche Recht ausgerichteten Jurastudiums auch Kenntnisse ausländischer Rechtsordnungen zu erwerben, zwei Jahre an europäischen Partneruniversitäten zu studieren und dort jeweils auch einen Abschluss zu erwerben. Schon beim Studium in Berlin liegt ein Schwerpunkt auf dem Europarecht. Teil des Programms sind sodann zwei Auslandsstudienjahre, in denen jeweils ein Masterstudium an zwei der inzwischen sieben Partneruniversitäten absolviert wird. So führte mich mein Weg nach dem Studium in Berlin und Paris an das King's College in London. Dieses Jahr war das beste und spannendste Jahr meines gesamten Jurastudiums. Die Tatsache, dass ich ELS-Studentin war, erwies sich auch deshalb als großer Vorteil, weil ich mich nicht am King's College bewerben musste, sondern der LL.M.-Studienplatz mit der Aufnahme in die ELS bereits gesichert war. Aus Erzählungen meiner LL.M.-Kolleg:innen weiß ich, dass der Bewerbungsaufwand nicht unterschätzt werden sollte (zahlreiche Unterlagen, Empfehlungsschreiben, TOEFL-Test etc.).

Die Uni
Das LL.M.-Studium besteht aus zwei Semestern und beginnt mit der Wahl der Fächer. Am King's College gibt es eine riesige Auswahl an Vorlesungen und Tutorials. In den ersten Wochen kann man alle angebotenen Kurse in der Uni besuchen und sich so einen Überblick über das Angebot verschaffen. Teilweise sind die Vorlesungen sehr klein und fast schon privat, andere sind mit Juravorlesungen in Deutschland vergleichbar. Ich habe mich für einen LL.M. mit der Spezialisierung „Intellectual Property" entschieden. Das Unileben war – bei der Auswahl meiner Kurse – geprägt von eigenverantwortlichem Arbeiten (was mir sehr entgegenkam). Für jedes Fach wurden wöchentlich „reading lists" ausgehändigt, mit denen der Stoff für die nächsten Wochen vorbereitet wurde. Von den rechtsvergleichenden Kursen profitiere ich auch heute noch bei meiner Arbeit als Rechtsanwältin.

Die Stadt
Neben der vielseitigen fachlichen Auswahl am King's College bietet auch die Stadt London unzählige Möglichkeiten. Das kulturelle Angebot ist beeindruckend, viele Museen sind kostenlos und für Musical, Theater oder Oper gibt es oft Vergünstigungen für Student:innen. Auch an der Uni gibt es zahlreiche Clubs und Societies, in denen man eine bunte Mischung von Student:innen aus aller Welt trifft. Die Wohnungssuche in London ist zugegebenermaßen eine Herausforderung. Ich habe im Studentenwohnheim „Wolfson House" des King's College gewohnt und mich dort sehr wohl gefühlt (sehr gute Lage und nette Mitbewohner:innen).

Fazit
Für mich war das LL.M.-Studium sowohl fachlich als auch persönlich sehr bereichernd. Ich habe das Recht aus einer neuen Perspektive kennenlernt, Freundinnen und Freunde gefunden und wertvolle Erfahrungen für meine berufliche Laufbahn gesammelt, die mir heute insbesondere bei internationalen Transaktionen helfen.

CMS Deutschland

Wo große Träume wahr werden

Starte Deine Reise bei einer der führenden Wirtschaftskanzleien Deutschlands.

career.cms-hs.com

Make a Difference

GIBSON DUNN

Gibson, Dunn & Crutcher LLP

Standorte in Deutschland:
Frankfurt am Main und München

Standorte weltweit: Abu Dhabi, Brüssel, Century City, Dallas, Denver, Dubai, Hongkong, Houston, London, Los Angeles, New York, Orange County, Palo Alto, Paris, Peking, Riad, San Francisco, Singapur, Washington D.C.

Tätigkeitsschwerpunkte: Antitrust, Banking & Finance, Compliance/White Collar, Corporate/M&A/Private Equity, Data Protection, Insolvency & Restructuring, Labor & Employment, Litigation & Arbitration, Technolgy & IP

Mitarbeitende in Deutschland: ca. 50–60
davon mit LL.M.: 12
davon mit Promotion: 26

Mitarbeitende weltweit: > 1.900

Geplante Neueinstellungen 2024: 7–10

Gibson Dunn gehört zu den führenden internationalen Kanzleien mit über 1.800 Anwältinnen und Anwälten an 21 Standorten in neun Ländern. Die Schwerpunkte unserer Beratung liegen in den Bereichen M&A und Private Equity, Gesellschaftsrecht, Prozessführung und Schiedsgerichtsbarkeit, Compliance sowie Kartellrecht. Daneben decken wir Arbeitsrecht, Datenschutzrecht, Technology & IP, Finanzierungen und Restrukturierungen ab. Wir betreuen vorwiegend nationale und internationale Blue Chip-Konzerne, Private Equity-Gesellschaften, mittelständische Unternehmen sowie Finanzinstitute.

GIBSON DUNN

Taunustor 1, 60310 Frankfurt am Main
Marstallstraße 11, 80539 München
www.gibsondunn.com

Dr. Wilhelm Reinhardt, Frankfurt am Main & Dr. Markus Nauheim, LL.M. (Duke), München
bewerbungen@gibsondunn.com

Was unterscheidet Sie von anderen Kanzleien? Unsere Unternehmenskultur ist geprägt von gegenseitigem Respekt, Kollegialität und Enthusiasmus. Das ist jeden Tag in der Zusammenarbeit mit den Kolleg:innen spürbar. Uns ist eine ausgezeichnete Arbeitsatmosphäre sehr wichtig, die man nur erreicht, wenn auch die Zusammenarbeit zwischen Partner:innen und Associates reibungslos funktioniert und jede:r stets bereit ist, die anderen – auch über Büro- und Ländergrenzen hinweg – zu unterstützen. Ein weiteres zentrales Element unserer Kultur ist Diversity. Gelebte Vielfalt ist für uns essentiell und wird durch zahlreiche dezidierte Förder- und Mentoringprogramme unterstützt. Eine weitere Stärke von Gibson Dunn ist der hohe Stellenwert unserer Pro Bono Beratung. Es zeichnet unsere Kultur aus, dass wir jedes Jahr eine Vielzahl bedürftiger Mandanten auf Pro Bono-Basis beraten.

Wie steht die Kanzlei zum LL.M.? Ein LL.M. ist bei uns sehr gern gesehen, auch wenn ein LL.M. keine Einstellungsvoraussetzung darstellt. Eine solche Zusatzqualifikation ist aus unserer Sicht ein Nachweis, dass Bewerber:innen über gute Englischkenntnisse verfügen und dazu bereit sind, selbst gesetzte Ziele geradlinig zu verfolgen und sich aus dem gewohnten Umfeld herauszuwagen. Das Land, die Universität sowie eine besondere Fachrichtung des LL.M.-Studiums sind dabei für uns nicht das entscheidende Kriterium.

Wann ist der richtige Zeitpunkt für einen LL.M.? Ob der LL.M. vor dem Referendariat oder nach dem Referendariat absolviert wird, spielt aus unserer Sicht keine Rolle. Das ist letztlich eine Frage der persönlichen Lebensplanung und individuellen Motivationslage, die jede und jeder für sich entscheiden muss. Wir sind auch dafür offen, dass ein LL.M. erst nach dem Berufseinstieg bei uns erworben und dafür die berufliche Tätigkeit nach einer gewissen Zeit unterbrochen wird.

Wie sieht der Arbeitsalltag von Praktikant:innen, wissenschaftlichen Mitarbeitenden und Referendar:innen bei Ihnen aus? Praktikant:innen, wissenschaftliche Mitarbeitenden oder Referendar:innen werden bei uns von Beginn an in die Projektarbeit eingebunden und arbeiten regelmäßig eng mit verschiedenen Anwält:innen und Praxisgruppen zusammen. Ihre Tätigkeit leistet hierbei einen wichtigen Beitrag im Gesamtgefüge der Kanzlei und erstreckt sich typischerweise über eine breite Palette von Rechtsgebieten und Aufgabenstellungen, die sich am Ausbildungsgrad und an den Interessenschwerpunkten der Mitarbeitenden orientieren. Wirtschaftsrechtliche Vorkenntnisse werden nicht erwartet, sind aber natürlich hilfreich.

Welche Tipps geben Sie Studierenden/Referendar:innen auf den Weg? Wir raten allen angehenden Jurist:innen, im Rahmen ihrer Ausbildung die verschiedenen Berufsfelder der Juristerei vor dem Berufsstart einmal kennenzulernen und sich dabei auch frühzeitig, z. B. im Rahmen eines Praktikums, die Arbeit in einer internationalen Wirtschaftskanzlei anzusehen. Gerade hieraus können sich wertvolle Kontakte ergeben, die für Berufsanfänger:innen von großem Nutzen sein können. Daneben sind wir der Ansicht, dass ein Auslandsaufenthalt während des grundständigen Studiums (z. B. über Erasmus) und/oder danach im Rahmen eines LL.M.-Studiums eine sehr gute Gelegenheit bietet, die eigene Persönlichkeit weiterzuentwickeln und Sprachkenntnisse zu vertiefen – beides Faktoren, die später im Berufsleben große Bedeutung haben.

Gibson, Dunn & Crutcher LLP

LL.M.-Studium in den United States

Die Entscheidung, an einem LL.M.-Programm in den USA teilnehmen zu wollen, ist bei uns beiden bereits während des Studiums gefallen.

LL.M. im Big Apple

Melina Kronester

LL.M. (Columbia)

Associate, München

Der LL. M. führte mich an die Columbia Law School. Für Columbia gab es viele gute Gründe. Die 1858 gegründete Law School vereint Tradition und Moderne. Der Campus ist beeindruckend und hat eine ganz besondere Atmosphäre, nicht zuletzt durch die Internationalität der Kommiliton:innen. In meinem LL.M.-Jahrgang waren über 50 verschiedene Nationalitäten vertreten. Auch die Lehrenden kommen aus der ganzen Welt und haben beeindruckende Werdegänge. Einer meiner Professoren wurde beispielsweise als Experte ins Weiße Haus abgeordnet. Es war sehr bereichernd, von den vielfältigen Erfahrungen meiner Professor:innen und Kommiliton:innen zu lernen. Besonders gefallen hat mir auch ein Kurs, in dem wir gemeinsam mit Praktikern anhand von Case Studies große Compliance-Fälle analysiert haben – Themen, die mich auch aktuell in meiner anwaltlichen Praxis immer wieder beschäftigen. Generell ist das LL.M.-Programm an der Columbia sehr vielfältig. Für jedes Interessengebiet ist etwas dabei.

Auch abseits des LL.M. bot der Big Apple viele unvergessliche Erfahrungen. Ich erinnere mich gerne an eine kostenlose Open-Air-Shakespeare-Theateraufführung im Central Park, Fahrradtouren entlang des Hudson Rivers oder Ausflüge auf Governors Island, ein Ruhepol direkt vor den Toren der Metropole. Ich bin sehr dankbar, dass mir dieses bereichernde LL.M.-Studium in den USA durch die Hasemann Stiftung an der LMU, Fulbright und Rotary ermöglicht wurde.

… oder in den USA: mit Barack Obama im Stadion

Alexander Horn

LL.M. (Duke)

Of Counsel, Frankfurt

Gibson, Dunn & Crutcher LLP

Alle kennen Duke in den USA. Alle. Das liegt nicht zuletzt an Dukes herausragendem College-Basketball-Team, sodass – wie während meines LL.M. – auch mal Barack Obama ins Stadion kommt. Auch die Law School gehört zur nationalen Spitze. Wer bei dem Gedanken an einen LL.M. (wie ich zunächst auch) nur an New York, Chicago oder die Bay Area denkt, der sollte überlegen, ob ein LL.M. an der Duke University nicht das bessere „Gesamtpaket" bietet.

In Duke profitiert man von einem kleinen LL.M.-Programm (ca. 100 Studierende), das darauf achtet, die LL.M.-Studierenden gut in den Law-School-Alltag mit ihren US-amerikanischen Kommiliton:innen zu integrieren und auch keine nationale Gruppenbildung aufkommen zu lassen. In meinem Jahrgang war neben mir nur noch eine weitere Studentin aus Deutschland. Wer Lust hat, in dieser eingeschworenen Community eng mit den US-Studierenden zu lernen, ein Wochenende auf dem Campus wie bei einem Festival zu campen, um an die heiß begehrten Saison-Karten für die Basketball-Heimspiele zu kommen, und mit den Freund:innen durch traumhafte Pinienwälder in ein Haus am Strand zu fahren oder selbst die unzähligen Sportanlagen auf dem Campus zu nutzen, der wird in Duke wunschlos glücklich. Ich hätte mir zu Beginn meines Bewerbungsprozesses niemals träumen lassen, meinen LL.M. in einer mir damals unbekannten Kleinstadt wie Durham, North Carolina, zu absolvieren. Es war eine der besten Entscheidungen meines Lebens.

GIBSON DUNN

MAKE A DIFFERENCE

We are a premier U.S. law firm with distinguished German practices – and we are still growing!

Join a firm where you can reach your potential.

Abu Dhabi
Beijing
Brussels
Century City
Dallas
Denver
Dubai
Frankfurt
Hong Kong
Houston
London
Los Angeles
Munich
New York
Orange County
Palo Alto
Paris
Riyadh
San Francisco
Singapore
Washington, D.C.

Frankfurt Office
TaunusTurm, Taunustor 1
60310 Frankfurt am Main
Germany

Munich Office
Hofgarten Palais, Marstallstraße 11
80539 Munich
Germany

We are looking forward to receiving your application at bewerbungen@gibsondunn.com

gibsondunn.com

Gleiss Lutz

Standorte in Deutschland: Berlin, Düsseldorf, Frankfurt am Main, Hamburg, München, Stuttgart

Standorte weltweit: Brüssel, London, Metaverse

Spezialisierungen: u. a. Arbeitsrecht, Bank-, Finanz- und Kapitalmarktrecht, Gesellschaftsrecht/M&A, Gewerblicher Rechtsschutz, Kartellrecht, Öffentliches Wirtschaftsrecht/Immobilienrecht, Prozessführung, Schiedsgerichtsbarkeit, Steuerrecht

Berufsträger:innen weltweit: ca. 350

Geplante Neueinstellungen 2024: ca. 50

Gleiss Lutz ist eine der erfolgreichsten international tätigen Kanzleien in Deutschland. Als Full-Service-Kanzlei mit über 350 Anwältinnen und Anwälten an neun Standorten deckt Gleiss Lutz sämtliche Gebiete des Wirtschaftsrechts ab. Qualität, Leidenschaft und Teamwork – das ist Gleiss Lutz. Wir bieten alle Vorteile einer Großkanzlei, ohne dass unsere Mitarbeiterinnen oder Mitarbeiter ihre Individualität oder ihre ganz persönlichen Stärken und Vorstellungen einbüßen müssen. Wir arbeiten in kleinen Teams auf höchstem juristischen Niveau. Mit unserem bewährten Tutorensystem, einer sorgfältigen Einarbeitung sowie einem umfassenden Ausbildungsprogramm im Rahmen unserer Gleiss-Lutz-Akademie helfen wir Ihnen, Ihre Fähigkeiten auszubauen.

Gleiss Lutz

Taunusanlage 11
60329 Frankfurt am Main
karriere.gleisslutz.com

Verena Matyschok
Recruiting Manager
+49 69 95514-321
karriere@gleisslutz.com

Welche Meinung vertritt Ihre Kanzlei zum LL.M.? Wir sehen den großen Mehrwert, den ein LL.M.-Studium jeder und jedem Einzelnen für den juristischen, aber auch persönlichen Werdegang bietet. Das Befassen mit einer neuen Rechtsordnung, das juristische Vokabular, die internationalen Kontakte zur Professorenschaft und Mitstudierenden, aber auch das Zurechtfinden in einem anderen Land, einer anderen Kultur – all diese Erfahrungen sind extrem wertvoll für die berufliche Karriere, aber eben auch für die Schärfung der eigenen Persönlichkeit.

Bieten Sie Freistellungs- und/oder Finanzierungsmöglichkeiten für einen LL.M.? Sowohl als auch. Mit dem One Step Ahead LL.M.-Stipendium fördern wir jedes Jahr vier unserer (ehemaligen) Nachwuchsjuristinnen und Nachwuchsjuristen mit jeweils 10.000 Euro bei ihren LL.M.-Vorhaben. Unsere Associates haben die Möglichkeit, sich für ihr Master-Studium freistellen zu lassen und erhalten in dieser Zeit ein anteiliges Gehalt, das im Anschluss verrechnet wird.

Welche internationalen Einsatzmöglichkeiten bieten Sie? Wir bauen seit Jahrzehnten auf ein flexibles und erprobtes internationales „Best Friends"-Netzwerk und pflegen darin enge persönliche Kontakte zu Kanzleien und Anwältinnen und Anwälten, die in ihren Ländern und Fachgebieten führend sind. Regelmäßige Auslands-Secondments unserer Anwältinnen und Anwälte, aber auch die Vermittlung von Referendarinnen und Referendaren in die Auslands-Wahlstation tragen ganz maßgeblich zur Pflege der guten Beziehungen zu unseren Best Friends bei. Zudem können Referendarinnen und Referendare ihre Wahlstation an jedem unserer Gleiss-Lutz-Standorte verbringen.

Ist der LL.M. Einstellungsvoraussetzung bzw. hat man mit ihm große Vorteile? Der LL.M. ist keine Einstellungsvoraussetzung, aber er bringt durchaus Vorteile mit sich. Die Erfahrung hilft dabei, sich in einer fremden Rechtsordnung leichter zurechtzufinden, was insbesondere bei der Arbeit innerhalb internationaler Transaktionen an Bedeutung gewinnt. Schließlich ist die Sprachkompetenz bei einer Tätigkeit, die zu großen Teilen auf Englisch läuft, ein erheblicher Vorteil. Wir entlohnen unsere Associates in den ersten Berufsjahren deshalb auch mit zusätzlichen 5.000 Euro jährlich.

Wo sollte ein LL.M.-Titel erworben werden? Wie wichtig sind Ihnen Qualität und Reputation des LL.M.-Programms? In erster Linie machen Sie den LL.M. für sich. Wir erkennen darin vor allem den Willen, Ihren Horizont zu erweitern, auch mal die Komfortzone zu verlassen, Projektmanagement-Kompetenz und sehr gute englische Sprachkenntnisse. Da unsere Geschäftssprache nach wie vor zu über 80 Prozent Englisch ist, ist die einzige Einschränkung die, dass wir Ihnen raten würden, ein englischsprachiges LL.M.-Programm im Ausland zu wählen. Ob Sie sich dann Ihren Traum von einem Studium in Harvard, Oxford oder Stellenbosch erfüllen, bleibt Ihnen überlassen, macht für Ihre Karriere bei Gleiss Lutz jedoch keinen Unterschied.

Kann man bei Ihnen auch schon während des Studiums Erfahrungen sammeln? Gerne! Wir bieten zweimal im Jahr ein standortübergreifendes Praktikantenprogramm an. Hier erhalten Studierende in einem abwechslungsreichen fünfwöchigen Programm Einblicke in die Arbeitsweise unserer Sozietät und profitieren zudem von dem umfangreichen Angebot des One Step Ahead-Nachwuchsjuristenprogramms bei Gleiss Lutz. Nicht zuletzt qualifiziert sich jede Praktikantin und jeder Praktikant automatisch für eine Bewerbung um eines unserer vier LL.M.-Stipendien!

Gleiss Lutz

Dr. Moritz Lochmann
LL.M. (Columbia)
Jahrgang 1991
Associate

LL.M. in New York – in jeder Hinsicht empfehlenswert

Mein LL.M.-Studium habe ich im akademischen Jahr 2019/2020 in New York absolviert.

Vorbereitung des LL.M.-Studiums

Die Vorbereitung auf das LL.M.-Studium fiel bei mir in die letzten Monate des Referendariats. Trotz der daraus resultierenden Doppelbelastung war das Anfertigen von Bewerbungsunterlagen, das Einholen von Empfehlungsschreiben, die Vorbereitung auf den TOEFL-Test und die zahlreichen weiteren Kleinigkeiten, die im Zuge der Bewerbungen zu erledigen waren, aus meiner Sicht machbar, insbesondere dank der diversen hilfreichen Informationen im Internet (übrigens auch zu Stipendien, die es zahlreich gibt). Ein gutes Jahr vor Beginn des Programms als Vorlauf einzuplanen ist sicherlich ratsam. Nach Eingang der Rückmeldungen der Universitäten steht man im besten Fall vor der Qual der Wahl, muss sich anschließend noch um Unterkunft und Visum kümmern und wird von der Universität mit Informationen zum Studium, den verschiedenen Aktivitäten und der Kurswahl zugeschüttet. Schon vor Beginn des Programms wird es also nicht langweilig!

Die LL.M.-Erfahrung

Da ich mich für die Columbia Law School entschieden hatte, bin ich Anfang August 2019 nach New York gereist und habe einige Tage vor Beginn der Orientierungswoche mein Zimmer in einem Wohnheim auf dem Campus bezogen; auch wenn es sicherlich spannendere Gegenden in New York gibt, ist meine klare Empfehlung, auf dem Campus zu wohnen – das Gemeinschaftsgefühl sollte man nicht verpassen! Die zahlreichen Veranstaltungen in der Orientierungswoche haben es uns leichtgemacht, die Mitstudierenden aus der ganzen Welt kennenzulernen. Aus Sicht deutscher Studierender, die ein relativ festes Curriculum gewöhnt sind, ist vor allem die Breite des Kursangebots beeindruckend. Besonders die Gelegenheit, fremde Fachgebiete kennenzulernen und Kurse außerhalb der juristischen Fakultät zu besuchen, sollte man nutzen. Und keine Sorge: Wer deutsche Staatsexamina hinter sich gebracht hat, wird mit dem Lernaufwand während des LL.M.-Programms keine Schwierigkeiten haben! Überhaupt ist das Drumherum – also das gemeinsame Erkunden einer besonderen Stadt mit anderen Studierenden, das Ausgehen und die Freundschaften, die während des Jahres entstehen, mindestens ebenso wichtig wie die akademischen Aspekte. Ein netter Nebeneffekt sind auch die zahlreichen Recruiting-Veranstaltungen von Kanzleien. Nirgends sonst kann man so viele potentielle Arbeitgeber in so kurzer Zeit – oft in beeindruckenden Locations oder sogar bei gemeinsamen Wochenendausflügen – kennenlernen. Ob man das Bar Exam ablegen will ist eine Frage der persönlichen Prioritäten. Jedenfalls im Bundesstaat New York muss man dafür während des LL.M.-Studiums bestimmte Kurse belegen – die Wochenstunden, die für diese Kurse „verbraucht" werden, stehen nicht mehr zur Verfügung, um andere, möglicherweise interessantere, Vorlesungen zu besuchen.

Fazit

Auch wenn die Vorbereitung aufwändig ist und die Finanzierung des Studienjahrs gut geplant sein will, kann ich nur empfehlen, sich diese Erfahrung – gerade in einer Stadt wie New York – nicht entgehen zu lassen. Probiert es aus!

Gleiss Lutz

Kirkland & Ellis International LLP

Standorte in Deutschland: München

Standorte weltweit: Austin, Bay Area (San Francisco, Palo Alto), Boston, Brüssel, Chicago, Dallas, Hongkong, Houston, London, Los Angeles, Miami, New York, Paris, Peking, Riad, Salt Lake City, Shanghai, Washington D.C.

Spezialisierungen: Private Equity/M&A, Corporate/Capital Markets, Restructuring, Debt Finance, Tax

Berufsträger:innen in Deutschland: ca. 45
davon mit LL.M.: 12
davon mit Promotion: 27

Berufsträger:innen weltweit: ca. 3.500

Geplante Neueinstellungen 2024: 10–15

Bei Kirkland & Ellis erwarten dich komplexe Projekte für große internationale Mandanten. Im Rahmen der häufig grenzübergreifenden Transaktionen arbeitest du eng im Team mit Kolleg:innen aus Großbritannien, den USA, Europa, dem Mittleren Osten und Asien.

Als Mitglied des Legal-Staff-Teams bildest du das zweite Standbein unserer juristischen Arbeit. Du gewinnst weitreichende Einblicke in die Kanzleipraxis und sammelst wertvolle Erfahrungen für deine berufliche Karriere.

KIRKLAND & ELLIS

Maximilianstraße 11
80539 München
karriere.kirkland.com

Nadine Kellner
Legal Recruiting & Development Specialist
+49 89 2030-6080
nadine.kellner@kirkland.com

Wer wir sind: Kirkland & Ellis umfasst 20 Standorte und rund 3.500 Anwält:innen weltweit. Circa 45 davon arbeiten in München – verteilt auf fünf hochspezialisierte Praxisgruppen. Gemeinsam gehören wir zu den Besten in den Bereichen Private Equity/M&A, Corporate/Capital Markets, Restructuring, Debt Finance und Tax. Um in Zukunft noch besser zu werden, brauchen wir dich!

Wie du bei uns arbeitest: Bei uns in München erwarten dich flache Hierarchien und eine Kultur des Miteinanders. Du bist Teil eines kleinen, dynamischen Teams, mit dem du eng zusammenarbeitest. Ihr helft euch gegenseitig, lernt voneinander und erreicht gemeinsam eure Ziele. Dabei wird es dir nie langweilig. Denn deine Mandate sind spannend und abwechslungsreich, in der Regel fachübergreifend – und fast immer international. In enger Zusammenarbeit mit deinen Kolleg:innen gibst du dein Bestes und feierst Erfolge gemeinsam im Team. Zum Beispiel beim entspannten Get-Together am Freitagabend in der Kanzlei.

Wie wir dich unterstützen: Bei Kirkland wächst du fachlich und persönlich. Du übernimmst früh Verantwortung und hast Kontakt zu unseren Mandanten. Manches wird für dich neu sein. Doch unsere offene Förder- und Feedback-Kultur garantiert dir als Berufseinsteiger:in eine steile Lernkurve. Persönliche Mentor:innen stehen dir bei Fragen mit Rat und Tat zu Seite. Du besitzt ein stark ausgeprägtes unternehmerisches Denken und hast Lust, Verantwortung zu übernehmen? Dann bist du bei uns genau richtig!

Deine internationale Praxiserfahrung: Auch wenn es in München am schönsten ist, nichts geht über Auslandserfahrungen: Du hast deine Anwaltsstation bei Kirkland & Ellis mit top Leistungen absolviert? Und möchtest deine juristische Karriere gemeinsam mit uns gestalten? Dann besteht bei uns grundsätzlich die Möglichkeit einer anschließenden Wahlstation – auch im Ausland. Hier wirst du intensiv in die Praxisgruppen eingebunden und kannst an lokalen Trainingsprogrammen teilnehmen – eine steile Lernkurve und optimale Entwicklungsmöglichkeiten sind dir sicher!

Welche Rolle spielt der LL.M. für uns? Du hast einen LL.M.? Großartig! Du hast ihn im angloamerikanischen Raum erworben? Noch besser! Ein LL.M. ist bei Kirkland zwar nicht zwingend erforderlich, zeigt uns aber, dass du einen Blick über den Tellerrand hinaus gewagt hast. Als internationale Großkanzlei ist insbesondere ein LL.M. aus dem angloamerikanischen Raum ein perfektes Sprungbrett in dein Berufsleben – nicht zuletzt wegen der damit verbundenen Englischkenntnisse.

Bist du bereit? Wir sind es! Du möchtest mit Kirkland durchstarten? Willst Verantwortung übernehmen und deine Talente als Teamplayer:in voll einbringen? Mit deinem wirtschaftlichen Verständnis überzeugst du Kolleg:innen und Mandanten gleichermaßen? Wenn du zudem über sehr gute Englischkenntnisse und zwei exzellente Examen verfügst, müssen wir unbedingt über dich reden!

Kirkland & Ellis
International LLP

It never rains in southern California

Carolin Paus

LL.M. (UCLA)

Rechtsanwalt

Auch wenn sich diese Erwartung nicht bestätigt hat, alle anderen wurden übertroffen

Ein LL.M. in den USA stand für mich schon lange fest – doch welche Universität sollte es werden? Nach langen Überlegungen und vielen Gesprächen mit Alumni unterschiedlicher US-amerikanischer Hochschulen, entschied ich mich für die University of California (UCLA). Rückblickend war dies die beste Entscheidung, die ich treffen konnte.

Ich trete vor die Tür, die Sonne scheint mir ins Gesicht. Auf dem Campusrasen sitzen zahlreiche Studierende. Es wird gelesen, gelernt, gelacht. Einige sind auf dem Weg zum Uni-Gym, andere kommen gerade vom Strand. Nein, ich bin nicht am Set einer Hollywoodproduktion, sondern komme gerade aus meiner „Venture Capital" – Vorlesung und stehe im Courtyard der UCLA School of Law. Die UCLA ist zweifellos eine der renommiertesten Universitäten der Welt. Sie gilt als No. 1 Public University in den USA und bietet ihren Studierenden neben exzellenter Betreuung ein umfassendes Netzwerk und vielfältige (Karriere-)Möglichkeiten. Der Campus gleicht einer grünen Oase und bietet viele Freizeitangebote. Es werden regelmäßig Vorträge gehalten oder Networking-Events veranstaltet. Kein Wunder also, dass die meisten Studierenden den Großteil ihres Semesters auf dem Campus verbringen.

Breites Kursgebot

Wegen der unmittelbaren Nähe zu Hollywood denkt man bei einem LL.M. in Los Angeles vielleicht erst einmal an den Schwerpunktbereich Entertainment Law. Die UCLA bietet aufgrund ihres breiten Kursangebots und der Flexibilität in der Kurswahl aber ebenso die perfekte Grundlage für eine Spezialisierung in International Law und Human Rights oder – wie in meinem Fall – in Business Law. Angeboten werden neben klassischen Vorlesungen auch kleinere praxisorientierte Kurse, die von Partner:innen erstklassiger (Wirtschafts-)Kanzleien in den USA gehalten werden. Zusätzlich gibt es eigens von der Uni organisierte Praktika. Dieses Angebot bietet den Studierenden die Möglichkeit sich ihren Stundenplan individuell nach inhaltlichen Interessen und unterrichtsformspezifischen Vorlieben zusammenzustellen.

Der LL.M. an der UCLA war für mich ein voller Erfolg. Das Studium, die angebotenen Kurse, und der Einblick in ein anderes Rechtssystem hätten spannender nicht sein können.

Netzwerk, Bekanntschaften und Freundschaften fürs Leben

Unseren LL.M. Jahrgang absolvierten 230 Jurist:innen aus 36 Nationen - eine einmalige Chance, um neue Kontakte zu knüpfen. Bereits bei den Einführungsveranstaltungen machte ich interessante neue Bekanntschaften und im Laufe des Jahrs erhielt ich Einblicke in verschiedene Kulturen und Rechtssysteme, die ich sonst wahrscheinlich nicht bekommen hätte. Meine Zeit an der UCLA war traumhaft. Ich habe viel gelernt und gesehen. Neben dem Studium konnte ich neue spannende Eindrücke gewinnen, bin gereist und habe viele beeindruckende Menschen unterschiedlicher Nationen kennengelernt, aus denen Freundschaften entstanden sind. Mein Fazit? Ein Jahr das unvergessen bleibt!

Kirkland & Ellis International LLP

KIRKLAND & ELLIS

DU WILLST IN EINEM TEAM ARBEITEN, DAS EINE SPRACHE SPRICHT – EGAL IN WELCHEM LAND? DANN GOOGLE MAL: KIRKLAND JOBS.

#IFYOUKNOWYOUKNOW

UND JETZT LASS UNS ÜBER DICH REDEN:
KARRIERE.KIRKLAND.COM

PRIVATE EQUITY/M&A
CORPORATE/CAPITAL MARKETS
RESTRUCTURING
DEBT FINANCE
TAX

Linklaters LLP

Standorte in Deutschland: Berlin, Düsseldorf, Frankfurt am Main, Hamburg, München

Standorte weltweit: Abu Dhabi, Amsterdam, Antwerpen, Bangkok, Brüssel, Dubai, Dublin, Hongkong, Lissabon, London, Luxemburg, Madrid, Mailand, New York, Paris, Peking, Rom, São Paulo, Schanghai, Seoul, Singapur, Stockholm, Tokio, Warschau, Washington D.C.

Spezialisierungen: Arbeitsrecht, Aufsichtsrecht, Banking, Litigation, Arbitration & Investigations, Energiewirtschaftsrecht, Gesellschaftsrecht/M&A, Gewerblicher Rechtsschutz, Immobilienwirtschaftsrecht, Investmentfonds, Kapitalmarktrecht, Kartellrecht & Investitionskontrolle, Öffentliches Wirtschaftsrecht, Restrukturierung & Insolvenz, Steuerrecht, Technologie, Medien & Telekommunikation

Berufsträger:innen in Deutschland: >300

Berufsträger:innen weltweit: ca. 2.900

Neueinstellungen pro Jahr: ca. 60

Weltweit sind wir mit mehr als 2.900 Rechtsanwält:innen in 31 Büros tätig – und damit immer genau dort vor Ort, wo unsere Mandanten uns brauchen. Die enge Zusammenarbeit mit Kolleg:innen aus anderen Ländern und viele internationale Fortbildungskurse und Auslandseinsätze unserer Associates fördern unsere globale Ausrichtung. So entsteht ein Umfeld, das von gegenseitiger Unterstützung und Teamarbeit geprägt ist, in einer motivierenden, entspannten Atmosphäre, in der Herausforderungen und Ziele geteilt werden.

Linklaters

Taunusanlage 8
60329 Frankfurt am Main
linklaters.de
career.linklaters.de

Recruitment Germany
+49 69 71003-495
recruitment.germany@linklaters.com

Was unterscheidet Sie von anderen Kanzleien? Linklaters berät in fachbereichs-, grenz- und sektorübergreifenden Teams und bietet daher einen vollständig integrierten Beratungsansatz. Mandanten stellen wir unsere Expertise und unsere Ressourcen in Industrie- und Schwellenländern auf der ganzen Welt zur Verfügung und helfen ihnen dabei, Chancen zu nutzen und Risiken zu managen. Unser globaler Ansatz und unser Einsatz für Exzellenz gewährleisten ein Höchstmaß an Qualität und Service in allen unseren Geschäftsbeziehungen. Wir bieten unseren Mandanten Engagement, Teamwork und Flexibilität, damit sie ihre komplexen geschäftlichen Herausforderungen gemeinsam mit uns erfolgreich gestalten können.

Warum sollten Studierende/Absolvent:innen gerade bei Ihnen einsteigen? Ob Sie noch während Ihrer Ausbildungszeit oder als Berufseinsteiger:in bei uns anfangen – gleichermaßen erleben Sie eine intensive Zeit, in der Sie gefordert und gefördert werden. Neben der frühen Übernahme von Verantwortung und der Chance zum selbstständigen Arbeiten ermöglicht Ihnen vor allem das Arbeiten in Ihrem Team stets die Möglichkeit, Ihren Wissensstand und Ihre Fähigkeiten an praktischen Fällen gemeinsam mit den Kolleg:innen zu erweitern. Wichtigste Ansprechpartner:innen sind dabei neben den Leitpartner:innen die persönlichen Mentor:innen, erfahrene Associates, die Sie u. a. durch regelmäßiges Feedback dabei unterstützen, die Arbeitswelt von Linklaters kennenzulernen sowie sich stetig weiterzuentwickeln.

Welche internationalen Einsatzmöglichkeiten bieten Sie? Aufgrund unserer internationalen Aufstellung können wir unseren Mitarbeiter:innen Entsendungen in andere Büros weltweit grundsätzlich ermöglichen, beispielsweise im Rahmen der Wahlstation oder in den Jahren nach dem Berufseinstieg als Secondment oder im Zuge anderer internationaler Initiativen. In diesem Zusammenhang unterstützen wir auch jene Mitarbeiter:innen, die sich nach ihrem Berufseinstieg für einen LL.M.-Abschluss entscheiden, indem wir sie freistellen. Oft haben Neueinsteiger:innen ihren LL.M. jedoch bereits absolviert, bevor sie bei uns als Associate anfangen.

Welche Meinung vertreten Sie zum LL.M.? Für diejenigen, die ihre Zukunft in einer internationalen Anwaltskanzlei sehen, ist der Master of Laws eine hervorragende Qualifikation und bietet die Gelegenheit, sich positiv abzuheben. Wir schätzen an Bewerber:innen mit LL.M.-Abschluss, dass sie bereits Erfahrungen in einem anderen Kulturkreis und in einer anderen Rechtsordnung gesammelt haben.

Wer passt zu Ihnen? Selbstverständlich setzen wir exzellente Examina und sehr gute Englischkenntnisse voraus. Aber wir wollen auch Mitarbeiter:innen, die mehr in ihre Arbeit einbringen als ihre juristischen Qualifikationen. Wir suchen Teamplayer:innen mit Persönlichkeit, Selbstvertrauen, Lösungsorientierung und wirtschaftlichem Verständnis – kurz: mit der Fähigkeit, unsere Mandanten davon zu überzeugen, dass sie bei Linklaters in besten Händen sind.

Linklaters LLP

LL.M. an der McGill University in Montréal

Jacqueline Kusserow

LL.M. (McGill)

Jahrgang 1988

Managing Associate im Bereich Litigation, Arbitration & Investigations

München

Auf zu neuen Horizonten! Das ist letztlich in vielerlei Hinsicht das Motto eines jeden LL.M. Bei einem LL.M. in Montréal, Kanada, gilt das für mich aus noch mehr Gründen als bei vielen anderen LL.M. Aber der Reihe nach:

Zunächst einmal: LL.M. oder Promotion? Und wenn LL.M.: wann?

Ich werde oft gefragt: Sollte ich eine Promotion oder einen LL.M. anstreben? Auch ich habe mir diese Frage gestellt. Meine Antwort: unbedingt der eigenen Neigung folgen! Durch Studium und Referendariat müssen alle Jurist:innen. LL.M. und Promotion sind hingegen Ausbildungsabschnitte, für die wir uns frei entscheiden können und die beide auch gerade den Zweck haben, eigenen Interessen nachzugehen und persönliche sowie berufliche Träume zu verwirklichen. Mir persönlich gefiel der Wechsel ins Ausland und die Gelegenheit, nach den Examen juristisch und privat Neues zu erleben. Der LL.M. passte für mich auch besser vor dem Berufseinstieg, nicht schon nach dem Ersten Examen. Vorteilhaft ist hieran meines Erachtens, dass das Wissen aus dem Ersten Examen unmittelbar ins Referendariat mitgenommen wird und später für den Berufseinstieg die Englischkenntnisse durch den LL.M. aktuell sind.

Fachliche und persönliche Horizonterweiterung

Der LL.M. war für mich ein unbezahlbares Jahr: Eintauchen in eine andere Jurisdiktion mit einem fremden Rechtssystem, Erfahren von Diskussionskulturen in einem andersartigen Kurssystem, Erlernen von juristischen Fachbegriffen und dem juristischen Argumentieren auf Englisch, Auseinandersetzung mit Personen anderen rechtlichen Hintergrunds und daher anderer Sichtweisen (und das Entdecken von Gemeinsamkeiten) – neben neuen Fachgebieten sind all dies Dinge, die meinen Horizont erweitert haben und nun im Berufsalltag von unschätzbarem Nutzen sind. Auch die persönliche Erfahrung stand dem in nichts nach. Ich habe eine Vielzahl neuer Menschen unterschiedlichster Kulturen getroffen und Freundschaften fürs Leben geschlossen. Das Leben im Ausland fördert die persönliche Weiterentwicklung schon ab den vielfältigen organisatorischen Anforderungen im Vorfeld, über die Abreise aus dem vertrauten Umfeld und dem Einfinden in das neue Land bis hin zum viel beschriebenen culture shock bei der Rückreise nach Deutschland. Auch ich habe all das erlebt und zehre von den Erfahrungen noch heute.

Schließlich: Und warum McGill und Montréal?

Gute Universitäten und tolle Städte gibt es überall, und auch Montréal vereint diese beiden Eigenschaften. Allerdings ist der französischsprachige Teil Kanadas ein einmaliger Mix aus USA, UK und Frankreich. McGill wählte ich – neben einer persönlichen Verbindung zu Montréal –, weil es sich um eine englischsprachige Universität in einem französisch geprägten Umfeld und dabei zudem um die renommierteste Universität Kanadas handelt. Nicht viele Deutsche gehen hierher, was sich später im CV abhebt. Neben einem Air & Space-Law-Spezialprogramm kann man aus einer großen Bandbreite an Kursen wählen und studiert fast immer zusammen mit den kanadischen Studierenden auf stets fachlich höchstem Niveau. Ich habe letztlich meine Schwerpunkte auf Arbitration sowie rechtsphilosophische Kurse gelegt. Aber egal wo es einen hin verschlägt: Mit einem LL.M. kann man nichts falsch, sondern nur alles richtig machen.

Linklaters LLP

Linklaters

Where talent meets opportunity

COLLEAGUES OF TOMORROW

Von Anfang an dabei!

Im Referendariat erhalten Sie eine gezielte Ausbildung und Förderung, individuelle Betreuung und die Möglichkeit zur persönlichen Entfaltung. Bei uns sind Sie vom ersten Tag in die Teamarbeit eingebunden und an nationalen wie internationalen Mandaten beteiligt. Auch im Bereich wissenschaftliche oder juristische Mitarbeit profitieren Sie von den Vorteilen unseres Programms. Sammeln Sie wertvolle Praxiserfahrung – den Umfang der Tätigkeit bestimmen Sie.

Bewerben Sie sich als Referendar:in oder wissenschaftliche:r Mitarbeiter:in.

Linklaters LLP / Sarah Leipert
Recruitment Germany
+49 69 71003 360
recruitment.germany@linklaters.com

Mehr Informationen finden Sie hier:

Follow us on Instagram @Linklaters_germany

Milbank LLP

Standorte in Deutschland:
Frankfurt am Main, München

Standorte weltweit: Hongkong, London, Los Angeles, New York, Peking, Singapur, São Paulo, Seoul, Tokio, Washington D.C.

Spezialisierungen: Bank- und Finanzrecht, Compliance, Gesellschaftsrecht/M&A, Kartellrecht, Private Equity, Steuerrecht, Kapitalmarktrecht, Restrukturierung

Berufsträger:innen in Deutschland: 69
davon mit LL.M.: 19
davon mit Promotion: 35

Berufsträger:innen weltweit: 950

Geplante Neueinstellungen 2024: 12–14

Milbank LLP wurde 1866 als eine der ersten Wall-Street-Kanzleien in New York City gegründet und zählt heute zu den führenden international tätigen Wirtschaftskanzleien. Mit zwölf Standorten in Europa, den USA, Lateinamerika und Asien sind wir an den wichtigsten Finanz- und Wirtschaftszentren der Welt präsent. Wir haben den Anspruch, nur bestqualifizierte Anwältinnen und Anwälte einzustellen und ihnen als Associates außergewöhnliche Erfahrungen, erstklassige Aus- und Weiterbildungsmöglichkeiten und eine angenehme Atmosphäre zu bieten.

Milbank

Dr. Leopold Riedl
Neue Mainzer Straße 74
60311 Frankfurt am Main
+49 69 71914-3462
lriedl@milbank.com

Dr. Steffen Oppenländer
Maximilianstraße 15
80539 München
+49 89 25559-3716
soppenlaender@milbank.com

www.milbank.com/karriere

Wie wichtig ist Ihnen ein LL.M.? Ein LL.M. ist keine Einstellungsvoraussetzung, stellt aber aus unserer Sicht eine wichtige Qualifikation dar. Wenn wir unsere Anwält:innen fragen, welche Bedeutung ein LL.M. auf ihrem persönlichen Ausbildungsweg hatte, fallen die Antworten durchaus unterschiedlich aus. Bei den Älteren überwiegt vielleicht die Erinnerung an ein Jahr Studierendenleben fern der Heimat, das neben dem Studium vor allem neue Erfahrungen und Freundschaften mit sich brachte. Bei den Jüngeren steht neben diesen Erinnerungen oft der ganz konkrete praktische Nutzen eines im (englischsprachigen) Ausland erworbenen LL.M. im Vordergrund: die damit erworbene Sprachfertigkeit, die Sicherheit im Umgang mit englischer Fachterminologie und das Verständnis angelsächsischer Abstraktions- und Argumentationsmethoden, Erfahrung mit einer Common-Law-Jurisdiktion und andere Lehr- und Lernmethoden, die ein hervorragendes Rüstzeug für den Arbeitsalltag international tätiger Wirtschaftsanwält:innen sind.

Wann ist der richtige Zeitpunkt für einen LL.M.? Aus unserer Sicht macht es keinen Unterschied, ob Sie Ihr LL.M.-Programm nach dem Ersten oder nach dem Zweiten Staatsexamen absolvieren. Aus Erfahrung wissen wir, dass die Motivation nach dem Ersten Examen oft höher ist, da man nach dem Zweiten Examen endlich in den Beruf einsteigen und Geld verdienen will. Die persönliche Lebensplanung oder andere Gründe können aber auch für einen LL.M. nach dem Zweiten Staatsexamen sprechen. Mit der Teilnahme an einem LL.M.-Programm nach ein oder zwei Jahren Berufstätigkeit haben wir allerdings nur selten positive Erfahrungen gemacht.

Wodurch unterscheiden Sie sich von anderen Sozietäten? Natürlich ergibt sich im Vergleich mit vielen anderen Sozietäten ein grundlegender Unterschied bereits aus unserem Tätigkeitsfeld: Anders als sogenannte Full-Service-Kanzleien haben wir uns auf wirtschaftsrechtliche Transaktionen (M&A, Private Equity) und High-End-Beratung von Unternehmen in den Gebieten Gesellschafts-, Steuer-, Finanz- und Kartellrecht spezialisiert. Kennzeichnend für die Tätigkeit unserer Sozietät sind die enge Verzahnung und die integrierte Beratung in unseren Kernkompetenzen sowie die enge Vernetzung unserer Standorte weltweit. Daneben sind die bei uns tätigen Anwält:innen durchwegs hervorragend juristisch qualifiziert, hoch motiviert und kreativ. Sie arbeiten in kleinen Teams an spannenden Mandaten für entsprechend hochkarätige Mandanten – dies selbstverständlich bei entsprechender Vergütung. Zudem bieten wir unter anderem mit Milbank@Harvard ein einzigartiges Fortbildungsprogramm in Kooperation mit der Harvard University (mehr dazu siehe nächste Seite).

Wie viele Anwält:innen und Referendar:innen stellen Sie pro Jahr ein? In unseren deutschen Büros – Frankfurt am Main und München – stellen wir pro Jahr zwölf bis vierzehn Rechtsanwält:innen und ca. 25 Referendar:innen und wissenschaftliche Mitarbeiter:innen ein.

Wie läuft das Bewerbungsverfahren ab? Sie können sich bevorzugt per E-Mail mit einem Anschreiben, Ihrem Lebenslauf und Zeugniskopien direkt bei einem der beiden genannten Partner in Frankfurt am Main oder München bewerben.

Milbank LLP

Und wen laden Sie ein? Schauen Sie nur auf die Examensnoten, oder gibt es noch andere Kriterien, die Ihnen wichtig(er) sind? Wir legen allergrößten Wert darauf, dass Bewerber:innen ihr juristisches Handwerkszeug beherrschen, und das wird nach unserer Erfahrung mit den Examensnoten in aller Regel zutreffend belegt. Deshalb sind zwei mit mindestens vollbefriedigend bestandene Examina für uns wichtig, ebenso wie möglichst Promotion und im Ausland erworbene Englischkenntnisse. Für deren Erwerb ist ein LL.M.-Studium eine hervorragende Gelegenheit. Darüber hinaus sollten Sie Spaß an der Arbeit mit wirtschaftlichen Sachverhalten haben und hierfür Verständnis und ein gutes Judiz mitbringen, am besten gepaart mit Humor und einer optimistischen Grundeinstellung.

Wie entscheiden Sie, welche Bewerber:innen zu Ihnen passt? Im Rahmen einer Gesprächsrunde, die durchaus mehr als einen halben Tag dauern kann, haben Sie – gleich ob Sie als Referendar:in oder Berufseinsteiger:in zu uns kommen möchten – Gelegenheit, möglichst viele Anwält:innen eines Büros und unsere Arbeit kennenzulernen. Am Ende dieses Tages sollten Sie ein Gefühl dafür entwickelt haben, ob die Chemie stimmt und Sie sich vorstellen können, künftig in unserem Team mitzuarbeiten. Und genauso entscheiden auch wir – und zwar alle Anwält:innen, die Sie im Laufe des Tages gesehen haben – anhand des vermuteten „Fit" ohne weitere formale Kriterien: Es passt, oder es passt nicht. So sollten auch Sie Ihre Entscheidung fällen.

Welche Tipps können Sie Nachwuchsjurist:innen für ihre Ausbildung geben? Natürlich stehen die Examensprüfungen immer im Vordergrund – bei hervorragenden Ergebnissen stehen Ihnen in der Regel alle Möglichkeiten offen. Mit einem guten Ersten Staatsexamen können Sie während des Referendariats schon Erfahrungen in renommierten Kanzleien sammeln, Referendarsstationen im Ausland absolvieren, nebenher promovieren und/oder ein LL.M.-Studium in Angriff nehmen.

Und welche Aus- und Weiterbildungsmöglichkeiten gibt es bei Ihnen? Unser Aus- und Weiterbildungsprogramm besteht aus verschiedenen Komponenten. Sein Herzstück ist sicherlich Milbank@Harvard, eine von der Harvard Business School und der Harvard Law School exklusiv für uns ausgearbeitete und gehaltene Fortbildungsveranstaltung zu wirtschaftlichen und unternehmerischen Themen. Diese findet in drei jeweils einwöchigen Veranstaltungsblocks auf dem Campus der Harvard University statt und wird von allen unseren Associates ab dem dritten Berufsjahr besucht. Darüber hinaus bieten wir – neben dem unseres Erachtens enorm wichtigen Training-on-the-Job – ein umfassendes Programm an maßgeschneiderten internen Aus- und Weiterbildungsveranstaltungen mit großer Praxisnähe an, das um den regelmäßigen Besuch externer Seminare ergänzt wird. Zu nennen sind hier zum einen unsere Ausbildungsserie „Die 20 Grundelemente", eine Präsentations- und Workshop-Reihe für unsere jüngeren Associates, bei der praxisnahe Themen erarbeitet werden, die man auf dem Weg zur Wirtschaftsanwältin oder zum Wirtschaftsanwalt beherrschen sollte. Zum anderen findet halbjährlich unsere intern entwickelte Tax Academy statt, eine Blockveranstaltung, die allen unseren Associates einen auf die Bedürfnisse unserer Beratungspraxis zugeschnittenen Überblick zum Steuerrecht und ein Problembewusstsein in diesem wichtigen Rechtsgebiet vermittelt.

Unbore your life.

EIGENER KOPF.
GEMEINSAMER ERFOLG.

Hier werden die besten Absolventen zu Top-Anwälten (m/w/d).
In kompakten, hochqualifizierten Teams,
die wissen, dass jeder neue Gedanke neue Chancen birgt.
Für unsere Mandanten und für Sie.
milbank.com/karriere

Milbank

Noerr

Standorte in Deutschland: Berlin, Düsseldorf, Dresden, Frankfurt am Main, Hamburg, München

Standorte weltweit: Alicante, Bratislava, Brüssel, Budapest, Bukarest, London, New York, Prag, Warschau

Tätigkeitsschwerpunkte: alle Bereiche des nationalen und internationalen Wirtschaftsrechts: Gesellschaftsrecht, M&A, Finanzierungen, Bank- und Kapitalmarktrecht, Private Equity/Venture Capital, Restrukturierungen, Insolvenzrecht, IP-, IT- und Medienrecht, Urheber- und Wettbewerbsrecht, Regulierte Industrien, Kartellrecht, Vergaberecht, Öffentliches Recht, Bau- und Immobilienrecht, Vertriebsrecht, Arbeitsrecht, Produkthaftungsrecht, Litigation, Dispute Resolution, Steuerrecht, Stiftungsrecht

Mitarbeitende in Deutschland: 492
davon mit LL.M.: 58
davon mit Promotion: 213

Mitarbeitende weltweit: 601

Geplante Neueinstellungen 2024: 80–100

Wir wollen für dich das beste Umfeld sein, um dein Potenzial frei zu entfalten. Und wir haben gute Gründe dafür, dass wir das sind. Warum liegt auf der Hand: Nur da, wo jede und jeder über sich hinauswachsen kann, wachsen wir auch als Kanzlei über uns hinaus. Wie wir das machen? Bei uns kannst du dich auf das konzentrieren, was du am besten kannst. Durch unser breit gefächertes Repertoire an renommierten Mandaten, die sich über den ganzen Globus verteilen, bist du von Anfang an Teil eines internationalen Netzwerks und verhandelst die zentralen Fragen unserer Zeit auf prominenter Bühne.

|||NOERR

Brienner Straße 28
80333 München
www.noerr.com/karriere

Bianca Hübel
HR Marketing Managerin
+49 89 28628591
bianca.huebel@noerr.com

Was zeichnet Ihre Unternehmenskultur aus? Wir bei Noerr leben eine Kultur der kollaborativen Exzellenz. Oder einfacher: Wir sind exzellent in dem, was wir tun, weil wir exzellent darin sind, wie wir es tun: als Team, in dem jede und jeder brillieren darf. Das bedeutet für uns, das beste Umfeld für dein persönliches und professionelles Wachstum zu schaffen und dir die Möglichkeit zu geben, dich optimal zu entfalten. Dadurch schaffen wir den größtmöglichen Impact für deinen Erfolg und deine Karriere.

Welche Meinung vertritt Ihre Kanzlei zum LL.M.? Über Zusatzqualifikationen wie einen LL.M. oder eine Promotion freuen wir uns immer sehr.

Aber was wirklich zählt, ist deine Persönlichkeit. Denn zusätzliche Qualifikationen und Zertifikate kannst du erwerben (wobei wir dich liebend gern unterstützen), doch für unsere Kultur der kollaborativen Exzellenz solltest du gemacht sein. Souveränität, Entwicklungsfreude, persönliche Integrität, Charisma, Charakter und Größe wirst du bei uns ausbilden – wenn du sie in dir trägst.

Die Erfahrung zeigt allerdings: Ein LL.M. ermöglicht dir den berühmten Blick über den Tellerrand und bringt dich vor allem persönlich weiter. Dabei geht es weniger um das erlernte Wissen, welche Antworten eine fremde Rechtsordnung auf ein konkretes Rechtsproblem gibt. Es geht vielmehr darum, dein allgemeines Verständnis für das Recht zu schärfen. Ein weiterer Pluspunkt: Im Ausland erworbene Englischkenntnisse ermöglichen dir einen sicheren Umgang mit der Sprache und sind für deine berufliche Praxis bei uns unerlässlich.

Was bieten Sie Referendar:innen oder Praktikant:innen (Konditionen, Tätigkeitsschwerpunkte)? Für alle, die bei uns ihr Referendariat oder ein Praktikum absolvieren oder uns durch wissenschaftliche Mitarbeit unterstützen, haben wir unser maßgeschneidertes Programm New Talents ins Leben gerufen: Mit einem strukturierten Onboarding bist du vom ersten Tag an mit allen relevanten Ansprechpartnerinnen und Ansprechpartnern, Arbeitsmitteln und Abteilungen vertraut. Tiefer in die Materie und unsere Sozietät tauchst Du dann an der Seite deiner Mentorin oder deines Mentors ein. Außerdem hast Du Gelegenheit, bei Mandantenmeetings und/oder Gerichtsterminen dabei zu sein und dein Wissen in der Praxis anzuwenden und auszubauen. Regelmäßiges Feedback, fachliche Jour Fixe und fachmethodische Workshops sind dein Sprungbrett für die gezielte fachliche wie beraterische Qualifizierung. Auch bei der Examensvorbereitung greifen wir dir unter die Arme und unterstützen dich mit Kaiser-Seminaren, Kaiser-Repetitorien und Klausurenkursen auf dem Weg zum Examen.

Welche internationalen Einsatzmöglichkeiten bieten Sie? Bei uns arbeitest du nicht nur grenzüberschreitend, sondern rund um die Welt. Denn Internationalität ist für uns so wichtig wie Interdisziplinarität. Und dank unserer globalen Aufstellung für dich von Anfang an eine Option, wertvolle Auslandserfahrungen zu sammeln, Kontakte zu knüpfen und ein starkes Standing aufzubauen. Mit eigenen Büros in zehn Rechtsordnungen verfügen wir über ein weltweites Netzwerk eng befreundeter Top-Kanzleien und sind exklusives deutsches Mitglied bei Lex Mundi, dem führenden Netzwerk unabhängiger Wirtschaftskanzleien. Nicht von ungefähr ist daher der überwiegende Anteil der von uns begleiteten Merger grenzüberschreitend und nicht zufällig zählen wir in Europa und der Welt zur Elite der unabhängigen Kanzleien.

Für dich als aufstrebendes Anwaltstalent bedeutet das die Chance, unmittelbar in internationalen Teams zu arbeiten und Auslandserfahrung zu sammeln. Gut ein Viertel unserer Associates nutzt darüber hinaus die Gelegenheit, uns im Rahmen eines mehrmonatigen Secondments an einem unserer ausländischen Standorte in einer Top-Kanzlei an einem internationalen Hotspot oder bei einem Mandanten zu vertreten. In anderen Worten, bei uns steht dir die Welt offen.

Wie läuft das Bewerbungsverfahren in Ihrer Kanzlei ab? Wenn du es bis hierher geschafft hast, konnten wir dich ja vielleicht schon von uns überzeugen! Falls dem so ist, würden wir uns sehr über deine Bewerbung freuen. Wenn du auch uns überzeugst, laden wir dich gerne zu einem ersten Gespräch bei einem entspannten Lunch oder Dinner ein und möchten gerne mehr über dich, deine fachliche Orientierung und Vorerfahrung sowie deine Wünsche und Erwartungen erfahren. Selbstverständlich erzählen wir dir gerne mehr über uns, deine angestrebte Position und deine Karrieremöglichkeiten. Bei einem weiteren Gespräch hast du die Möglichkeit, einige Partnerinnen und Partner, Associated Partnerinnen und Partner sowie Associates, deine zukünftigen Kolleginnen und Kollegen kennenzulernen, um ein umfassendes Bild über Noerr als Ganzes zu erhalten.

Kann man bei Ihnen auch schon während des Studiums Erfahrungen sammeln? Wenn du bei uns beginnst, ist das der Anfang einer stetig aufwärts führenden Entwicklung hin zu fachlicher Brillanz und zur rundum ausgereiften Beraterpersönlichkeit. Denn beides bedingt einander und beides begleiten wir so, dass es dein persönliches und professionelles Vorankommen ideal unterstützt. Das heißt, du bekommst zu jedem Zeitpunkt genau das, was du brauchst, um mit deinen Aufgaben zu wachsen, deine Kompetenzen sukzessive auszubauen und sie in der täglichen Praxis gewinnbringend einzusetzen. Deshalb geben wir dir von Anfang an deine persönliche Mentorin oder deinen persönlichen Mentor an die Hand, die oder der für dich und deine Fragen immer ein offenes Ohr hat. Dadurch bist du ganz nah an unserem Tagesgeschäft und hast die Möglichkeit, aktiv daran mitzuwirken: Du arbeitest direkt am Mandat, nimmst an Gerichts- und Mandantenterminen teil und besprichst deine Ergebnisse und Fortschritte in regelmäßigen fachlichen Jour Fixes. Daneben bieten wir regelmäßige Workshops zu verschiedenen Fachbereichen, Rechtsgebieten und Methoden-Know-How. Erfahrung sammelt man aber vor allem auch im Austausch mit anderen. Social Events sind uns deswegen genauso wichtig. Hier ist bestimmt für jede und jeden etwas dabei – ein gemeinsames Dinner, Afterwork Drinks oder sogar unsere Noerr Run Challenge.

||| NOERR

Meisterleistung fällt nicht vom Himmel. Und nicht in den Schoß.

Talent, Energie und Biss hast du im Studium und beim Examen bereits bewiesen. Jetzt kannst du sie praktisch entfalten. In einer Kultur der kollaborativen Exzellenz, die umso heller strahlt, je mehr der oder die Einzelne im Team brilliert. Wenn du persönlich und substanziell beitragen willst und kannst, bist du von Anfang an mit dabei, direkt im Mandat, unmittelbar an der Mandantschaft und auch bei Multimilliarden-Mergern.

Joint Impact. Individual Growth.

noerr.com

Sidley Austin (CE) LLP

Standort in Deutschland: München

Standorte weltweit: Boston, Brüssel, Century City, Chicago, Dallas, Genf, Hongkong, Houston, London, Los Angeles, Miami, New York, Palo Alto, Peking, San Francisco, Schanghai, Singapur, Sydney, Tokio und Washington D.C.

Tätigkeitsschwerpunkte: Corporate, Private Equity, M&A, Finance, Restructuring, Tax, Life Sciences

Berufsträger:innen in Deutschland: ca. 33
davon mit LL.M.: 11
davon mit Promotion: 12

Mitarbeitende weltweit: > 2.300

Geplante Neueinstellungen 2024: ca. 4–6

2016 hat Sidley Austin, eine der führenden international wirtschaftsrechtlich beratenden Anwaltssozietäten, ein Büro in München eröffnet. Dieses zeichnet sich durch ein kleines, fachlich höchst kompetentes und dynamisches Team aus. Damit verbindet das Münchner Sidley Büro die Vorteile einer weltweit führenden Anwaltssozietät mit der ungezwungenen Atmosphäre einer modernen Boutique-Kanzlei.

SIDLEY

Maximilianstraße 35
80539 München
www.generationsidley.com

Friederike Nusko, Kristina Thiel
Legal Recruiting
+49 89 244409-100
welcome@generationsidley.com

Was zeichnet Ihre Unternehmenskultur aus? Im Herzen Münchens sind wir ein überschaubares Team, in dem man sich kennt und gegenseitig unterstützt. Bei uns wird der Teamgedanke großgeschrieben. Gleichzeitig sorgen unsere Mandate und die Zusammenarbeit mit Kolleg:innen aus anderen Sidley Büros für starkes internationales Flair. Die Stimmung in unserem Office ist geprägt von einem kommunikativen Miteinander: Alle können sich unabhängig von der Seniorität einbringen – die beste Idee zählt. Festgefahrene Strukturen gibt es nicht, sondern flache Hierarchien. So zeichnet uns neben den attraktiven Mandaten vor allem unsere lockere, für eine Großkanzlei wohl einzigartige Kanzleikultur aus.

Welche internationalen Einsatzmöglichkeiten bieten Sie? Als weltweit agierende Wirtschaftskanzlei mit Büros in den USA, Asien, Europa und Australien ist unser Geschäft stark international ausgerichtet. Cross-Border-Transaktionen stehen auf der Tagesordnung, d.h., wir arbeiten größtenteils mit internationalen Mandanten an grenzüberschreitenden Projekten. Ab dem vierten Jahr bieten wir unseren Associates zudem die Gelegenheit, ein Secondment in einem unserer internationalen Büros zu absolvieren. Im Rahmen der Wahlstation besteht ebenfalls die Möglichkeit, diese an einem unserer internationalen Standorte abzuleisten, vorausgesetzt, man war bereits in der Anwaltsstation oder im Rahmen einer wissenschaftlichen Mitarbeit bei uns tätig und steht vor einem Berufseinstieg bei uns als Associate. Bei unseren internationalen Einsatzmöglichkeiten werden Associates und Referendar:innen in lokale Teams eingebunden und können so zum einen über den Tellerrand hinausschauen und sich bei internationalen Transaktionen einbringen, zum anderen aber auch die Arbeitsweise und Kultur vor Ort kennenlernen. Unser attraktives Package für Referendar:innen beinhaltet neben der überdurchschnittlichen Vergütung für die Station auch den Flug und das Visum sowie eine Unterkunft vor Ort.

Welche Meinung vertritt Ihre Kanzlei zum LL.M.? Als internationale Sozietät schätzen wir den LL.M.-Abschluss im englischsprachigen Ausland, da ein sicherer Umgang mit der englischen Sprache für unsere tägliche Arbeit eine wichtige Voraussetzung ist. Zudem ergibt sich durch ein LL.M.-Studium die Möglichkeit, interkulturelle Fähigkeiten zu entwickeln und ein weiteres internationales Rechtssystem kennenzulernen. Dies ist im Transaktionsgeschäft, worauf wir vorrangig spezialisiert sind, von Vorteil, da oft über Ländergrenzen hinweg zusammengearbeitet wird und ein Deal häufig verschiedene Jurisdiktionen zeitgleich betrifft. Weiterhin legt ein LL.M.-Studium nahe, dass die Person gut organisiert ist und ein offenes Mindset und Neugierde mitbringt. Ein LL.M.-Abschluss ist also durchaus willkommen, aber kein vorgeschriebenes Einstellungskriterium.

Wo sollte ein LL.M.-Titel erworben werden? Wie wichtig sind Ihnen Qualität und Reputation des LL.M.-Programms? Zu unseren Einstellungsvoraussetzungen gehören sehr gute Englischkenntnisse. Aus diesem Grund sind LL.M.-Abschlüsse im englischsprachigen Ausland von besonderem Interesse für uns. Neben den sprachlichen und fachlichen Qualifikationen, die ein LL.M. etwa in den USA, UK, Australien oder Neuseeland mit sich bringt, lernt man vor Ort vor allem, sich in einem fremden kulturellen Umfeld sicher zu bewegen. Dieser Einblick in andere Kulturen zeigt uns, dass jemand das notwendige Rüstzeug mitbringt, souverän mit unseren internationalen Mandanten zu kommunizieren. Natürlich ist ein renommierter LL.M.-Abschluss an einer erstklassigen Universität wie Oxford oder Columbia gern gesehen. Die Wahl der Universität oder des konkreten Programms sind für uns jedoch nicht ausschlaggebend.

Sidley Austin (CE) LLP

Tobias Bachmeier

Dr. jur., LL.M.
(University of Edinburgh)

Jahrgang 1992

Associate

Sidley Austin (CE) LLP

Auszeit nach dem Ersten Staatsexamen: LL.M. und Dr. jur.

„Und, gehst du direkt in das Referendariat oder machst du erst noch etwas anderes?" Diese oder ähnliche Fragen hört man nach dem Ersten Staatsexamen in der Regel mehr als nur einmal. Während ein Großteil den direkten Weg in das Referendariat wählt, entscheiden sich stets auch einige Studierende dafür, vor dem Referendariat zunächst noch einen anderen Weg einzuschlagen. Hierfür bestehen verschiedene Möglichkeiten: Die Klassiker der juristischen Zusatzqualifikationen sind dabei natürlich der LL.M. oder der Doktor. Andererseits kann man auch „fachfremde" Masterstudiengänge in Erwägung ziehen, wie etwa in den Bereichen Finance oder Management. Bei der Wahl stellt sich letztlich die Frage: Möchte man die juristischen Kenntnisse und Fähigkeiten vertiefen oder die Auszeit nutzen, um sich Wissen in anderen Bereichen anzueignen?

Meine Wahl: LL.M. in Edinburgh in Kombination mit dem Doktor

Für mich war nach dem Ersten Staatsexamen klar, dass ich noch einmal im Ausland studieren und meine Kenntnisse im Bereich des Internationalen Privatrechts vertiefen wollte. Zudem stand für mich bereits fest, dass ich später in einer Wirtschaftskanzlei arbeiten wollte. Daher sollte der Weg ins englischsprachige Ausland führen. Für Edinburgh entschied ich mich aufgrund persönlicher Präferenzen: eine sehr international ausgerichtete Universität mit historischem Charme und eine kleine Großstadt mit kurzen Wegen, einer ausgeprägten Pub-Kultur sowie den schottischen Highlands gewissermaßen vor der Haustür.

Da ich zwischen dem Ersten Staatsexamen und dem LL.M. einige Monate Zeit hatte, entschied ich mich – eher spontan – dafür, parallel mit meiner Doktorarbeit zu beginnen. Weil ich im LL.M. Einblicke in das englische Recht erlangen und vielfältige Rechercheoptionen haben würde, wählte ich ein Thema, welches einen Rechtsvergleich zum englischen Recht einschloss.

Die besondere Study Experience in Edinburgh

Das vielfältige Kursprogramm in Edinburgh umfasst neben unterschiedlichen Bereichen des internationalen Rechts auch Kurse zum Common Law. Das Besondere an Edinburgh ist dabei, dass dort sowohl das englische als auch das schottische Recht gelehrt werden, sodass man Einblicke in zwei vergleichbare – aber doch verschiedene – Rechtsordnungen erlangt. Die Law School lädt regelmäßig auch Guest Speaker ein, welche über Schnittstellen der beiden Rechtsordnungen berichten. Beim anschließenden Get-together besteht dann die Möglichkeit, in den historischen Räumlichkeiten der Universität bei Bier oder Wein ins Gespräch zu kommen.

Resümee

Wenn ich heute zurückblicke, ist der LL.M. diejenige Erfahrung meiner juristischen Ausbildung, die ich keinesfalls missen möchte. Die Frage, ob man den LL.M. vor oder nach dem Referendariat absolvieren sollte, ist nach meinem Dafürhalten individuell zu beantworten. Ich empfehle, sich darüber nur wenige Gedanken zu machen und vielmehr danach zu entscheiden, zu welcher Zeit man sich eine Auszeit nehmen möchte und wann der LL.M. in die eigene Lebensplanung passt. Wer sich gut organisiert, kann auch LL.M. und Doktor parallel vorantreiben und dennoch den LL.M. in vollen Zügen genießen.

Bereit für einen Perspektivwechsel?

Taylor Wessing Partnerschaftsgesellschaft mbB

Standorte in Deutschland: Berlin, Düsseldorf, Frankfurt am Main, Hamburg, München

Standorte weltweit: Amsterdam, Brüssel, Bratislava, Brünn, Budapest, Cambridge, Dubai, Dublin, Eindhoven, Hongkong, Kiew, Klagenfurt, Liverpool, London, London Tech City, New York, Paris, Peking, Prag, Seoul, Shanghai, Silicon Valley, Warschau, Wien

Tätigkeitsschwerpunkte: Bank- & Finanzrecht; Handels- & Vertriebsrecht; Copyright & Media Law; Gesellschaftsrecht/M&A & Kapitalmärkte; Disputes & Investigations, Umwelt, Planung & Regulierung; Patents Technology & Life Sciences; Private Equity; Immobilienrecht; Steuerrecht; Marken & Werbung; Competition, EU & Trade; Corporate Crime & Compliance; Datenschutz & Cybersicherheit; Employment, Pensions & Mobility; Informationstechnologie; Private Client; Projects, Energy & Infrastructure; Restrukturierung & Insolvenzrecht; Venture Capital, Environmental, Social & Governance (ESG) Multiservice

Geplante Neueinstellungen: ca. 150

Mitarbeitende weltweit: >1.200

Bei uns stehen Sie und Ihre Entwicklung im Mittelpunkt – dabei unterstützt Sie von Beginn an ein erfahrener Mentor oder eine erfahrene Mentorin. Nehmen Sie auch an unserem Ausbildungsprogramm RISE, fachbereichsbezogenen Weiterbildungsmöglichkeiten oder Netzwerktreffen teil. Darüber hinaus bieten wir Ihnen Arbeitsbedingungen, die es Ihnen ermöglichen, Beruf und privates Engagement in Einklang zu bringen. Gestalten Sie mit uns eine Karriere, die zu Ihrer Persönlichkeit sowie Ihrer individuellen Zukunftsplanung passt.

TaylorWessing

Am Sandtorkai 41
20457 Hamburg
www.taylorwessing.com/de/careers/germany

Naila Sabuni
Head of Recruiting & Employer Branding
+49 40 368030
karriere@taylorwessing.com

Was sind Ihre Einstellungskriterien? Wir suchen für den Einstieg Volljurist:innen, die exzellente juristische Qualifikationen mitbringen. Sie haben Ihre Fähigkeiten durch zwei Prädikatsexamina und idealerweise einen LL.M.-Abschluss oder eine Promotion unter Beweis gestellt. Sie verfügen über verhandlungssicheres Englisch sowie die Begeisterung für wirtschaftliche Fragestellungen. Zudem legen wir Wert auf echte Charaktere, Offenheit, Teamfähigkeit und eigenverantwortliches Arbeiten.

Was bieten Sie Referendar:innen? Als Referendar:in nehmen Sie an unserem TALENTS FOR FUTURE-Programm teil. Das Programm beinhaltet diese zehn Stationen:
- **Station 01 – Startgespräch:** In einem Startgespräch stimmen Sie Ihr individuelles Ausbildungsprogramm mit Ihrem Mentor oder Ihrer Mentorin ab.
- **Station 02 – Training-on-the-Job:** Bauen Sie Ihr juristisches Wissen sukzessive aus und werden Sie von uns gezielt in Ihrer Entwicklung begleitet.
- **Station 03 – RISE Talents:** Mit unseren Weiterbildungsangeboten geben wir Ihnen die Möglichkeit, Ihre Kompetenzen auszubauen.
- **Station 04 – nationale und internationale Mandatsarbeit:** Ihr:e Mentor:in nimmt sich Zeit, Ihnen die anwaltliche Prozess- oder Projektführung und mandatsbezogene Verhandlungstechnik anhand aktueller Mandate aufzuzeigen.
- **Station 05 – Legal Presentation:** Sie haben die Möglichkeit, einen Aktenvortrag oder eine Rechtspräsentation vorzustellen sowie ein professionelles Feedback zu erhalten.
- **Station 06 – Practice Area Crossing:** Bei uns können Sie unterschiedliche Praxisbereiche kennenlernen.
- **Station 07 – individuelles Feedback:** Gern geben wir eine transparente und konstruktive Rückmeldung zu Ihren fachlichen Leistungen und Ihrem Auftreten als Nachwuchsjurist:in.
- **Station 08 – Karrieregespräch:** In einem Gespräch mit einem unserer HR-Ansprechpartner:innen zeigen wir Ihnen Ihre Karrieremöglichkeiten auf.
- **Station 09 – Social Events und Networking:** Wir freuen uns über Ihre Teilnahme an unseren Social Events und Networking-Veranstaltungen.
- **Station 10 – Talent Alumni Network:** Im Anschluss an Ihr Referendariat bieten wir Ihnen, mit der beiderseitigen Aussicht auf eine spätere Zusammenarbeit, die Aufnahme in unser „Talent Alumni Network" an

Wie verhält es sich mit den kanzleiinternen Aufstiegsmöglichkeiten bzw. Langzeitperspektiven? Das Taylor Wessing Evaluierungsverfahren (EVA) ist unser eigens entwickeltes Verfahren zur individuellen Betrachtung und Förderung der beruflichen Entwicklung unserer Anwält:innen auf dem Weg zur Partnerschaft. Dabei wird gemeinsam ein passgenauer Business Case erarbeitet und so die persönliche Karriereentwicklung aktiv begleitet und unterstützt. Weitere Informationen zu unseren Karrierewegen finden Sie unter karriere@taylorwessing.com.

Taylor Wessing

Berufsbegleitender LL.M. im Medizinrecht

Juliane Dost
LL.M. (Medizinrecht)
Senior Associate

Gleichzeitig mit dem Berufsstart bei Taylor Wessing im Düsseldorfer Medizinrechtsteam – dem besten Team, das es gibt – habe ich den Masterstudiengang Medizinrecht an der Heinrich-Hein-Universität Düsseldorf begonnen. Nach knapp 1,5 Jahren berufsbegleitender Weiterbildung durfte ich die Ergänzung „LL.M. (Medizinrecht)" hinter dem Namen tragen. Unter Medizinrechtlern ist der LL.M. deutschlandweit ein absolutes Aushängeschild, weil er in kürzester Zeit fundierte Kenntnisse in dem spannenden und sich stets fortentwickelnden Rechtsgebiet Medizinrecht vermittelt – von Arzthaftungsrecht über Vertragsarztrecht, Krankenhausplanung, Arzneimittel- und Medizinprodukterecht bis hin zum medizinischen Strafrecht. Diese Gesamtschau aller relevanten Subgebiete hat sich fachlich vorbehaltlos gelohnt und auf die inhaltlichen Anforderungen des Berufslebens im Medizinrecht vorbereitet. Neben der fachlichen Weiterbildung bereichert der LL.M. aber gleichermaßen menschlich: Die schulklassengroße Studierendenrunde lernt sich in den wöchentlichen Vorlesungen extrem gut kennen; daraus entstanden für mich sogar wertvolle Freundschaften. Die Dozierenden, renommierte Medizinrechtler:innen, trifft man in dem familiären beruflichen Umfeld des Medizinrechts auch alle wieder. Wer sich für das Medizinrecht interessiert, sollte das hervorragende Angebot so frühzeitig wie möglich wahrnehmen!

LL.M. an der University of Cape Town

Johannes Loch
LL.M. (Cape Town)
Associate

Ein LL.M.-Studium ist eine tolle Gelegenheit, um das Fachwissen sowie die Sprachkenntnisse zu verbessern, die Karrierechancen zu steigern und vor allem einzigartige Momente im Ausland zu erleben. Meine Wahl fiel nach dem ersten Staatsexamen auf einen LL.M.-Studiengang mit dem Schwerpunkt Arbeitsrecht an der University of Cape Town. Die vergleichsweise günstigen Kosten konnte ich weitestgehend durch eine Tätigkeit als wissenschaftlicher Mitarbeiter bei Taylor Wessing vorfinanzieren. Nach Abschluss einer sechsmonatigen Vorbereitungsphase inklusive Englisch-Test, Einschreibung und Visa-Ausstellung konnte das Abenteuer Südafrika beginnen.

Die University of Cape Town ist ein Treffpunkt für Student:innen aus aller Welt. Es werden eine Vielzahl rechtsspezifischer LL.M.-Studiengänge angeboten. Im Schwerpunkt Employment Law diskutierten wir u. a. über Themen aus dem internationalen Arbeitsrecht und Corporate Governance. Gerade der Austausch mit den Kommilitoninnen und Kommilitonen aus verschiedenen Ländern in Afrika ermöglichte einen Blick über den juristischen Tellerrand. Neben dem Studium bleibt ausreichend Zeit, um Afrika zu entdecken. Kapstadt ist dank der nahen Ausflugsziele wie das Kap der guten Hoffnung eine sehr abwechslungsreiche Stadt. In den Semesterferien bietet sich ein Roadtrip oder eine Safari an. Nach meiner Rückkehr weckte der LL.M.-Abschluss in den Bewerbungsgesprächen während des Referendariats großes Interesse. Die erworbenen Kenntnisse kann ich in meiner heutigen Arbeit als Rechtsanwalt vor allem in internationalen Mandaten gewinnbringend einsetzen. In erster Linie bleibt das Auslandsjahr jedoch eine unvergessliche Zeit mit vielen neuen Freunden und erlebnisreichen Reisen.

Taylor Wessing

TaylorWessing

Bereit für einen Perspektivwechsel?

Gipfelstürmer:innen & kreative Köpfe gesucht! Sie wollen Ihre Zukunft selbst gestalten? Dann sind unsere Karrierewege genau das Richtige für Sie.

Start your journey with us.

Bewerben Sie sich jetzt:

Weitere Titel der **Reihe e-fellows.net wissen**

Perspektive Jura

Aktuelle Ausgabe: Perspektive Jura 2024
ISBN (Print): 978-3-946706-96-0
ISBN (E-Book): 978-3-946706-97-7

Zielgruppe: Studierende, Doktorand:innen und Referendar:innen der Rechtswissenschaften
Inhalt: Das Buch bietet einen Überblick über Karrierewege für Jurist:innen in Justiz, Wirtschaft und (internationalen) Institutionen. Neben Expertentipps zu Bewerbung und Einstieg ermöglichen zahlreiche Erfahrungsberichte einen Einblick in interessante Berufsbilder. Namhafte Kanzleien und Unternehmen stellen sich als Arbeitgeber vor.
Nächster Erscheinungstermin: September 2024

Case Study Training

Aktuelle Ausgabe: Case Study Training
ISBN (Print): 978-3-941144-98-9
ISBN (E-Book): 978-3-941144-99-6

Zielgruppe: Studierende aller Fachrichtungen
Inhalt: Fallstudien sind nicht nur Teil von Bewerbungsgesprächen im Consulting – auch in anderen Branchen werden sie immer wichtiger. Das Arbeitsbuch enthält 40 ausgewählte Case Studies mit Lösungen zum Üben. Zudem erhalten Leser:innen wertvolle Tipps für die Vorbereitung auf und die Bewältigung von Case-Interviews.

Perspektive Unternehmensberatung

Aktuelle Ausgabe: Perspektive Unternehmensberatung 2024
ISBN (Print): 978-3-946706-93-9
ISBN (E-Book): 978-3-946706-94-6

Zielgruppe: Studierende aller Fachrichtungen
Inhalt: Das Expertenbuch liefert Antworten auf wichtige Fragen rund um den Beruf von Unternehmensberater:innen. Wie gestaltet sich die Work-Life-Balance, welche Arten von Beratungen gibt es, und vor allem: Wie absolviert man Bewerbungsgespräche und Fallstudien erfolgreich? Student:innen und Consultants berichten von ihren Erfahrungen, und Beratungen stellen sich als Arbeitgeber vor.
Nächster Erscheinungstermin: September 2024

Perspektive Patentanwalt

Aktuelle Ausgabe: Perspektive Patentanwalt
ISBN (Print): 978-3-941144-29-3
ISBN (E-Book): 978-3-941144-34-7

Zielgruppe: Naturwissenschaftler:innen und Ingenieur:innen
Inhalt: Was verbirgt sich hinter dem Beruf von Patentanwält:innen? Wer kann überhaupt Patentanwalt bzw. Patentanwältin werden, und wie läuft die Ausbildung ab? Das Buch liefert Antworten auf diese Fragen. (Werdende) Patentanwält:innen berichten von ihren Erfahrungen, und Patentanwaltskanzleien zeigen auf, welche Perspektiven sie Naturwissenschaftler:innen und Ingenieur:innen bieten.

Perspektive Investment Banking & Asset Management

Aktuelle Ausgabe: Perspektive Investment Banking & Asset Management
ISBN (Print): 978-3-941144-20-0

Zielgruppe: Wirtschaftswissenschaftler:innen
Inhalt: Das Buch bietet umfassende Informationen zu Berufsbildern, Bewerbung und Karrierechancen im Investment Banking und im Asset Management. Stipendiat:innen und Alumni und Alumnae von e-fellows.net berichten von ihren Erfahrungen und geben Tipps für die erfolgreiche Bewerbung. Player aus beiden Branchen stellen ihre Praktikums- und Einstiegsprogramme vor.

Traumjob IT

Aktuelle Ausgabe: Traumjob IT 2021
ISBN (Print): 978-3-946706-64-9
ISBN (E-Book): 978-3-946706-65-6

Zielgruppe: Informatiker:innen, Mathematiker:innen und IT-Affine
Inhalt: Das IT-Studium ist abgeschlossen, die Jobmöglichkeiten sind nahezu unbegrenzt, doch wie geht es jetzt weiter? Dieses Buch liefert praxisnahe Antworten: Informatiker:innen aus verschiedenen Branchen schildern ihren Arbeitsalltag und stellen Projekte vor, die für ihren Beruf typisch sind. Alumni und Alumnae von e-fellows.net berichten von ihrem beruflichen Werdegang, und Expert:innen geben Tipps zu Einstieg und Bewerbung.

READY TO START SOMETHING NEW?

COVINGTON

BEIJING BOSTON BRUSSELS DUBAI FRANKFURT JOHANNESBURG LONDON
LOS ANGELES NEW YORK PALO ALTO SAN FRANCISCO SEOUL SHANGHAI WASHINGTON

www.cov.com

© 2023 Covington & Burling LLP. All Rights Reserved